KB199358

한국 개신교의
타자인식

韓國近代宗教叢書
한국/근대/종교/총서
02

이진구 지음

한국 개신교의 타자인식

한국 개신교에 대해 관심을 갖고 공부를 시작한 것이 1980년대 중반이니 벌써 한 세대가 흘렀다. 대학원 시절 지도교수가 어떤 분야를 전공할 것인지 물었을 때 한국 개신교라고 자신 있게 대답했던 것이 기억난다. 당시에는 한국사회의 현실에 관심이 많았기 때문에 종교학을 공부하면서도 유교나 불교와 같은 전통종교보다는 한국 근현대사와 밀접한 관련이 있어 보이는 개신교에 더 끌렸던 것이 사실이다. 석사논문과 박사논문을 모두 일제하 개신교에 관한 주제로 썼으니 초기의 관심이 지속되었던 것 같다.

학위과정을 마치고 개신교를 중심으로 계속 공부하다 보니 두 분야의 연구자들과 자연스럽게 만나게 되었다. 하나는 개신교사에 관심을 갖고 있는 한국 근현대사 연구자들이다. 숫자는 많지 않지만 한국 근현대사의 자리에서 개신교의 역사를 서술하는 이 연구자들의 작업은 한국 개신교사 연구의 중요한 기반을 제공하고 있다. 이 분야의 연구자들과 교류하면서 한국 근현대사를 바라보는 시각을 확립하는 데 큰 도움을 받았고 이들이 발굴한 귀중한 자료로부터도 많은 도움을 받았다.

다른 하나는 기독교 신학의 자리에서 한국 개신교사를 서술하는 한국교회사 연구자들이다. 이들 역시 숫자는 적지만 한국 개신교사 연구의 또 한축을 이루고 있다. 역사신학 전공자로 불리기도 하는 이 연구자들은 세계교회사의 한 부분으로 한국교회사를 서술하는 경향이 있기 때문에 한국 근현대사 연구자들과는 다른 차원에서 한국 개신교사 연구에 기여하고 있다. 이들과 만나면서 한국 개신교를 세계 기독교사와 관련시켜 파악하는 작업의 중요성을 배울 수 있었다.

이 두 분야의 연구자들은 필자를 종교학자라고 부른다. 그때마다 떠오르는 물음이 있다. 역사학자나 신학자가 아닌 종교학자로서 한국 개신교사 연구에 기여할 수 있는 것은 무엇인가? 한국 개신교에 대해 몇 편의 글을 쓴 후에야 이 물음에 대해 나름의 답을 찾을 수 있었다. 종교사의 관점이 그것이다. 역사학자들이 한국사의 지평에서 접근하고 신학자들이 교회사의 입장에서 작업한다면, 종교학자는 종교사의 자리에서 한국 개신교의 역사를 서술할 필요가 있다고 생각한 것이다. 지극히 당연하고 상식적인 견해 같지만 이들과 만나면서 좀더 분명하게 깨달은 것 같다.

그러면 종교사는 무엇인가? 종교라는 렌즈를 통해 역사를 바라보고 특히 종교지형의 변동에 주목하는 역사 서술이라고 생각한다. 역사학자들과 신학자들은 한국사적 맥락과 교회사적 맥락을 중시하지만 이들은 개신교가 여러 종교와 역동적 관계를 맺고 있는 종교지형에 대해서는 덜 주목하는 경향이 있다. 이와 달리 종교사적 서술은 한국의 여러 종교가 교차하면서 만들어 내는 한국종교사, 특히 한국 근현대종교사와 종교지형의 변동에 주목하면서 한국 개신교사를 서술한다.

종교사에 입각한 개신교사 서술에서는 '비교'와 '관계'의 범주가 특히 중요하다. 한국 개신교사 자체가 비교와 관계의 역사로 점철되어 있기 때문이다. 개신교는 초기부터 스스로를 타종교와 끊임없이 비교하면서 선교 활동을 하는 동시에 타종교와 지속적으로 관계를 맺으면서 자신의 정체성을 형성해 왔다. 따라서 한국 개신교의 성격과 특성을 파악하기 위해서는 개신교가 산출한 다양한 비교종교론 그리고 개신교가 타종교와 맺은 다양한 관계 구도를 살필 필요가 있다.

필자는 이러한 문제의식 하에 이 책에서 개신교의 타자인식에 초점을 두고 논의를 전개하였다. 개신교의 타자인식 속에 개신교와 타종교의 비교 및 관계의 역사가 가장 잘 투영되어 있다고 보기 때문이다. 이때 타자의 범주에는 유교나 불교와 같은 타종교만이 아니라 천주교와 같은 기독교 내부의 타자 나아가 사회주의로 대변되는 '세속 이데올로기'도 포함시켰다. 개신교는 한국의 전통종교들만이 아니라 동일한 기독교 전통에 속하는 천주교와 지속적으로 경쟁하였을 뿐만 아니라 사회주의의 강력한 도전에 대응하여야 했기 때문이다. 따라서 이 책에서 다루는 개신교의 주요 타자는 기독교적 타자, 종교적 타자, 세속적 타자이다.

이러한 세 타자에 대한 개신교의 인식을 좀더 선명하게 드러내기 위해 "누가 참기독교인인가? 어느 종교가 참종교인가? 무엇이 참세계관인가?" 라는 세 물음을 던졌다. 한국 개신교의 역사는 어느 집단이 참기독교인가를 둘러싸고 전개된 논쟁의 역사인 동시에 타종교와 끊임없이 경쟁해 온 경합의 역사이며 세속 이데올로기와 치열한 대결을 벌인 투쟁의 역사이기 때문이다. 개신교의 주요 교파가 이러한 물음들에 대해 제시한 해답의 역사를 재구성하여 한국 개신교의 정체성을 탐구한 것이 이 책의 주요 내용이다.

언제부터인가 종교학계에서는 종교 연구의 출발점이 되는 종교 개념 자체에 대한 비판적인 문제제기가 있어 왔다. 우리가 사용하는 '종교' 개념은 보편적인 서술 범주로 보이지만 그 이면에 특정한 권력이 작동하는 매우 정치적인 개념이라는 비판이 제기된 것이다. 종교라는 용어는 서구라는 특정한 지역에서 출현하여 비서구 사회로 확산된 개념으로서 결코 중립적인 범주가 아니라는 주장이다. 좀 더 구체적으로 말하자면 종교 개념에는 개신교적 전제가 강하게 깔려 있을 뿐만 아니라 이 용어가 서구 식민주의의 지배도구 역할을 했다는 것이다. 따라서 종교 개념을 무비판적으로 사용할 경우

서구의 문화제국주의를 정당화시킬 뿐만 아니라 비서구 사회의 문화를 심각하게 왜곡하고 손상시킬 수 있다고 지적한다. 이러한 문제점을 해결하기 위해서는 종교 개념 자체를 폐기해야 한다는 급진적 주장마저 등장하였다. 그러나 종교라는 용어를 폐기할 경우 더 큰 혼란이 초래될 수 있기 때문에 종교 개념의 폐기 대신 이 용어의 문제점을 인식하면서 조심스럽게 사용하자는 것이 대세로 보인다.

종교 개념을 둘러싼 이러한 논쟁은 종교사를 통해 한국 개신교사를 탐구하려는 필자의 작업에 심각한 문제를 초래할 수 있다. 종교 개념의 배후에 개신교가 자리 잡고 있어 탐구의 범주와 탐구 대상이 겹치게 되기 때문이다. 종교 개념을 포기하지 않는 한 이 문제는 쉽게 해결될 수 없다. 따라서 필자는 종교 개념에 내재한 이러한 문제점을 충분히 인지하면서 좀 더 자의식적인 태도로 개신교의 타자인식을 살펴보고자 시도하였다. 그렇지만 이러한 작업에 따르는 뚜렷한 한계를 인정하지 않을 수 없다.

종교학의 자리에서 기독교를 다룰 때는 이러한 어려움에 직면하기도 하지만 그와 동시에 희망을 갖기도 한다. 오래 전에 읽은 어느 책에서 서구학자가 한 말이 기억난다. 그에 의하면 기독교는 서구인에게는 너무 익숙한 종교이기 때문에 서구인이 보지 못하는 점이 많다. 이에 비해 기독교의 역사가 길지 않은 비서구사회에서는 기독교가 낯설기 때문에 서구인이 보지 못하는 점을 포착할 수 있다는 것이다. 따라서 비서구인에 의한 기독교사 연구가 매우 필요하다는 취지의 말이었다. 한국에서 개신교의 역사를 탐구하는 종교 연구자의 한 사람으로서 이 말에서 매우 큰 힘을 얻었다.

이 책은 한국학진흥사업단이 지원하는 '모던코리아 학술총서'의 일환으로 집필된 것이다. 2011년부터 장석만을 연구책임자로 하여 윤승용, 송현주,

김순석, 그리고 필자가 '한국 근대종교의 탄생'이라는 주제 하에 각기 한 권의 단행본을 집필하는 공동연구를 시작하였다. 공동연구의 취지를 살리기 위해 종교 개념을 중심으로 최근의 종교연구 경향을 함께 검토할 수 있었던 것은 필자의 공부에 매우 커다란 도움이 되었다. 집필진은 아니지만 이민용 선생님을 비롯하여 최현주, 김태연 박사 등이 독회 모임에 함께 참여하여 토론을 활성화시켰다. 이 자리를 빌려 감사드린다. 다만 이러한 학습 모임에서 배운 내용을 필자의 역량 부족으로 집필 과정에 충분히 반영하지 못한 것이 못내 아쉬울 따름이다.

　그동안 종교 연구자로 활동하면서 여러 곳에서 무수한 사람의 도움을 받았지만 특히 두 연구공간에 커다란 빚을 졌다. 하나는 종교 연구자들의 모임인 한국종교문화연구소이고 다른 하나는 한국기독교사 연구자들의 모임인 한국기독교역사연구소이다. 한국종교문화연구소에서는 정진홍 선생님을 비롯하여 여러 연구자들로부터 종교연구와 관련된 문제의식과 방법론, 그리고 한국종교사 등에 관해 실로 많은 도움을 얻었다. 한국기독교역사연구소에서는 이만열 선생님을 비롯한 여러 연구자들로부터 한국기독교사와 한국근현대사를 보는 눈, 그리고 기독교와 관련된 귀중한 자료를 얻을 수 있었다. 두 연구소와 관련된 모든 분께 다시 한번 감사드린다. 때늦은 원고를 꼼꼼히 살펴준 도서출판 모시는사람들에게도 깊은 감사의 말씀을 드린다.

2018년 1월
이진구

I

한국 개신교의 타자

1. 개신교의 세 타자

2015년 통계청 종교인구 조사에 의하면 개신교는 1천만 명에 가까운 신자를 보유한 국내 최대의 종교집단이다. 인구학적 측면에서 보면 여성과 남성·청년층과 노년층·도시와 농촌 지역에서 비교적 고른 분포를 보이고 특히 사회 지도층이나 지식층에서 상당히 높은 비율을 보인다. 교육, 의료, 사회복지, 언론, 출판, 방송과 같은 사회문화적 자원과 활동에서도 다른 종교들을 압도한다.[1] 한 세기가 조금 넘는 역사밖에 지니지 못한 개신교가 이처럼 인적·물적·제도적 차원에서 막강한 위상을 지닌 종교로 등장한 것은 자주 지적되었듯이 세계적으로 유례를 찾기 힘든 현상이다.

이러한 교세를 반영하듯 2013년에는 세계교회협의회(WCC) 총회가 부산에서 개최되었다. 주지하다시피 WCC는 교회일치운동을 추구하는 전 세계적 차원의 기독교 기구로서 7, 8년에 한 번씩 열리는 총회는 스포츠 영역에 비유하면 올림픽이나 월드컵과 같다. 그런데 대회를 앞두고 이른바 'WCC 총회의 성공적 개최를 위한 공동선언문' 사건이 일어났다. 이 대회의 주관자인 한국기독교교회협의회(NCCK, 이하 교회협)가 개신교 '보수' 진영의 협조를 구하는 과정에서 일어난 해프닝이었다. 잘 알려져 있다시피 한국 개신교의 다수 세력인 보수 진영은 WCC의 신학적 정체성을 문제삼으면서 총회 개최에 줄곧 반대해 왔다. 따라서 행사 실무진은 보수 진영의 참여를 유도하기 위해 대화를 시도하였는데 보수 진영은 총회 지지의 조건으로 자신들의 요구 사항을 담은 신학적 가이드라인을 제시하였다. 행사 실무진이 이 제안을 수용함으로써 마침내 공동선언서가 발표되었다.

그런데 공동선언서가 발표되자마자 개신교 '진보' 진영의 인사들이 선언서의 내용을 문제삼으면서 즉각적인 철회를 요구했다. 협상을 주도하면서 공동선언서에 합의한 교회협 책임자는 자신의 '잘못'을 시인하면서 성명서를 철회하였고, 보수 진영은 진보 진영의 '실체'가 드러났다고 하면서 총회 개최 반대 운동을 본격화했다. 결국 보수 진영이 개최반대 캠페인을 벌이는 가운데 WCC 총회는 진보 진영만의 행사로 끝나고 말았다.[2]

여기서 우리의 관심을 끄는 것은 사건의 구체적인 발생 경위보다는 공동선언문의 내용이다. 이 선언문은 종교다원주의와 종교혼합주의 반대, 공산주의와 인본주의와 동성애 반대, 개종전도금지주의 반대, 그리고 성경 66권의 무오성 주장을 주요 내용으로 하고 있다. '공동선언문 4원칙'으로 불리기도 하는 이 선언서의 내용을 반대 사안에 초점을 두고 보면 개종전도금지주의 반대, 종교다원주의 반대, 용공주의 반대로 압축할 수 있다.[3]

이 세 반대 사안을 담론의 층위에 따라 분류하면 개종전도금지주의는 기독교 내부의 문제이고, 종교다원주의는 종교 영역의 문제이고, 용공주의는 세속 영역[4]과 관련된다. 다시 말하자면 개종전도금지주의는 비기독교인들이 아니라 로마가톨릭교회 신자나 정교회 신자를 개종의 대상으로 한 전도 활동 금지규정으로서 기독교 내부의 선교 윤리에 관한 것이고,[5] 종교다원주의는 타종교를 통한 '구원'을 인정하는 태도로서 종교 영역에서 기독교의 구원관이 차지하는 독점적 위치와 관련된 사항이고, 용공주의는 세속 영역의 이데올로기인 공산주의의 수용과 관련된 문제이다. 따라서 이 해프닝은 기독교 내부의 타자, 종교 영역의 타자, 세속 영역의 타자에 대한 한국 개신교의 인식을 잘 보여주는 상징적 사건이다.

그런데 이 해프닝은 우발적 사건이라기보다는 한국 개신교에 내재한 성향이 WCC 총회를 계기로 수면 위로 올라온 것으로 볼 수 있다. 개신교는 초기부터 천주교와 물리적 갈등을 수반할 정도로 치열한 선교 경쟁을 하는 동시에 호교론에 입각한 교리 논쟁을 해 왔다. 개신교 교파 간에도 경쟁 구도가 존재하여 사안에 따라 상호 협력하기로 하고 교세 확장 시도에 따라 교파 갈등을 빚기도 했다. 한편 주류 교회에 도전하는 집단에 대해서는 이단으로 단죄하는 정통-이단 이분법을 끊임없이 작동시켰다. 이처럼 개신교의 각 집단은 기독교 공간의 타자 즉 기독교적 타자들과 대결하는 과정에서 다양한 몸짓을 보였다.

해방 이전 개신교는 선교 활동의 과정에서 유교, 불교, 천도교, 민간신앙 등과 같은 한국의 전통신앙과 대면하지 않을 수 없었다. 양측 사이에 심각한 물리적 충돌이나 '종교전쟁'과 같은 사태는 일어나지 않았지만, 개신교는 우상 타파와 미신 타파의 기치하에 전통신앙과 전통문화를 공격하였다. 기독교 신학에 입각한 비교종교론을 통해 개신교의 우월성과 타종교의 열등성을 드러내는 변증론적 작업도 끊임없이 수행하였다. 한편 전통신앙과 기독교 사이의 유사성에 주목하여 양자 사이의 연속성과 접점을 모색하는 신학적 작업도 시도하였다. 이처럼 개신교는 종교 공간의 타자 즉 종교적 타자들과의 대결과정에서 다양한 태도를 보여주었다.

1920년대 이후 개신교는 새롭게 부상한 '세속주의' 사조의 강력한 도전에 직면하였다. 과학(진화론), 인본주의(휴머니즘), 사회주의(공산주의) 등의 이름으로 부상한 세속문화 혹은 세속주의는 종교를 주변화하거나 폄하하는 경향이 있었다. 특히 종교의 본질을 미신, 환상, 허위의식으로 규정하고 기독교를 제국주의의 도구라고 비판하는 마르크스주의의 반종교 담론과 반기독교운동은 개신교에 심각한 위협으로 다가왔다. 이러한 도전에 대해 개신교는 종교와 과학의 분리에 근거한 평화공존론, 유신론과 진화론을 결합시킨 유신진화론, 기독교와 사회주의를 접목한 기독교 사회주의로 대응하는 한편, 바이블의 절대적 권위를 내세워 진화론을 비판하고 반진화론과 사회주의를 무신론(유물론)이라고 공격하였다. 이처럼 개신교는 세속의 타자 즉 세속 이데올로기와 대결하는 과정에서도 다양한 몸짓을 보였다.

이러한 세 공간의 타자와 개신교의 관계를 계보학적 은유로 표현하면 천주교는 개신교의 '부모'이고 한국종교들은 개신교의 '이웃'이며 사회주의는 개신교의 '자식'이다. 천주교는 '종교개혁'의 와중에 개신교라는 자식을 낳은 부모이며, 한국종교들은 개신교가 선교지에서 대면하게 된 낯선 이웃이며, 사회주의는 '세속화'의 과정에서 개신교라는 부모로부터 떨어져 나간 자식이다. 보수 개신교의 자리에서 보면 천주교는 '타락한' 부모이고 한국종교들은 '오류에 빠진' 이웃이며 사회주의는 부모를 '배반한' 자식이다. 따라서 천주교는 '개혁'의 대상이고 한국종교는 '선교'의 대상이며 사회주의는 '복귀'의 대상이다. 앞서 살펴본 WCC 총회 개최반대 세력의 몸짓은 이러한 맥락에서 이해 가능하다. 그러나 세 타자에 대한 개신교의 인식은 교파의 차이나 신학의 색깔에 따라 편차가 나타날 수 있다. 따라서 한국 개신교에 대하여 균형 잡힌 이해를 하기 위해서는 개신교 타자인식의 지형을 좀더 깊이 천착할 필요가 있다.

2. 선행 연구의 검토

그동안 한국 개신교의 타자인식과 관련된 연구는 적지 않게 나왔다. 그렇지만 대부분의 연구는 우리가 다루는 세 타자 중 어느 하나에 초점을 두고 있다. 즉 개신교와 천주교의 관계, 개신교의 한국종교 이해, 개신교와 사회주의의 관계 중 어느 하나를 중심으로 대부분의 연구가 진행되어 왔다.

개신교와 천주교의 관계에 대한 연구는 1984년을 전후하여 본격화되었다. 1984년은 한국 천주교회 창설 200주년이자 한국 개신교 선교 100주년으로서 '자축' 무드와 함께 양측 사이에 대화의 분위기가 고조되었다. 이러한 흐름을 타고 양측은 자체 역사를 정리하는 작업과 함께 천주교와 개신교의 역사적 관계의 재조명 작업을 시도하였다. 따라서 이 시기에 나온 대부분의 글은 '신구교의 만남과 대화'라고 하는 에큐메니즘(ecumenism)의 시각을 반영한다.[6]

학술적 차원에서 천주교와 개신교의 관계를 다룬 연구들은 두 주제에 주된 관심을 보였다. 하나는 초기 천주교인들과 개신교인들 사이의 물리적 충돌 사태인 '교안(教案)'이다. 특히 개신교와 천주교의 포교 경쟁이 치열했던 1900년대 초 황해도 지역에서 발생한 교안이 많은 연구자의 관심을 끌었다. 이들의 연구에 의하면 교안의 발생은 천주교와 개신교 사이의 교리적 차이보다는 사회경제적 요인과 더 관련이 있다.[7]

다른 하나는 천주교와 개신교 사이에 전개된 '문서 논쟁'이다. 한국이 식민지 체제로 편입되면서 폭력 사태를 동반한 '교안의 시대'가 끝나자 천주교와 개신교는 교리 논쟁을 본격화하였다. 따라서 일제하 천주교와 개신교의 관계에 대한 연구는 양측이 다양한 매체를 통해 전개한 교리 논쟁에 초점을 둔다.[8] 기존 연구에 의하면 일제하에 전개된 양측의 논쟁은 서구 사회에서 전개된 논쟁을 그대로 재연한 것에 불과하다.[9] 이러한 지적이 나름의 타당성이 있지만 종교개혁 당시 서구 기독교의 맥락과 식민지하 한국 기독교지형의 차이를 고려할 필요가 있다.

이러한 문제의식하에 천주교와 개신교 사이의 문서 논쟁을 '정체성 논쟁'

과 '역사성 논쟁'으로 규정한 연구가 나왔다. 이 연구에 의하면 천주교와 개신교 사이의 교리 논쟁은 정체성 논쟁으로 귀결되고 '종교개혁'의 성격을 둘러싼 양측의 논쟁은 '역사성 논쟁'으로 귀결된다.[10] 한편 교안이나 교리 논쟁보다는 천주교에 대한 한국 개신교계의 인식 변천을 추적한 연구도 나왔는데 그 연구에 의하면 개신교와 천주교의 관계는 갈등기(1910년대 이전) → 소강기(1910년대) → 해빙기(1920년대)로 전개되었다.[11]

천주교와 개신교의 관계에 대한 연구에 비해, 개신교 각 교파 사이의 관계를 다룬 연구는 상대적으로 적다. 개신교 교파와 관련하여 나온 글은 주로 각 교파의 역사를 정리하는 교파사 혹은 교단사 서술이다.[12] 교파 사이의 관계를 다룬 기존 연구에는 초기 장로교와 감리교 선교부 사이의 선교지역 분할협정,[13] 장로교와 감리교의 교파합동 시도,[14] 그리고 교회연합운동의 역사를 개괄한 통사류 등이 있다.[15] 그런데 이러한 연구들은 대부분 한국 개신교의 교회연합운동이 교회일치에 어느 정도 기여했는지와 그 한계는 무엇인지를 밝히는 '선교 에큐메니즘'의 관점에 서 있다.

한편 한국 개신교의 종교적 타자 즉 타종교에 대한 개신교의 인식을 검토한 연구는 선교사에 초점을 둔 연구와 한국 개신교인에 초점을 둔 연구로 나누어 볼 수 있다. 해방 이전까지 1천 명이 넘는 선교사가 한국에서 활동했지만 한국종교에 대해 체계적인 글을 남긴 선교사는 많지 않다. 따라서 선교사의 한국종교 인식에 관한 연구는 한국학 연구의 일환으로 한국종교에 관해 글을 남긴 호머 헐버트(Homer B. Hulbert), 제임스 게일(James S. Gale), 조지 존스(George H. Jones), 호러스 언더우드(Horace G. Underwood), 찰스 클라크(Charles A. Clark) 등에 집중되어 있다.[16]

이러한 선교사들의 한국종교 인식과 태도를 분석한 기존 연구는 크게 세 경향으로 나누어 볼 수 있다. 첫째는 오리엔탈리즘과 관련하여 선교사의 인식 틀을 분석한 연구이다. 주지하다시피 오리엔탈리즘은 서구가 동양을 본질화하는 이분법적 표상 체계로서 서구 우월주의가 배후에 깔려 있다. 이러한 오리엔탈리즘이 선교사의 한국종교 인식에도 투영되어 있다고 보고 이를 종교적 오리엔탈리즘이나 개신교 오리엔탈리즘 혹은 선교사 오리엔탈리즘으로 규정하면서 접근한 연구가 여기에 속한다.[17]

둘째는 초기 선교사들의 신학적 입장을 '성취신학(fulfillment theology)'으로 규정하는 연구이다. 이러한 시각의 연구에 의하면 초기 선교사들은 한국종교를 폄하하거나 배척하는 보수 근본주의자나 문화제국주의자가 아니라 한국종교와 기독교의 접촉점을 적극적으로 모색한 개방적 태도의 소유자였다. 당시 선교사들은 기독교의 '복음'으로 한국종교의 부족한 부분을 보완, 완성시키는 성취신학의 입장에 서 있었다는 것이다.[18] 첫 번째 부류와 두 번째 부류의 연구는 서로 대립한다기보다는 선교사들의 다양성 즉 소속 교파나 활동 시기의 편차에 따른 강조점의 차이로 보아야 할 것이다.[19]

세 번째 경향은 선교사의 한국종교 인식을 종교학과 관련하여 접근하는 연구이다. 이러한 방향의 연구는 선교사들이 한국종교에 대해 연구한 것을 선교 전략의 산물로만 보는 것이 아니라 한국 종교학사의 한 부분으로 자리매김한다. 더 나아가 선교사들의 한국종교 연구와 종교학 이론이 만나는 지점에 주목하면서 초기 선교사들이 종교학의 용어나 이론을 선교 현장에서 어떻게 활용하였으며 그것이 다시 종교학 이론에 어떤 영향을 미쳤는가에 관심을 둔다.[20]

선교사들이 유교, 불교, 민간신앙과 같은 한국의 전통종교에 주된 관심을 보인 반면, 한국 개신교 지식인들은 한국종교만이 아니라 세계 각 지역의 종교에 대해서도 관심을 보였다. 선교사들은 선교 대상인 한국인의 세계관을 좀더 깊이 이해하기 위해 한국종교에 집중한 반면, 한국의 종교문화 속에서 자란 개신교 지식인들은 기독교와의 비교 차원에서 세계 각 지역의 종교에 관심을 가졌던 것이다. 물론 이러한 관심을 가졌던 한국 개신교 지식인은 소수에 지나지 않았으며 세계의 종교전통에 대한 그들의 지식도 매우 제한되어 있었다. 대표적인 인물은 최병헌, 박승명, 박형룡, 채필근, 한치진 등인데[21] 감리교 신학자이자 목사인 최병헌이 남긴 글이 연구자들의 많은 관심을 끌었다. 그의 타종교 인식은 토착화 신학의 선구,[22] 비교종교론적 기독교 변증론,[23] 보유론적 기독교[24] 등으로 평가되어 왔다.

최병헌으로 대변되는 초기 개신교인들의 타종교 인식을 '토착교회사관'에 의해 종합적으로 분석한 연구에 의하면, 초기 한국 개신교인들은 기독교의 복음을 주체적으로 수용·해석·적용하여 서구 기독교와는 구별되는 제3의 토착적 교회를 형성했는데 그 정체성은 '복음적이고 민족적이고 토착적인 신앙'이다.[25] 초기 한국 개신교인들의 종교적 정체성에 대한 이러한 평가는 초기 내한 선교사들의 종교적 정체성을 성취신학으로 규정한 연구자의 시각과 공명한다.

한편 한국 개신교의 세속적 타자인 사회주의와 기독교의 관계에 관한 연구는 민주화 이후 본격화되었다. 그 이전까지는 냉전 이데올로기로 인해 사회주의나 공산주의에 대한 언급 자체가 터부시되었기 때문에 관제 이데올로기에 의한 일방적인 사회주의 비판 이외의 연구는 나오기 힘들었다. 한국기독교역사연구소에서 펴낸 『일제하 한국 기독교와 사회주의』(1992)는 당시까지 나온 기독교와 사회주의의 관계에 대한 연구 성과를 모아 놓은 대표적인 책이다. 편집자는 서문에서 그동안 이데올로기적 제약 때문에 '기독교 사회주의자들'이 한국 교회사의 무대에서 밀려나거나 혹독하게 비판받아 왔다고 하면서 이들의 삶과 생각을 한국 교회사의 한 부분으로 다룰 필요가 있음을 역설했다.[26]

그동안 나온 개신교와 사회주의의 관계에 대한 연구는 크게 둘로 나눌 수 있다. 하나는 사회주의 진영에 의한 반종교운동의 등장 배경과 사회주의자들이 전개한 종교 비판의 연구이다. 이러한 연구들에 의하면 1920년대 중국에서 일어난 반종교운동이 국내 반종교운동에 단초를 제공한 것은 사실이지만, 좀더 근본적인 배경은 제도종교와 제국주의의 관계에 대한 사회주의 진영의 비판적 태도이다. 당시 사회주의자들의 눈에는 개신교를 비롯한 현실 종교계가 자본주의와 제국주의의 주구(走狗) 역할을 하면서 민중을 억압하는 기제로 작용하는 것으로 보였다. 따라서 사회주의자들은 종교계의 행사 방해나 종교 비판 강연회 등을 통해 반종교운동을 전개하였다.[27]

다른 하나는 사회주의의 반종교운동에 대한 개신교의 대응 양상에 초점을 둔 연구이다. 이 연구들에 의하면 개신교는 사회주의의 반기독교운동에 대해 무관심, 반박, 반성, 수용 등 다양한 반응을 보였다.[28] 사회주의 진영의 종교 비판에 대한 개신교의 대응 양상 중 특히 주목할 만한 것은 '사회복음'과 '기독교 사회주의'이다. 19세기말 미국에서 등장한 사회복음은 자본과 노동의 문제에 적극적 관심을 가진 기독교 사회운동의 한 조류로서 1920년대 중반 한국 사회에 수용되었는데 이는 사회주의의 반종교운동에 대한 나름의 응답이라고 볼 수 있다. YMCA 농촌사업, 기독교봉역자회의, 기독교연구회처럼 민중에 대한 교회의 책임을 강조한 개신교 사회운동 단체들이 사회복음을 주로 수용하였다.[29]

기독교 사회주의는 사회복음보다 훨씬 더 적극적으로 사회주의 이념을 수용하였다. 기존 연구에 의하면 YMCA, 기독청년면려회, 기독신우회, 기독교농촌연구회 등 개신교계 사회운동 단체에서 기독교 사회주의의 요소가 발견된다.[30] 특히 1930년대 초 대구YMCA 소속 개신교인들에 의한 '기독교 중심의 적색비사사건'[31]이나 강원도 홍천에서 일어난 십자가당 사건[32]에 관련된 개신교인들의 사회운동에서 기독교 사회주의의 요소가 구체적으로 드러난 다. 그러나 일제하 기독교 사회주의는 하나의 뚜렷한 사회운동으로 범주화하기에는 조직이나 규모 등 여러 면에서 많은 한계가 있다.[33]

따라서 기독교 사회주의에 관한 연구는 사회주의와 관련해 활동한 기독교인들의 행적을 좀더 세밀하게 추적하는 방식으로 보완될 필요가 있다. 현재까지 연구자들에 의해 발굴된 인물로서 기독교 사회주의자로 분류될 수 있는 인사로는 이동휘,[34] 여운형,[35] 김창준,[36] 김준성,[37] 최문식,[38] 이대위,[39] 이경선,[40] 유재기[41] 등이 있다. 최근에는 통일 이후 한국 사회의 이념적 대안으로 '기독교 사회주의'를 상정하면서 기독교와 사회주의의 만남을 새롭게 모색하는 움직임도 등장했다.[42]

지금까지 살펴본 것처럼 한국 개신교의 타자인식과 관련한 기존 연구는 대부분 세 타자 즉 기독교 공간의 타자(천주교), 종교 공간의 타자(한국종교), 세속 영역의 타자(사회주의) 중 어느 하나에 주목하고 있다. 이는 연구자의 학문적 관심과 취향을 반영한 것이지만 연구 범위를 제한해야 하는 현실적 요청도 커다란 변수였을 것이다.

그러나 한국 개신교의 성격을 전반적으로 파악하기 위해서는 세 차원의 타자인식을 동시에 고려할 필요가 있다. 기독교 내부의 타자, 종교적 타자, 세속적 타자와의 관계에서 형성되는 개신교의 타자인식은 서로 고립되어 있는 것이 아니라 상호 관련을 맺고 있기 때문이다. 천주교에 대해 배타적 태도를 보일수록, 타종교에 대해 비타협적이고, 사회주의에 대해서도 적대적인 태도를 보이는 경향이 있다. 앞서 살펴본 WCC 총회에 반대하는 집단의 몸짓이 이러한 경향을 잘 보여준다. 이와 반대로 천주교와 적극적으로 교류하는 진영은 다른 종교들과의 관계에서 개방적인 태도를 보이고 사회주의에 대해서도 열린 태도를 보이는 경향이 있다. 이는 WCC 총회를 주관한 교회협의 태도에서도 발견된다. 따라서 세 영역 사이의 유기적 연관성을 염두에 두면서 한국 개신교의 타자인식을 검토할 필요가 있다.

3. 문제의식과 책의 개요

한국 개신교가 세 영역의 타자와 맺고 있는 이러한 다층적 관계를 통합적 안목에서 조망하기 위해서는 세 공간을 관통하는 문제에 주목할 필요가 있다. 그것은 다름 아니라 '차이'의 문제이다. 타자와의 관계에서는 항상 차이의 문제가 발생하기 때문이다. 차이의 문제를 해결하는 방식은 매우 다양할 수 있지만 추상도가 높은 차원에서 세 모형으로 나누어 볼 수 있다.

첫째는 차이를 전적으로 배척하는 것이고, 둘째는 위계 구도 속에서 차이를 통합하는 것이고, 셋째는 동등한 수준에서 차이를 승인하는 것이다. 이러한 세 모형은 '종교다원주의 논쟁'에서 등장하는 배타주의, 포괄주의, 다원주의를 연상시킨다.[43] 그러나 여기서는 종교다원주의 논쟁의 배후에 깔려있는 선교신학적 관심과는 다른 맥락에서 세 개념을 활용하고자 한다.[44] 즉 개신교의 타자인식의 지형을 서술하기 위한 개념적 도구로서 활용하고자 한다. 이러한 맥락에서 세 개념을 다음과 같이 재규정한다.

첫째, 배타주의는 자기와 타자 사이에 이항대립 구도를 설정한다. 이러한 이분법은 양자 사이의 중간 지대나 접촉점을 설정하지 않기 때문에 자기와 타자는 갈등 혹은 충돌 관계에 놓이게 된다. 충돌을 해결하는 방식은 혼합이나 타협이 아니라 타자의 제거와 대체이다. 정복주의, 개종주의, 대체주의는 이러한 모델의 산물이다.

둘째, 포괄주의는 타자를 수용하되 자기와 동등한 주체로 간주하지 않는다. 전체-부분의 도식이건 고등-하등의 도식이건 완전-불완전의 도식이건 충만-결핍의 도식이건 그 어느 경우에나 양자 사이에 우열 관계가 설정된다. 요컨대 위계화를 통한 타자의 통합이다. 우월주의, 차등주의, 위계주의는 이러한 도식의 산물이다.[45]

셋째, 다원주의는 타자를 자기와 동등한 주체로 승인한다. 따라서 타자는 제거나 위계적 통합의 대상이 아니라 공존의 대상이다. 자기와 타자 사이에 '공통 기반'을 강조하건 '차이'를 강조하건 타자성은 승인된다. 공존주의, 평행주의, 병존주의는 이러한 모델의 산물이다.

종교다원주의 논쟁에서는 세 용어가 종교와 종교의 관계에만 적용되지만 우리가 재규정한 세 개념은 종교 공간만이 아니라 기독교 공간과 세속 공간에도 적용될 수 있다. 기독교 공간에서는 다양한 교파가 경쟁하고 세속 공간에서는 다양한 이데올로기가 경합하고 있기 때문이다. 물론 이러한 개념들은 하나의 '이념형'에 지나지 않으므로 구체적 현실에서는 개념에 잘 부합하지 않거나 상호 중첩된 사례가 등장할 수 있다. 따라서 우리는 개신교 타자인식의 지형도를 그리는 과정에서 이 개념들을 다소 느슨한 '발견적 장치'로 사용할 것이다. 그런데 모든 타자인식은 자기인식을 수반한다. 타자인식은 자기-타자 관계에서만 가능하기 때문이다. 자기가 없는 타자는 불가능하며 타자 없는 자기도 불가능하다. 따라서 타자인식 자체가 자기인식이다. 엄밀하게 말하면 타자인식은 자기-타자인식 즉 '자타인식'이다.[46] 따라서 타자인식에 대한 논의는 자기동일성 즉 정체성에 대한 논의로 자연스럽게 이어진다.

이처럼 타자인식을 정체성과 관련시켜 보면 세 영역에 걸친 개신교의 타자인식은 세 공간의 정체성과 조응한다. 기독교 공간에서의 타자인식은 타교파의 인식이므로 '교파 정체성', 종교공간에서의 타자인식은 타종교의 인식이므로 '종교 정체성', 세속 공간에서의 타자인식은 타 세계관 혹은 이데올로기의 인식이므로 '이데올로기 정체성'[47]과 각각 상응한다. 따라서 개신교의 타자인식을 살피는 작업은 한국 개신교의 정체성을 파악하는 작업으로 귀결된다.

이러한 문제의식하에 이 책에서는 개항에서 일제 말에 이르는 시기를 주된 검토 대상으로 삼는다. 이 기간에 개신교의 타자인식의 틀과 기본 성격이 형성되었기 때문이다. 그리고 '교파(denomination)'를 분석의 기본 단위로 설정한다. 한국 개신교는 '교파교회'로 출발하여 교파교회로 정착하였기 때문이다.[48] 해방 이전에는 장로교와 감리교가 주류 교파로 존재하였기 때문에 장로교와 감리교를 중심으로 서술하되, 사안에 따라 성결교나 독립교회 혹은 무교회주의, 그리고 안식교처럼 '이단'으로 분류된 집단도 포함시킬 것이다. 또 하나의 분석 단위는 '신학'이다. 신학의 차이가 교파를 관통하면서 타자인식에 중요한 영향을 미칠 수 있기 때문이다. 요컨대 이 글에서는 '교파'와 '신학'을 논의의 두 축으로 삼는다.

제Ⅱ장에서는 한국 개신교의 타자인식을 살피기 위한 배경 작업으로 한국 근대의 종교지형과 개신교의 형성 과정을 검토한다. 개항과 더불어 '종교' 개념을 필두로 '종교자유'와 '정교분리'와 같은 근대적 담론이 새롭게 등장하면서 전통적 담론지형에 근본적 변화가 초래되고 종교지형에도 중대한 변동이 일어났다. 이러한 시대적 흐름 속에서 서구 근대성과 함께 들어온 개신교는 '근대종교'의 모델로 등장하면서 한국의 종교지형에서 매우 중요한 역할을 한다. 따라서 여기서는 한국 근대의 종교지형에서 개신교가 차지하는 위상과 개신교의 선교 전략을 검토한다.

제Ⅲ장은 기독교 공간을 무엇이 '참기독교'인가를 둘러싸고 전개되는 논쟁의 공간으로 규정하고, 이 공간에서 나타난 개신교의 타자인식을 검토한다. 이를 위해 먼저 개신교의 강력한 경쟁자인 천주교의 개신교 인식을 검토한다. 특히 천주교가 성교(聖敎)-열교(裂敎)의 이분법을 통해 개신교를 공략하는 논리를 집중적으로 살핀다. 이어서 개신교가 천주교를 '로마교'로 부르면서 기독교 공간에서 배제하려고 했던 논리를 검토한다. 마지막으로 개신교 내부의 교파들이 서로를 어떻게 인식했는가를 살핀다.

제IV장은 어느 종교가 '참종교'인가를 둘러싸고 전개되는 종교 공간의 논쟁을 중심으로 개신교 타자인식의 두 번째 층위를 검토한다. 해방 이전 종교 공간에서 개신교의 타자로 존재한 대표적인 종교전통은 유교, 불교, 민간신앙이므로 이 종교적 타자들에 대한 개신교의 인식을 살핀다. 이와 관련된 자료는 방대하므로 당시 개신교의 타종교 인식을 가장 잘 보여주는 것으로 여겨지는 6인의 '비교종교론'을 선택하여 집중적으로 검토한다.

제V장은 어느 것이 '참세계관'인가를 둘러싸고 전개된 세속 공간의 논쟁을 중심으로 개신교 타자인식의 세 번째 층위를 살핀다. 세속 공간의 타자는 정치(국가), 경제(시장), 예술, 법, 교육 등 다양하지만, 이번 논의에서는 과학, 진화론, 사회주의에 한정하였다. 이 세 타자는 반종교 담론을 매개로 서로 유기적인 관계를 맺으면서 개신교에 심각한 위협을 가했고, 개신교는 종교와 과학, 창조와 진화, 기독교와 사회주의의 관계를 재정립하면서 나름의 대응 논리를 제시하였다. 이러한 논리에 나타난 세속적 타자에 대한 개신교의 인식을 중점적으로 검토한다.

제VI장은 전체 논의를 요약하고 개신교의 타자인식과 관련하여 개신교의 정체성을 교파 정체성, 종교 정체성, 이데올로기 정체성의 측면에서 검토한다.

II

한국 근대의
종교지형과 개신교

이 장에서는 개신교의 타자인식의 배경이 되는 한국 근대의 종교지형과 개신교의 제도적 기반, 그리고 개신교의 선교 활동과 선교 전략을 간략히 살펴본다.

잘 알려져 있다시피 조선왕조는 유교를 지배 이념으로 삼고 사회를 다스리는 국가였다. 따라서 성리학 이외의 이데올로기나 사상, 신앙 등은 주변적 위치를 차지할 수밖에 없었다. 노장사상과 불교, 양명학이 정통-이단 이분법이나 정학(正學)-사학(邪學)의 이분법에 의해 이단사설로 분류된 것은 그 때문이다. 그렇다고 해서 국가권력이 불교의 승려나 양명학을 수용한 유학자들을 철저하게 탄압하거나 처형한 것은 아니었다. 성리학적 지배 체제에 도전하거나 국가권력에 저항하지 않는 한 그들의 삶은 보장되었다.

조선왕조는 성리학을 지배 이데올로기로 삼았지만 기본적으로 의례적 장치를 통해 운영되는 사회였다. 국가 사전(祀典) 체제를 통해 각종 제사의 형식과 내용을 명확하게 규정하는 방식으로 사회를 지배하였다. 즉 조선왕조는 의례 통제 장치를 통해 사회를 운영하는 '의례 헤게모니(ritual hegemony) 국가'[1]였다. 따라서 조선시대에는 모든 계층의 사람이 국가가 마련한 의례 규정을 준수하면서 살아가도록 요구받았다.

이처럼 조선시대는 국가권력이 의례적 장치와 국가 이데올로기를 통해 전 사회를 통제하고 있었기 때문에 근대적 의미의 종교 개념에 필수적인 '사적 영역'이 존재할 수 없었다. 그런데 조선 후기에 접어들면 천주교의 등장으로 이러한 성리학적 지배 체제에 서서히 금이 가기 시작한다.

1. 근대적 종교지형의 형성

서학(西學)으로 불린 초기 천주교는 유학의 한 흐름으로 존재하였지만, 조상제사 논쟁을 거치면서 점차 국가권력의 질서에서 벗어나는 독자적 공동체로 발전했다. 조상제사 거부 이후 지하신앙으로 존재하게 된 천주교는 세례나 미사와 같은 성사(sacrament)를 비밀리에 집행하였다. 이 시기의 천주교는 국가에서 요구하는 의례를 거부하였을 뿐만 아니라 국가의 허가를 받지 않고 성직을 두고 독자적인 의례를 정기적으로 수행하는 공동체가 되었다. 이는 한국사에서 최초로 '신앙고백과 신자조직을 지닌 종교 개념(a confessional and congregational notion of religion)' [2]이 등장하였음을 의미한다. 특정 종교공동체에 속했다는 정체성을 지닌 신자들이 정기 모임을 갖고 특정 교리를 공동으로 고백하는 새로운 종교성이 탄생한 것이다. 물론 이 시기에는 아직 '종교'라는 용어가 등장하지 않았으며 근대적 의미의 정교분리 원칙도 등장하지 않았다.[3] 따라서 이 시기의 천주교공동체는 전통 사회의 '비밀결사'와 개신교를 모델로 하는 '근대적 의미의 종교공동체'의 중간 형태로 볼 수 있을 것이다.

19세기 후반의 개항은 천주교가 게토공동체로부터 벗어날 수 있는 계기가 되었다. 서구 열강과 체결한 조약문에 외국인의 종교 활동과 관련된 구절이 명기됨으로써 '종교자유'라고 하는 낯선 개념이 한국 사회에 유포되기 시작했기 때문이다. 종교자유는 처음에는 외국인의 종교 생활을 보장한다는 제한적 의미였지만, 점차 외국인 선교사에 의한 포교 활동의 자유를 의미하는 것으로 확장되었다.

1886년 프랑스와 체결한 한불조약은 종교자유 개념이 공적 담론의 영역으로 들어오는 데 결정적 역할을 하였다. 조약문에 들어 있는 교회(敎誨)라는 용어의 의미를 둘러싸고 프랑스 선교사와 조선 정부 사이에 해석 투쟁이 벌어졌기 때문이다. 선교사들은 이 용어에 선교 활동의 의미를 부여하여 선교자유의 권리를 주장한 반면, 조선정부는 이 용어에 종교적 의미를 부여하지 않았다. 양측의 논쟁은 명확한 합의를 보지 못했지만 서구 열강의 힘이 배후에 작용하면서 선교 활동이 점차 '묵인'되었다. 그 후 천주교인들과 향촌사회의 물리적 갈등을 수반한 교안(敎案)을 해결하는 과정에서 종교자유와 정교분리 담론이 확산되고 천주교의 선교 활동은 사실상 '공인'되었다.[4]

천주교로 대변되는 서양종교의 출현에 대항하여 일어난 동학은 한국 근대의 종교지형에서 매우 중요한 위상을 지닌다. 동학은 유불선 합일을 내세우면서 외세와 서학의 배격을 주장하였다. 그렇지만 국가유교에 의하여 서학의 무리로 지목되어 교조가 처형되는 비운에 빠졌다. 그 후 동학은 국가적 공인을 받기 위하여 지속적인 신원운동(伸寃運動)을 벌였지만 번번이 실패하였으며, 최후의 거사(擧事)인 동학농민혁명에서도 참패하여 교문 조직의 기반이 사실상 와해되었다. 그러나 교단 명칭을 천도교로 개편하고 서구 근대 문명을 적극 수용하면서 '근대종교'로 재탄생하였다.[5] 이와 함께 불법단체라는 낙인에서도 사실상 벗어났다.[6] 그러나 교단 권력이 이양되는 과정에서 내적 갈등이 일어나 시천교, 상제교 등 여러 분파가 생겨났다.[7] 일제시대에는 조선총독부에 의해 '종교'로 공인받지 못하고 '유사종교'의 범주에 머물렀지만, 해방 이전 천도교의 교세는 상당했다.[8]

한편 오늘날 연구자들에 의해 '민족종교'나 '자생종교' 등으로 호칭되기도 하는 신종교 단체가 동학의 등장 이후 대거 출현하였다. 증산 계통으로 분류되는 보천교를 비롯하여 나철(羅喆)에 의해 '중광(重光)'된 대종교, 박중빈(朴

重彬)에 의해 개창된 원불교(창립 당시 명칭은 불법연구회), 김일부(金一夫)의 정역(正易) 등이 대표적이다.[9] 이러한 신종교들은 뒤에서 검토할 개신교의 타종교 인식과 관련된 비교종교론에서 자주 등장한다.

조선왕조의 억불정책에 의해 산중에 머물던 불교는 개항을 계기로 '세상'으로 진출하기 시작하였다. 1895년 일본 불교의 '힘'에 의해 승려의 도성출입금지가 해제된 것이 분수령 역할을 하였다. 이 조치로 인해 승려의 도성출입이 허용되어 승려의 사회적 지위가 개선되었고, 불교는 포교 활동을 본격화하였다. 당시 불교계에는 불교유신론·불교개혁론·불교혁신론과 같은 다양한 개혁 담론이 널리 유포되었는데, 이는 불교의 근대성 수용과 근대화 작업의 절박성을 의미하였다.[10] 해방 이전까지 불교는 서구 종교 및 일본 불교와 경쟁하는 동시에 양자를 암묵적 모델로 삼으면서 교리·의례·조직을 재정비하였고, 결국 '근대종교'로 재탄생할 수 있었다.[11]

이처럼 개항 이후의 종교지형을 특징짓는 천주교 신앙의 공인, 동학으로 대변되는 민중종교의 흥기, 불교의 복권과 부상은 국가유교의 위상 변동과 밀접한 관련이 있다. 조선시대처럼 국가유교가 사회를 전일적으로 지배하는 상황에서는 천주교, 불교, 동학과 같은 집단은 이단 혹은 사학(邪學)으로 몰리게 마련이고 공적 영역으로 진입할 수 없었다. 그런데 이단과 사학이 묵인의 단계를 거쳐 공인의 단계로 진입하였다는 사실은 국가유교의 해체 즉 '국가와 유교의 분리'를 의미하였다. 이제 국가권력이 유교라는 공식 이데올로기에 의하여 더이상 지지될 수 없는 상황이 된 것이다. 이는 종교자유 담론과 정교분리 담론의 점진적 확산, 그리고 그러한 담론의 원인이자 결과인 '다종교지형'의 출현을 의미하였다.

2. 개신교의 선교 전략과 기독교지형[12]

천주교 교회사가들이 한국 천주교의 기원을 선교사 입국 이전 일군의 유학자들에 의한 자발적 신앙공동체에서 찾듯이,[13] 개신교 교회사가들도 한국 개신교의 기원을 선교사의 입국 이전 조선인들에 의한 자발적 신앙공동체에서 찾는 경향이 있다.[14] 만주 등지에서 활동하던 일군의 상인이 바이블을 통해 '복음'을 주체적으로 수용하고 국내에서 신앙공동체를 형성한 뒤에 선교사들이 입국하였기 때문이다. 이러한 서술은 타당하지만 천주교와 마찬가지로 개신교의 경우에도 선교사의 입국 이후 선교 활동이 본격화되고 신앙공동체의 헤게모니가 선교사에 의해 장악되었다.

개신교는 천주교보다 한 세기나 늦게 들어왔지만 후발 주자로서의 이점을 최대한 발휘하면서 선발 주자인 천주교의 교세를 단시간 내에 추월하였다. 여기에는 개항 이후 동아시아에 불어닥친 문명개화의 열풍과 인적 물적으로 풍부한 영미권 개신교 국가의 선교 자원이 중요한 역할을 하였다. 초기 개신교는 '직접선교'가 허락되지 않았기 때문에 의료사업이나 교육사업과 같은 '간접선교'를 통하여 선교의 기반을 닦아 나갔다. 간접선교는 '문명선교'의 성격을 강하게 띠고 있었기 때문에 당시 개신교는 '문명종교'로 비췄고,[15] 이는 지식층과 민중의 입교에 매우 유리한 요소로 작용하였다. 이러한 요인에 힘입어 개신교는 새롭게 형성된 다종교지형에서 가장 빠르게 성장하는 종교가 되었다.

한국에 들어온 서구 개신교 선교사는 국적과 교파가 매우 다양했지만 일정한 편중 현상이 발견된다. 미국, 영국, 캐나다, 호주 등 영미권 출신이 대부분을 차지한다. 특히 미국 출신 선교사가 전체의 70% 가량을 차지한다.[16] 교파별로 보면 장로교, 감리교, 구세군, 성공회, 안식교, 그리스도교회, 플리

머스형제단(Plymouth Brethren) 등 다양한 교파가 들어왔지만, 장로교가 전체 선교사의 약 50%, 감리교는 30% 정도를 차지한다. 일본을 통해 일본조합교회, 일본기독교회, 일본메도디스트교회, 호리네스교회 등도 들어왔지만 교세가 미미했고 포교 대상도 주로 한국 거주 일본인이었다.[17] 결국 '미국'의 장로교 및 감리교 교파가 한국 개신교의 탄생에 결정적 변수였음을 알 수 있다.

장로교와 감리교 선교사를 비롯하여 한국에 들어온 대부분의 선교사는 '교파교회'의 배경을 지녔다. 여기서 교파교회란 '국가교회(state church)'와 달리 국가의 지원을 받지 않는 동시에 국가의 간섭을 배제하는 교회를 말한다. 따라서 교파교회는 서구 근대성의 핵심 원리인 정교분리 및 종교자유의 규범에 익숙하다. 신자의 헌금과 기부에 전적으로 의존하여 교회를 운영하기 때문에 자유경쟁을 속성으로 하는 종교시장(religious market)과도 친화성이 있다.[18] 또한 교파교회에는 독자적인 신앙고백과 교리, 예배 양식과 정치체제를 규정한 교단헌법이 있다.

이처럼 정교분리와 종교자유 원칙의 내면화, 경쟁 논리 및 종교시장과의 친화성, 그리고 교단헌법을 갖춘 교파교회는 근대종교(modern religion)의 모델로서 한국 사회의 근대적 종교지형 형성에서 핵심 역할을 하였다. 앞서 언급한 조선후기 천주교의 신앙공동체가 근대종교의 '맹아'였다면, 개항기 개신교의 교파교회는 근대종교의 '완성'이라고 할 수 있다.

19세기 말 20세기 초 교파교회의 해외선교는 일정한 패턴을 보여준다. 이 패턴에 의하면 선교모국에서 해외선교를 총괄하는 선교본부(Board)가 선교사를 파송하면서 해외선교는 시작된다. 파송 선교사들은 선교국가별로 조직된 선교부(Mission)에 소속되어 활동하지만, 한 국가 안의 선교 지역이 광활하기 때문에 선교부 산하에 여러 개의 스테이션(Station)이 설치된다. '선교지부' 혹은 '선교기지'로 불리는 스테이션은 주로 해안이나 내륙의 거점 도시에 설치된다.[19] 이처럼 각 교파의 해외선교 사업은 본국선교본부(Board) → 현지 선교부(Mission) → 선교지부(Station)의 방향으로 수행되는데, 한국에 들어온 각 교파도 이러한 패턴에 따라 선교 활동을 수행하였다.

개항 이후 내한한 각국의 다양한 교파가 선교 경쟁을 하게 되면서 선교부 간에 상호 마찰과 갈등이 나타났다. 이 문제를 해결하기 위해 '교계예양(敎界 禮讓, comity)'이라 불리는 지역분할 정책이 등장했는데, 이 협약에 참여한 교 파는 장로교와 감리교였다. 구체적으로는 미국 북장로회와 남장로회, 미국 북감리회와 남감리회, 캐나다장로회와 호주장로회 등 총 6개 선교부가 참여 하여 한반도를 분할점령하였다. 분할 결과를 거시적으로 보면 중부 지방과 서북 지방 일부는 감리교, 나머지 방대한 지역은 장로교의 '영토'가 되었다. 후발 주자인 성결교, 성공회, 구세군, 안식교 등은 이 협약에서 제외되었기 때문에 자유로운 선교 활동을 할 수 있었다. 그렇지만 장로교와 감리교가 선점한 지역에서 선교 활동을 해야 하는 어려움이 처음부터 있었다.

각 교파 선교부의 선교 활동은 현지인 중심의 교파교회 성립으로 귀결되 었다. 장로교의 경우 1907년 독노회가 조직되고 1912년 총회가 결성되면서 대한예수교장로회가 탄생하였다. 이는 독자적 교리와 정치체제를 갖춘 하 나의 교파교회이다. 감리교의 경우는 1930년 미국 북감리회와 남감리회가 합동하여 기독교조선감리회를 탄생시켰는데 이 역시 독자적 교리와 정치체 제를 갖춘 하나의 교파교회이다. 성결교의 경우는 교단선교부가 아니라 초 교파 선교단체인 동양선교회(Oriental Missionary Society)의 선교 활동에 의해 시 작되었다. 선교 초기의 동양선교회는 교회의 설립 대신 복음전도관이라는 전도단체를 통한 선교 활동에 주력하였는데, 이것이 모체가 되어 1921년 조 선야소교동양선교회성결교회라는 이름의 교파교회가 탄생하였다.[20] 이와 같은 전국 단위의 종교조직 결성은 근대종교의 중요한 특성으로서 근대국가에 의해 종교로 인정받기 위한 중요한 요건의 하나였다.[21]

일제하에 접어들면 선교사들에 의해 이식된 교파교회와는 성격이 다른 '독립교회'가 상당수 등장한다. 이 교회들은 출발점과 성격의 측면에서 다양한 모습을 보이지만, 선교사가 지배하는 교회권력과 충돌하는 과정에서 생겨났다는 공통점이 있다. 따라서 이 독립교회들은 반선교사운동 혹은 자유·자치교회운동의 범주에서 서술되기도 한다.[22]

이처럼 다양한 교파로 이루어진 개신교의 신자수는 1937년 현재 40여만 명에 이른다. 조선총독부 통계자료에 의하여 주요 교파의 교인수를 대략의 수치로 표현하면 장로교 30만, 감리교 5만, 성결교 1만, 성공회 1만, 구세군 1만, 안식교 5천 명이다.[23] 이외에도 20여 개의 교파나 집단에 속한 신도수가 보고되어 있지만 그 숫자는 매우 미미하다.[23] 신자수의 측면에서 보면 장로교가 압도적 비중을 차지하고 있어 해방 이전의 개신교지형은 장로교 독점체제라고 할 수 있다. 여기에 감리교를 포함시키면 장로교와 감리교 중심의 과두체제라고 할 수 있다. 두 교파를 제외하면 성결교, 성공회, 구세군이 1만 명 정도의 교인수로 공동 3위를 달리고 있지만 장로교 및 감리교와의 격차가 매우 크다. 따라서 해방 이전 개신교 각 교파의 교세 분포를 대도시의 풍경에 비유하자면, 도심에 장로교, 부심에 감리교, 변두리에 성결교·성공회·구세군, 나머지 교파들은 시외에 위치하는 지형도가 될 것이다.[25]

III

무엇이
'참기독교'인가?

이처럼 다양한 교파로 이루어진 개신교지형 자체는 한국 기독교지형의 일부이다. 앞서 언급하였듯이 개신교 교파들이 한국에 들어오기 전에 이미 천주교공동체가 존재하였고 러시아정교회도 개신교 교파들과 비슷한 시기에 한국에 들어왔기 때문이다. 따라서 해방 이전 한국 기독교의 지형은 천주교, 개신교, 정교회라고 하는 세계 기독교의 3대 전통으로 구성되어 있었다. 그러나 러시아정교회의 세력이 매우 미미했기 때문에 천주교와 개신교가 기독교지형을 사실상 양분하고 있었다.

따라서 개신교의 타자인식의 첫 번째 층위, 즉 기독교적 타자에 대한 개신교의 인식은 사실상 천주교에 대한 인식을 의미한다. 그런데 개신교 교파 간에는 일정한 경쟁 구도가 형성되어 있기 때문에 개신교 교파 사이의 인식도 함께 검토해야 한다. 이는 누가 '진짜 기독교인'이며 어느 집단이 '진짜 기독교'인가를 둘러싼 논쟁 즉 기독교의 '교파 정체성' 투쟁을 검토하는 작업이다.

따라서 이 장은 세 부분으로 구성된다. 첫째는 천주교의 개신교 인식을 살피는 작업이고, 둘째는 개신교의 천주교 인식을 검토하는 작업이며, 마지막은 개신교의 각 교파가 서로를 어떻게 인식하였는가를 살피는 작업이다.

1. 천주교가 본 개신교

해방 이전 개신교에 대한 천주교의 인식을 구체적으로 살펴보기 전에 먼저 로마교황청의 개신교 인식을 검토할 필요가 있다. 교황 비오 9세(Pius IX, 재위 1846-1878)는 가톨릭교회의 전통적 교리에 위배된다고 여겨지는 근대적 사조들을 「오류 목록(Syllabus Errorum, 1864)」이라는 일종의 블랙리스트에 포함시켜 정죄하였는데 개신교에 관한 사항도 포함되어 있다. 18번째 항목에 의하면 '개신교를 참된 기독교의 한 형태로 간주하는 것은 오류'이다.[1] 한 세기 뒤에 개최된 제2차 바티칸공의회(1962-1965)를 통해 이 규정은 사실상 철폐되었지만 해방 이전까지 이 조항은 천주교의 개신교관을 기본적으로 규정하였다. 이 점을 염두에 두면서 천주교의 개신교 인식을 검토해 보기로 하자.

1) '불쾌한 타자'

19세기 후반 개항을 계기로 천주교에 대한 조선 정부의 '박해'가 사실상 종식되면서 개신교의 다양한 교파가 밀려들어 왔다. 후발 주자로 들어온 개신교 교파들은 매우 적극적인 선교 활동을 펼쳤다. 초기에는 한국인을 대상으로 '복음'을 전파하는 직접선교가 허용되지 않았기 때문에 개신교 선교사들은 의사나 교사의 신분을 활용한 간접선교에 치중할 수밖에 없었다. 그런데 서양식 병원과 학교의 건립으로 대표되는 의료선교와 교육선교는 한국 사회로부터 커다란 환영을 받았다. 서구 문명을 갈망하던 청년 지식층에게 근대식 학교는 '문명의 창'이었고, 온갖 질병으로 신음하던 민중 계층에게 근대식 병원은 '치유의 공간'이었다. 따라서 초창기부터 개신교는 한국 사회의 적극적 환영을 받으면서 선교의 발판을 확장할 수 있었다.

개신교의 이러한 활기찬 모습은 이제 막 지하교회의 단계를 벗어나 본격적인 선교 활동에 나서려고 했던 천주교 선교사들에게 어떻게 비쳤을까? 여기서 잠깐 1990년대 초 소련이 해체될 당시 러시아정교회가 직면했던 상황에 주목할 필요가 있다. 소비에트 체제가 무너지자 그동안 지하교회로 존재하던 러시아정교회는 지상으로 올라와 본격적인 교회 재건에 나섰다. 그런데 그 순간 미국과 한국을 비롯한 해외의 개신교 복음주의권 선교사들이 '황금어장'을 찾아 러시아로 밀려들었고, 이들은 풍부한 자본과 자원을 활용하여 선교 활동을 하였는데 정교회 신자도 개종 대상으로 삼았다.[2] 이때 러시아정교회가 느꼈던 당혹스러움은 개항 이후 천주교 선교사들이 개신교의 적극적인 선교 활동에 직면하여 느낀 감정과 유사했을 것이다.[3]

개신교의 선교 활동에 위기의식을 느낀 천주교 선교사들은 적극적인 선교 활동에 나섰고 그 과정에서 개신교 목사들에 대해 불편한 심기를 자주 드러내었다.

> 도처에서 목사들은 순박한 조선 사람들 앞에서… 수없이 되풀이된 천주교에 대한 공격을 늘어놓습니다. 왜 천주교 신부들은 결혼을 하지 않는가? 왜 성모와 성인들의 화상을 공경하나? 왜 미사를 위한 예물을 받나? 왜 천주교 신부는 성사를 주러 다니면서 신자들의 비용으로 숙식을 하고 일종의 헌금을 받나?[4]

이 보고서에 잘 나타난 것처럼 당시 개신교 목사들은 사제 독신 제도나 성상 공경과 같은 천주교의 신앙적 특징을 강하게 비판하였는데 개신교 관점에서 행해진 이러한 천주교 비판이 조선 사회에 널리 퍼졌다. 따라서 선교 현장의 천주교 선교사들은 당혹스러운 감정을 넘어 개신교의 선교 활동에 대해 매우 불쾌한 감정을 지니게 되었다.

일제시대로 들어가면 천주교의 교세가 개신교보다 확연히 뒤처지게 된다. 따라서 당시 천주교 선교사들은 선교 활동의 부진에 대한 한탄의 감정을 자주 표출하였다.

> '예수교'나 '예배당'이라 하면 전선(全鮮)을 통하여 모르는 이가 없으며 '천도교'라 하여도 역시 일반이다. 그러나 '가톨릭교'라 하거나 '성당'이라 하면 아는 이가 몇이나 되느냐. '천주교'라 하면 '천도교'냐고 반문하며 신부가 가로에 다니면 목사라 이름한다. 들을 귀가 있거든 들을지어다! 이 얼마나 통분한 일이냐.[5]

여기에는 교세의 취약과 선교 활동의 부진으로 인해 천주교 신부가 개신교 목사로 간주되고 천주교가 천도교로 오인되고 있는 상황에 대한 통탄의 감정이 잘 나타나 있다. 실제로 해방 이전 개신교는 교회나 목사, 교인의 수에서만이 아니라 학교, 병원, 사회복지기관 등의 운영에서도 천주교를 압도하였다.

그러면 초기 천주교 선교사들은 개신교 선교사들과 그들의 선교 활동을 구체적으로 어떻게 평가했는가? 당시 천주교 선교사들은 개신교 선교사들을 '경쟁하기를 좋아하는 원수들'이자 '외교인(外敎人)을 개종시키는 일보다 가톨릭(교인)을 매수'하는 데 더 열을 올리는 자들로 표현하는가 하면,[6] 개신교를 공갈이자 허세이며 일종의 호구지책이라고 비판하였다.[7] 개신교의 명부에 오른 교인은 많지만 참된 신자는 적다고 하면서 그들을 '미신'으로부터 구해야 한다거나,[8] 천주교는 구원의 보증인 교계제도(Hierarchy)를 지닌 반면 개신교는 '권위의 원칙에 완전히 상반되는 악마적인 정신'에 근거해 있다는

주장도 등장한다.[9] 이처럼 당시 천주교는 개신교와의 선교 경쟁을 '적수(敵
讎)와의 투쟁'[10]으로 간주했다.

한편 천주교는 양자의 관계에 진리와 오류의 이분법을 적용하는 전략을
구사하였다. 이는 앞서 언급한 교황청의 「오류 목록」에 근거한 논리이다.
이 이분법에 의하면 개신교 목사들은 '오류'를 설교하는 자들인 반면 천주
교 선교사들은 '진리와 참된 자유의 설교자들'이다.[11] 또한 천주교 선교사들
은 개신교 선교사들이 '이단'을 가르친다고 비판하는가 하면,[12] 개신교가 '이
단의 씨앗'을 뿌린 곳에선 천주교로의 진실한 개종은 더이상 기대할 수 없다
고 외쳤다.[13] 나아가 천주교는 '진리의 장사'를 하는 '유일한 전매국'인 반면,
다른 종교는 모두 '위조물'을 판매하는 '잡종교'에 지나지 않는다고 주장하였
다.[14]

이처럼 천주교는 초기부터 개신교와 치열한 선교 경쟁을 하면서 오류, 이
단, 미신, 악마와 같은 부정적 언어와 표상을 선교 보고서에 담았는데, 개신
교에 대한 체계적 비판은 교리서나 변증서와 같은 책자를 통해 본격화되었
다. 따라서 당시 생산된 주요 텍스트를 중심으로 천주교의 개신교 인식을
좀더 깊이 살펴볼 필요가 있다.

2) 참교회의 네 조건

초기 천주교 변증서 중 가장 원론적인 차원에서 천주교의 정통성을 주장
하고 개신교를 비판한 것은 『예수진교사패』(1907)이다. 이 책은 파리외방전
교회 소속 프랑스 신부 앙리 바크렐(董中和, Henri Vacquerel, 1853-1936)이 지은 한
문서적 『야소진교사패(耶穌眞敎四牌)』(1898)를 한기근(韓基根) 신부가 한글로 번
역한 천주교 변증서이다.[15] 이 책이 나왔을 때 천주교계 신문인《경향신문》

은 특별광고를 통해 이 책의 가치를 선전하는 동시에 개신교 측에서 펴낸 호교론서인 『예수천주양교변론』을 비판하였다. 광고문에 의하면 『예수천주양교변론』은 아무런 증거도 없이 천주교를 일방적으로 비방한 책이기 때문에 개신교와 천주교의 차이를 올바로 알려면 참된 증거에 근거한 『예수진교사패』를 읽어야 한다.[16] 실제로 『예수진교사패』는 서두에서 천주교의 '참됨'과 개신교의 '거짓됨'을 밝히는 것이 책의 목적이라고 밝혔다.[17]

『예수진교사패』의 제목에 등장하는 '사패(四牌)'는 네 가지 패호(牌號)를 의미한다. 패호는 물건의 상표와 같은 것으로서 어떤 상품의 특징을 드러내는 표지다. 이 변증서에서는 가톨릭교회가 참된 교회임을 보장하는 네 가지 표지 즉 교회의 통일성, 거룩성, 보편성, 사도성을 가리킨다. 이 넷을 온전히 갖춘 교회만이 참된 교회이며 이 중 하나라도 결여하면 참된 교회가 될 수 없다.

따라서 이 변증서는 네 측면에서 천주교와 개신교를 비교한다. 첫째, 통일성의 측면이다. 이 측면에서 보면 천주교는 도리가 균일하고 교회 안의 권한을 한 사람이 통령(統領)하는 반면, 개신교는 예수가 직접 제정한 '대경대법'과 가르침을 자의적으로 변경하고 교파마다 다르게 해석한다.[18] 둘째, 거룩성의 측면에서 천주교는 교회 창립의 취지와 교회법이 거룩하고 거룩한 사람(聖人)도 많이 배출한 반면, 개신교는 교회개혁에 합당한 권한이 없는 개인들이 '세속적' 동기에 의해 '분풀이 차원'에서 만든 분파 집단이다.[19] 셋째, 보편성의 측면에서 천주교는 역사가 길고 전세계에 교회가 분포하고, 교도수도 다른 교파들보다 월등히 많은 반면, 개신교는 그 역사가 300여 년 밖에 안 되며 교회 분포 지역 역시 매우 제한되어 있다.[20] 넷째, 사도성의 측면에서 천주교는 베드로 사도로부터 이어져 오는 교회의 '일통전권'이 있는 정통교회인 반면,[21] 개신교는 정통교회의 계보에서 벗어나 있다.

이처럼 『예수진교사패』에 의하면 천주교는 참된 교회의 네 패호 즉 통일성, 거룩성, 보편성, 사도성을 온전히 갖춘 반면, 개신교는 분열성, 세속성, 국지성, 일탈성에 근거한 집단으로서 사패를 갖추지 못했다. 따라서 천주교는 참교회인 반면 개신교는 거짓 교회이다. 사실 이러한 주장은 '하나이고 거룩하고 보편되며 사도로부터 이어 오는 교회(the one holy catholic apostolic Church)'라는 니케아-콘스탄티노플 신조(381)[22]에 나타난 교회관에 근거한 것으로서 로마가톨릭교회만이 초대교회의 '적통'이라는 논리이다.

『예수진교사패』는 이처럼 네 기준에 입각한 비교를 통해 천주교의 정통성을 확보한 다음, 11가지 항목[23]에 걸쳐 천주교와 개신교를 다시 비교한다. 연옥에 대한 믿음, 마리아의 원죄 없으신 잉태에 관한 교리, 성전(聖傳) 등으로 대표되는 이 항목들은 천주교가 오랫동안 신앙의 중요한 요소로 간주해 온 것들인데, 개신교는 이 모두를 비성서적인 것으로 간주하여 배격하였다. 따라서 이 변증서에서는 이 요소들이 모두 성서적 근거가 있다고 주장하면서 개신교계에서 사용하는 성서를 가지고 개신교의 주장 자체를 논파하는 방식을 취하고 있다.[24]

다음에는 성사(sacrament) 제도에 대해 양측의 태도를 비교한다. 『예수진교사패』에 의하면, 천주교는 일곱 성사[25]를 온전하게 유지하고 있는데, 개신교는 세례와 성찬만 남기고 나머지 성사를 폐지하였다. 더구나 두 성사도 자의적으로 고쳤기 때문에 개신교는 참교회에서 벗어났다. 결론 부분에서는 개신교인들이 이처럼 예수의 계명을 마음대로 삭제하고 천주의 말씀을 듣지 않기 때문에 그들의 이름은 '승천하는 책'에서 제외되고 그들은 '하느님의 사람'이 아닐 것이라고 말한다.[26] 요컨대 개신교인들은 구원받기 힘들다는 것이다.

이처럼 『예수진교사패』는 교회의 네 성격, 열한 가지 신앙 규정, 일곱 성사를 기준으로 한 비교 작업을 통해 천주교의 정통성을 재확립하고 개신교를 일탈 집단으로 규정하고 있다. 이 세 측면을 종교학에서 통용되는 술어에 비춰 보면, 사패는 공동체(community), 열한 가지 규정은 교리(belief) 및 의례, 일곱 성사는 의례(ritual)에 각각 대응한다. 따라서 『예수진교사패』는 교리, 의례, 공동체의 세 측면에서 전개된 천주교 변증론으로서, 이 논리에 따르면 천주교는 참된 도리에 근거한 '진교(眞敎)'가 되는 반면 개신교는 참된 교회에서 찢겨 나간 '열교(裂敎)'가 된다.

3) '종교개혁' 신화 해체하기

『예수진교사패』는 개신교의 도전에 대한 천주교의 방어 논리를 잘 보여주는 텍스트이지만, 당시 천주교는 개신교에 대한 공격의 논리도 구사하였다. 특히 개신교의 '원점'이 되는 종교개혁과 종교개혁의 상징적 인물인 루터에 대한 비판에 주력하였다. 이러한 분위기에서 등장한 대표적인 텍스트가 『신교지기원(新敎之起源, 1923)』이다.[27]

초대 대구교구장 드망즈(Florian Demange, 安世華) 주교가 저술한 이 책은 '루테로 실전(實傳)'이라는 부제를 지니고 있는 데서 잘 나타나듯이 루터 개인의 생애에 초점을 두었다. '세상에서 종교개혁자로 칭찬하여 떠드는 루터 그 인물의 평생 행위'가 어떠하였는가를 바이블과 역사적 사실에 근거하여 밝히는 것이 이 책의 목적이다.[28] 루터의 생애를 추적하여 종교개혁의 실체를 폭로하겠다는 것이다. 이는 루터를 알면 종교개혁을 알 수 있고, 종교개혁을 알면 개신교의 본질을 알 수 있다는 논리에 근거한 것으로서 일종의 계보학적 해체 전략이다.

『신교지기원』은 종교개혁의 실상에 대해 논하기 전에 먼저 신앙에 관한 문제와 교회제도에 관한 문제를 엄격하게 구별한다. 신앙의 문제를 다루는 교리는 변할 수 없는 것이기에 애초부터 개혁의 대상이 될 수 없지만, 교회 제도에 관한 것은 시대의 변화와 지역의 차이에 따라 고칠 수 있다고 말한다. 이는 교회개혁의 가능성을 열어 놓은 논리이다.

그렇지만 이 책에 의하면 교회제도를 개혁하려고 할 경우에는 교회의 공식적 권위를 지닌 자 즉 교황이나 공의회가 주체가 되어야 한다. 실제로 루터가 등장하기 이전부터 교회제도 개선의 필요성이 제기되어 로마가톨릭교회는 공회의를 통해 제도 개혁을 추진했다.[29] 그런데 교황도 아니고 주교도 아닌 일개 신부에 불과한 루터가 교회제도의 개혁을 시도한 것이다. 이는 로마가톨릭교회의 입장에서 보면 교회의 질서를 해치는 것이다. 이 책의 표현에 의하면 '순서를 엄히 하시는 천주 예수'도 허용하지 않는 행위다.[30] 그런데 루터는 교회제도의 개혁을 넘어 신앙과 교리의 문제까지 뜯어고쳤기 때문에 파문을 당했다는 것이다.

루터가 신앙과 교리의 문제와 관련하여 가톨릭교회에 도전한 핵심 사안은 '은사(恩賜, indulgence)' 문제다.[31] 잘 알려져 있다시피 가톨릭교회의 교리에 의하면 죄를 지은 사람은 고해성사를 통하여 '죄'를 용서받을 수 있지만 '죄의 벌'은 남는다. 따라서 죄의 용서를 받은 이후에도 벌은 받아야 하며 벌을 갚기 위해 선행이나 공로가 요청된다. 그런데 루터는 죄의 벌을 갚기 위해 행하는 공로와 선행이 필요 없다고 주장하면서 은사 교리 자체를 거부한 것이다.

이 책에 의하면 교리 개혁에 대한 루터의 요구는 하나의 명분에 불과하고 배후에는 그 자신의 '사적 욕망'이 숨어 있다. 이는 루터의 생애를 살펴보면 확실하게 알 수 있다고 하면서 루터의 유년기와 청년기를 추적한다. 어린 시절의 루터는 '총명 민첩'과 '비상한 언변'의 재주가 있었지만 성품은 거만과 분노로 가득 차 있었다.[32] 수도사 시절에는 사욕편정(邪慾偏情)의 뜨거운 불꽃과 육신정욕의 맹렬한 화염 때문에 항상 괴로워하였으며, 결국 정욕의 종이 되었다.[33] 그가 은사 교리를 부정한 것은 다름 아니라 자신의 마음속에 생겨나는 근심고통을 진정하고 양심의 보챔을 덮어 눌러 안심과 위로를 얻기 위해서였다.[34] 즉 도덕적으로 부패한 자신의 내적 문제를 해결하기 위해 신성한 교리를 부정하면서 이를 교회개혁의 이름으로 포장했다는 것이다.

종교개혁 당시 은사 교리와 함께 쟁점이 된 것은 바이블을 둘러싼 논란이다. 『신교지기원』은 루터의 성서 번역에 대해 폄하한다. 개신교인들은 루터의 독일어 성서가 최초의 번역이라고 주장하지만 그 이전에 이미 여러 번 성서가 독일어로 번역되었다는 것이다. 단지 인쇄술이 발달하지 않아 덜 전파되었을 뿐이라는 것이다. 루터의 성서 번역과 관련하여 더 강한 비판의 대상이 된 것은 성서의 그릇된 번역 즉 '위역(僞譯)'이다. 루터가 성서를 독일어로 번역하는 과정에서 자기 마음대로 번역했다는 것이다. 예를 들면 연옥 교리를 부정하기 위해 「마카베우스」를 구약성서 목록에서 제외하고, 선행과 공로를 강조하는 내용을 피하기 위해 「야고보서」를 신약성서 목록에서 제외하였다는 것이다.[35]

그런데 경서라 불리는 공맹(孔孟)의 원서를 한 자라도 고치면 '사문난적'으로 불리고 황제가 보낸 칙서를 개인이 자기 뜻대로 고치면 '역적'이 되는데, 천주가 세상 사람에게 직접 보낸 대교칙(大敎勅)인 성서를 고치면 어떻게 되겠는가라고 물으면서 이 책에서는 루터의 성서 번역을 강하게 비난한다.[36] 요컨대 루터가 독일어로 성서를 번역한 것은 자신의 신학적 입장을 정당화하기 위한 '의도적 오류'에 지나지 않는다는 것이다.

이처럼 은사 교리의 폐지와 성서 번역의 배후에 그의 사적 욕망이 자리 잡고 있음을 폭로하는 동시에 그의 결혼에 대해서도 동일한 논리를 적용한다.

루터는 자신의 욕정에 굴복하여 수도서원을 어기고 결혼을 하였으며 이를 정당화하기 위해 교리를 뜯어고쳤다는 것이다.

루터의 종교개혁에 대한 이러한 비판은 덕원수도원 소속 아르눌프 슐라이허(Arnulf Schleicher, 安世明) 신부에게서도 나타난다. 그는 15~16세기에 가톨릭의 신앙이 활력을 잃고 '규율과 도덕'의 측면에서 이완된 점은 인정하지만 '신앙과 교리'의 측면에서는 결코 혼미한 적이 없다고 말한다. 따라서 종교개혁의 발발은 신앙적 문제와는 관련이 없다.[37] 그런데 루터는 자기의 내적 혁신의 필요를 다른 사람들도 똑같이 갖고 있는 것으로 오판하였으며, '프로테스탄트 도당들'은 성서해석의 자유에 대한 루터의 도리를 오해하여 '전인류적 계율'을 불필요한 것으로 간주하고 성서를 '방일한 생활'을 허용하는 책으로 여겼다는 것이다.[38]

일제하 천주교 논객의 하나였던 김기영(金基永)도 비슷한 논리를 전개한다. 그는 15세기 말엽의 교회가 이완된 점을 인정하면서도 본질적 측면 즉 교리의 타락은 부정한다. 그런데 루터는 외적 부패는 혁신하지 못하고 자기의 사욕 때문에 천여 년을 하루같이 믿어 오던 교리를 바꾸었다는 것이다.[39]

이처럼 두 사람 모두 교회의 제도적 측면과 신앙적 측면을 구별하면서 루터의 종교개혁을 비판했다. 당시 천주교 측의 자료에는 루터에 대한 비판이 넘쳐 나는데 아래 글은 그중의 하나다

신부로서! 수사로서! 신성한 복장과 거룩한 허원을 저버릴 제, 무한한 양심의 가책을 깨달으련만 정욕에 굴복하여 추루한 자 중에 하나가 되었으며, 진리 위에 먼지를 뿌려 무수한 영혼들에게 보지 못하게 하였으니 과연 애처롭다. 저의 탓으로 인하여 영고에 빠져 체읍하는 자들이 어떠한 숫자로 결산하게 될까![40]

개신교가 루터 탄신 450주년을 기념하고 있을 때 등장한 이 천주교 잡지의 논설은 루터가 자신의 양심을 버리고 정욕에 굴복함으로써 수많은 영혼을 '영원한 고통' 속에 빠지게 하였음을 강조한다. 이 논설에 의하면 루터는 훌륭한 종교개혁자가 아니라 수많은 사람에게 '앙화'를 준 자로서 '차라리 나지 아니하였다면 다행'이었을 인물이다.[41] 이러한 루터관은 가톨릭교회의 오래된 루터상을 그대로 반영한 것인데 종교개혁 이후 가톨릭교회는 루터를 '타락한 수도자' '선동적 자유사상가' '이단의 괴수' '교회와 제국의 분열자' '범죄적 인간' '정신병자' 등으로 불러 왔다.[42] 요컨대 천주교는 종교개혁의 기원을 루터의 사사로운 욕정에서 찾음으로써 사회적으로 널리 유통되는 '종교개혁의 신화'를 해체하고 이를 통해 개신교의 기반을 붕괴시키는 전략을 구사하였던 것이다.

4) 이교(離敎)와 열교(裂敎)

『예수진교사패』가 천주교의 정통성과 교리 수호에 치중하고 『신교지기원』이 루터와 종교개혁에 대한 비판에 강조점을 두었다면, 『진교변호』[43]는 개신교의 각 교파에 대한 비판에 주력했다. 저자의 측면에서 보면 『예수진교사패』는 중국에서 활동하던 프랑스 신부가 저술했고, 『신교지기원』은 한국에서 활동하던 프랑스 신부가 저술한 반면, 『진교변호』는 한국인 신부가 저술하였다. 시기적으로 보면 『예수진교사패』는 1900년대에 번역되었고, 『신교지기원』은 1920년대에 집필되었고, 『진교변호』는 1930년대에 출판되었다. 『진교변호』의 저자 김성학(金聖學) 신부는 천주교를 공격하는 세력의 허위를 폭로하고 '진리와 교리의 창검'으로 그들의 도전에 대응하는 것이 집필 목표라고 밝혔다.[44] 이 책에서는 종교를 네 종류 즉 일신교, 다신교, 잡신교, 기독교로 분류한다.[45] 일신교는 참신이 하나뿐이라고 주장하는 종교로 서 유대교, 천주교, 그리고 기독교의 각파가 포함된다.[46] 다신교는 신이 여 럿이라고 주장하는 종교로서 동양의 불교와 선도(仙道), 서양의 '일월성신교' 와 '판테이즘(pantheism, 범신론)', '선악양신교(善惡兩神敎)'[47]가 포함된다. 잡신교 는 죽은 사람의 혼이나 짐승, 고목나무, 바위와 같은 '잡물'을 신으로 공경하 면서 화복을 비는 것으로서 '종교'라기보다는 '이단'[48]에 속한다. 마지막으로 기독교는 예수 그리스도를 본위로 하고 그가 가르친 교훈을 지키는 종교이 다. 그런데 기독교의 교리를 자의적으로 변경하고도 기독교나 예수교라는 명칭을 고수하는 집단들 때문에 현재 기독교 교파의 수가 수백 개나 된다고 말한다.[49]

『진교변호』는 천주교 이외의 기독교 교파들에 대한 비판에 앞서 먼저 '이 교(離敎)'와 '열교(裂敎)'를 구분한다. 이교는 그리스어 '스키스마틱(schismatic)교'에 서 나온 것으로서 '천주교회를 떠나서 갈린 자'를 의미한다. 이교의 경우 주 요 교리와 의례는 천주교와 별로 다르지 않지만 교황의 최상권과 무류지권 을 부인한다. 즉 베드로수위권설과 교황무류설을 부정한다. 반면 열교는 '원 교리'를 변경하고 '공번된(보편적) 교회의 교훈'에 복종하지 않기 때문에 신권 (神權)이 없어진 집단이다.[50] 요컨대 이교는 교황권만 인정하지 않는 반면, 열 교는 교황권의 불인정과 함께 교리도 변경한다. 따라서 그리스정교회와 러 시아정교회는 이교에 해당하고,[51] 그 이외의 기독교 교파는 열교에 속한다.

이처럼 이교와 열교를 구분한 다음에는 열교의 범주에 속하는 개신교의 각 교파의 비판에 들어간다. 그렇지만 모든 개신교 교파가 아니라 당시 한 국 사회에서 활발한 선교 활동을 하던 장로교, 감리교, 성공회, 안식교가 주 된 비판의 대상이다. 우선 가장 교세가 큰 장로교에 대해서는 장로(elder)라 는 용어부터 문제 삼았다. '장로'라는 말은 원래 천주교에서 성직자를 지칭하던 존칭어였는데 장로교가 자기 교회의 '두목들'을 가리키는 용어로 전용했다는 것이다. 그리고 장로교회에는 성제(聖祭)와 성직의 '신성한 맛'은 전혀 없고 단지 남녀합창 찬미가와 연설과 기도로 구성된 예배만 있으며, 성체성사 대신 성찬이라 부르는 '불경스러운 식사'만 있을 뿐이라고 비판한다. 이는 천주교 미사의 성스러움과 개신교 예배의 경박성, 성체성사의 성스러움과 성찬의 불경스러움을 대비시키는 비교 전략이다.

장로교의 분파성도 비판이 대상이 된다. 당시 미국 장로교는 9개의 분파로 갈려 있었고, 조선에서도 처음에는 북장로파와 남장로파로 갈려 있었음을 지적한다. 그러면서 남북전쟁 당시 장로교가 "케사르의 것은 케사르에게 드리고 천주의 것은 천주께 드리라."는 예수의 가르침을 멸시했기 때문에 교회가 분열되었다고 비판한다. 정교분리 원칙을 지키지 않고 정치에 개입했기 때문에 교회가 분열되었다는 비판이다.[52] 이러한 비판은 정교분리 원칙에 대한 당시 교황청의 입장과 배치된다. 앞서 언급한 「오류 목록」 55번째 항목에서 정교분리를 오류로 규정하고 있기 때문이다. 이는 당시 가톨릭교회가 정교분리 원칙을 상황에 따라 다르게 적용하는 '이중 전략'을 취했음을 의미한다.[53]

장로교 비판은 아르눌프 슐라이허(안세명) 신부의 글에서도 등장한다. 그에 의하면 칼뱅의 종교사상은 외적이고 인간적이기 때문에 교리 선전을 위하여 '외적 강제'와 '인간적 수완'에 많이 호소한다.[54] 그리고 칼뱅 신학의 영향을 받아 성공회로부터 분립한 장로교는 주교제를 없애고 '순평민정신'에 근거하여 설립된 교회이지만 이 교회의 총회는 절대적 권한을 가진 최고기관으로서 신자들에게 '불가류(不可謬)의 권위'를 요구한다. 요컨대 장로교 총회는 로마교황도 갖지 못한 신앙조문을 자의적으로 바꾸는 권리를 행사하고 있다는 비판이다.[55] 이러한 비판은 평신도들의 투표에 의해 선출된 총회

대의원들이 교리 변경을 비롯한 제반 사항을 결의할 수 있는 장로교의 대의제 민주주의에 대한 오해에서 연유한 것으로 보인다.[56]

감리교 비판은 창시자인 웨슬리 형제에 대한 비판에서부터 시작한다. 『진교변호』에 의하면, 루터가 가톨릭교회에 반역하고 축출당할 때 천주교의 타락과 갱신을 내세웠듯이, 웨슬리 형제도 영국교회의 교리와 도덕의 문란을 빙자하면서 분립했다. 그런데 가톨릭교회의 개혁을 외치던 루터가 '참담하고 가련하게' 교리나 도덕의 문제에서 타락한 것처럼, 영국교회의 갱신을 외치던 웨슬리도 교리, 예절, 도덕의 측면에서 영국교회보다 못한 수준에 머물렀다. 따라서 감리교 역시 비국교도 교파(Nonconfirmists)의 하나가 되고 말았다는 것이다.[57]

성공회에 대해서는 교파의 명칭에 대해 먼저 문제를 제기한다. 『진교변호』에 의하면 조선에서 영국교회가 '성공회'라고 자처하고 있지만 이는 '외람된' 표현이다. 성공회라는 말을 문자 그대로 풀이하면 '거룩하고(聖) 공(公)적인 교회(會)'이다. 영어로 하면 'the holy catholic church'가 되어 로마가톨릭교회가 참된 교회의 표지로 내세운 '사패'와 사실상 같게 된다. 따라서 이 변증서는 '성공회'라는 용어의 사용을 강하게 비판한다. 그러면서 영국교회는 이 용어를 더이상 사용하지 말고 헨리 8세 시절의 영국에서 시작되었으니 영국이나 런던과 같은 말을 붙여서 '영국교'나 '런던교(倫敦敎)'로 불러야 한다고 주장한다.[58] 나아가 사제라는 칭호와 사제의 복장을 비판한다. 성공회 신부들이 동양에 와서 천주교회의 주교와 신부를 모방한 칭호와 복장을 하고 다닌다는 비판이다. 이처럼 성공회를 여러 측면에서 비판하면서도 다른 개신교 교파들과는 구별되는 점을 지적하기도 한다. 성공회는 초기에는 교리에 손을 대지 않았기 때문에 '이교'가 될 수 있었다는 것이다. 그런데 후에 교리를 변경하는 바람에 결국 다른 교파들처럼 '열교'가 되고 말았다는 이야기다.[59]

안식교에 대해서는 가장 많은 지면을 할애하여 비판하였다. 초기부터 주류 교회에 의해 이단으로 간주되었기 때문만이 아니라, 안식교 자체가 천주교를 집중적으로 비판하였기 때문이다. 이 책에 의하면 안식교는 천주교회를 제일 많이 '훼방하고 악평하는 단체'[60]이다. 물론 그리스도를 머리로 삼기 때문에 안식교도 기독교라고 할 수 있지만, 실제로 보면 이슬람이나 유대교와 비슷하다고 하면서 주요 교리와 주장을 조목조목 비판한다. 주된 비판의 대상은 안식일 제도, 안식교의 파벌화, 그리고 안식교의 천년왕국론 등이다.[61]

안식교 비판은 다른 천주교 잡지에서도 등장한다. 『가톨릭연구』 편집실은 '연구사 방송대'라는 지면을 통해 안식교의 호별방문 전도방법의 '교묘성'과 서적 보급을 통한 조직화에 대해 경계의 태도를 취하였다.[62] 그리고 안식교의 기관지 『시조(時兆)』에 로마가톨릭교회의 교리와 교황에 대한 모욕적 그림과 언사가 가득 차 있다고 하면서 안식교를 강하게 비판하였다. 당시 안식교는 교황의 의미를 숫자로 계산하면 '666'이라는 숫자가 나온다고 주장하였는데, 『가톨릭연구』는 '무식하고 포악한 묵시록과 어드벤티스트(Adventist)'라는 말을 계산하면 오히려 그 숫자가 나온다고 하면서 역비판을 시도하였다.[63] 앞서 언급한 안세명 신부도 시리즈 글을 통해 안식교를 집중적으로 비판하였다.[64]

이처럼 개신교의 주요 교파를 비판한 후에는 '예수교'라는 용어에 대해 문제를 제기한다. 즉 개신교 교파들이 예수교로 자처하는 현상을 비판한다. 그 이유는 무엇인가? 『진교변호』에 의하면 서양에서는 '천주공교회' 외에는 어떤 교파도 '예수그리스도교'나 '성공회'라고 칭하지 않는다. 개신교의 각 파를 장로교, 감리교, 재림교처럼 교파명으로 부르거나 교조의 이름을 따 '루터란'이나 '칼비니안' 등으로 부를 뿐이다. 그런데 동양에서는 근본 교리를 '마구 변경하고 마구 해석하고 마구 삭제'하는 개신교 교파들이 예수교나 '성공회'처럼 공교회의 의미를 지닌 명칭을 사용한다는 것이다.[65] 유일한 공교회임을 내세워 온 천주교의 입장에서 보면 개신교 교파들의 이러한 행위는 성스러운 명칭의 '오용'이자 '남용'이다. 더구나 개신교 교파들이 '예수교'라는 명칭을 사용하면 천주교는 마치 예수를 공경하지 않는다는 인상마저 줄 수 있다. 따라서 '도리에 밝지 못한 동양 사람들'을 현혹시키는 이러한 행위는 즉각 중지되어야 한다는 것이다.[66]

『진교변호』에 의하면 서구에서 개신교 교파들에 대해 예수교 대신 사용하는 용어의 하나는 '프로테스탄트(Protestant)'이다. 그런데 루터를 지지하는 세력이 제국의회의 명령에 저항한 데서 기원한[67] 이 용어는 '배척이나 거절하는 무리'[68]의 의미로 사용된다는 것이다. 『예수진교사패』에서도 프로테스탄트를 '다시 바로잡은 교'라는 의미의 '변박교(辨駁教)'나 '중정교(重正教)'와 같은 용어로 번역할 수 있다고 말하면서도, 막상 본문에서는 개신교를 지칭할 때 '열교'라는 부정적 의미를 지닌 용어를 주로 사용했다.[69] 『신교지기원』에서도 '프로테스탄트'를 '반항자, 항거자, 불복자[70]와 같은 부정적 의미로 사용했다. 이처럼 천주교에서 나온 책자는 대부분 프로테스탄트에 부정적 의미를 부여했다.

천주교 측에서는 프로테스탄트주의(Protestantism)라는 용어의 번역에서도 문제를 제기하였다. 당시 프로테스탄트주의는 신교(新教)로 번역되고 가톨릭(Catholic)은 구교(舊教)로 번역되었는데 이에 대해 문제를 제기한 것이다. 일제하의 대표적인 천주교 지식인 송성하는 '프로테스탄트'는 어원상 '열교'로 번역되어야 한다고 주장하였다.[71] 이는 당시 한국 사회에서 '신교'라는 용어가 '구교'보다 긍정적 의미로 사용되는 현상에 대한 비판적 문제제기인 동시에,[72] '열교'라는 명칭을 통해 개신교의 분열적 측면을 부각시키는 '명명의 정치(the politics of naming)'라고 할 수 있다.

루터를 '새 열교'의 창립자라고 부를 수 있어도 '진정한 예수교회' 즉 '천주교회'의 개혁자로 간주할 수 없다는 주장도 이와 유사한 맥락을 지닌다. 『신교지기원』에 의하면, 루터가 세운 교는 단지 '루터 자신의 교(루터의 제교)'이기 때문에 구미 각국에서는 예수교가 아니라 루터교라고 부른다.[73] 더구나 루터 이후에는 루터의 교리마저 그대로 따르는 자가 없게 되어 예수교는 물론이고 루터교나 프로테스탄교라는 용어도 사용할 수 없고 그저 '열교'라고 부를 수밖에 없다.[74] 300년도 안 되어 300개 이상의 분파로 갈라진 개신교는 분열을 본성으로 하는 '열교'일 수밖에 없다는 것이다.

이처럼 천주교는 『진교변호』라는 변증서를 통해 스스로를 참된 종교를 의미하는 '진교'의 범주에 배치하는 한편, 천주교 이외의 교파들은 모두 참된 교회인 천주교에서 떨어져 나가거나 분열된 집단이라는 의미에서 '이교'나 '열교'의 범주에 배치하였다.

5) 변호와 역공의 논리

천주교는 개신교의 도전과 비판에 대응하는 과정에서 변호와 역공의 논리를 병행하였다. 예를 들어 개신교가 신부의 사죄권을 조롱하면서 천주교의 고해성사 제도를 비판하면, 고해성사 제도의 정당성을 옹호하는 동시에 개신교의 자복(自服) 행위를 비판한다. 즉 고해성사 제도는 예수로부터 사죄권을 위임받은 제자들과 사제들을 통해 이어져 온 성스러운 제도라고 응답하는 동시에,[75] 개신교의 자복 행위가 지닌 문제점을 지적한다. 천주교의 입장에서 보면 부흥회와 같은 개신교의 신앙집회에서 신자들이 공개적으로 죄를 자백하는 이른바 '자복' 행위는 사죄권이 없는 사람들 앞에서 하는 행

위로서 명백하게 그릇된 행위이다.[76]

천주교에 대한 개신교의 비판 중에 가장 핵심적인 비판의 하나는 성서에 대한 천주교의 무시이다. 이러한 비판에 대해 천주교는 결코 성서를 무시하지 않는다고 답변하는 동시에 개신교의 성서중심주의를 비판한다. 성서에서만 진리를 찾는 것은 기하학 전부를 공부하는 사람이 점이나 선만 연구하는 것과 같다고 하면서, 성서만이 아니라 성전(聖傳, Tradition), 조직신학, 철학, 역사, 법학, 나아가 기독교의 위대한 사상 체계를 파악하여 유일의 진리를 찾아내야 한다는 것이다.[77] 이는 다양한 신앙적 자원과 전통을 무시하고 성서만을 고집하는 개신교 성서지상주의에 대한 비판이다. 개신교를 '바이블교'라고 부르는 것도 이와 유사한 맥락을 지닌 비판이다. 바이블만 가지고 있으면 구원받는다고 하면서 '바이블을 펴는 것'을 사명으로 삼는 것은 루터 이래 개신교도들의 뿌리 깊은 오류와 편견이라는 것이다.[78]

한편 천주교는 개신교만이 아니라 일반 언론의 부정적인 천주교관에 대해서도 반론을 제기하였다. 특히 계몽언론에 나타난 개신교 중심의 종교개혁 이해를 비판하였다. 한말의 대표적인 계몽언론인《대한매일신보》는 서구 제국의 정치개혁은 모두 종교개혁에 의해 시작되었다고 하면서 개신교의 관점에서 천주교를 비판하는 논지를 전개했다. 즉 '야소신교'가 '라마구교'의 압제에 저항하면서 평등과 자유의 정신을 양성하였고 이러한 정신이 영국의 개혁, 미국의 독립, 프랑스의 혁신을 초래하였으며 다른 국가들도 그 영향을 받아 정치를 개혁하여 신세계가 창조되었다고 주장했다.[79] 또한 「세계 역사」[80]라는 시리즈 기사에서도 종교개혁의 역사를 가톨릭교회의 면죄부 판매라는 '폐풍'에 대한 루터의 저항이라는 관점에서 접근하였다. 천주교계 언론인《경향신문》은 이 시리즈 기사가 '종교상 진리'에 위배되는 오류에 근거한다고 비판하고 종교개혁의 원인을 '열교 개조들의 사욕'과 교회재산

에 대한 '제후들의 이욕'에서 찾았다. 나아가 종교개혁이 무신설(無神說)을 초
래하고 30년전쟁과 같은 비참한 결과를 초래했음을 강조했다.[81] 이는 '동기
의 불순성'과 '결과의 파괴성'을 부각시키는 방식으로 개신교 중심의 종교개
혁 이해를 전복시키는 전략이다.

　일반 독자층에서 널리 읽힌 『월남망국사』에 대한 천주교의 비판도 비슷
한 측면이 있다. 당시 한국 사회에는 망국사에 대한 관심이 널리 퍼져 있었
는데, 이는 외국의 망국사에 대한 이해를 통해 국권회복 의식을 확립하기 위
한 시도였다.[82] 번역판인 『월남망국사』는 프랑스의 베트남 침략을 제국주
의의 일환으로 보고 비판하였는데 천주교에 대한 비판도 포함하였다. 더구
나 당시 개신교계는 이 책을 천주교 비판의 도구로 적극 활용하였다. 따라
서 《경향신문》은 이 책의 문제점을 비판하는 시리즈 기사를 연재하였다.[83]

　이 시리즈 기사에 의하면 이 책은 역사서를 표방하지만 사실보다 거짓말
이 더 많은 일종의 '신소설'[84]이며 매우 해로운 책으로서 '독약'[85]과 같다. 그
러면서 책의 내용에 대해 구체적으로 반론을 전개하였는데 세 가지 점이 눈
에 띈다. 첫째 베트남의 프랑스인이 모두 '괴악한 사람'일지라도 예수교가
'참교'이고 천주교는 '거짓교'라는 논리는 성립하지 않으며,[86] 둘째 프랑스 선
교사들이 베트남에 들어간 것은 프랑스의 침략을 지원하기 위해서가 아니
라 선교를 위한 것이었으며,[87] 셋째 프랑스가 베트남에 들어간 목적은 통상
과 베트남의 개화를 위해서였으며, 실제로 프랑스는 베트남 관리들의 부정
부패를 일소하고 베트남의 세제를 개혁하는 등 긍정적인 역할을 많이 했다
는 것이다.[88] 이처럼 《경향신문》은 '국가로서의 프랑스'와 '종교로서의 천주
교'를 구별하는 동시에, 프랑스가 단순히 제국주의 국가가 아니라 베트남의
근대화에 기여한 국가라는 사실을 강조하면서 프랑스와 밀접한 관련을 맺
고 있는 천주교에 대한 부정적 시각을 교정하고자 하였다.

6) '개신교'와 '개신교인'의 구별

개신교에 대한 천주교의 인식과 태도는 개신교인의 구원 가능성에 대한 논의에서 잘 나타난다. "아주 근실한 프로테스탄트 신자도 죽은 후에 지옥에 간단 말입니까?"라는 물음에 대해 천주교는 다음과 같이 답한다.

> 객관적으로 보아 그 도리는 구령(救靈)하기에 부족하고 그릇된 도리이지만 신자에 따라 참된 정신으로 그리스도의 가르치신 모든 참도리를 자기는 믿고 실행한다는 주관이 있으면 구원을 얻을 수 있을 것입니다. 그런고로 열교 자체로 보아서는 구령은혜를 얻어 줄 능력이 도무지 없지만 그 신도 개인으로 말하면 반드시 분간하여야 할 것입니다.[89]

요컨대 개신교 자체는 객관적 차원에서 구원의 능력을 지니지 못한 '그릇된 도리'이지만 기독교의 모든 참된 도리를 실천하고 있다는 주관적 확신이 있는 개신교인은 구원받을 수 있다는 것이다. 이와 유사한 논리가 아래의 글에서도 보인다.

> 예수교인 중에도 착한 자가 없지 아니하다.… 저들은 바른 양심으로 예수교를 옳은 줄로 알아 믿으며 루테로가 배척하던 선행과 고행을 또한 귀히 여기니 이미 이러한 자는 벌써 예수열교인이 아니요, 그 실상은 천주예수를 믿는 성교인이라.[90]

자신의 양심에 따라 선행과 고행을 실천하는 '착한 예수교인'은 사실상 천주교인에 포함된다는 논리다. 그렇다면 개신교인에게 천주교로 개종하도록 권유할 수 있는가 하는 물음이 제기된다. 이에 대해 천주교는 긍정적으로 답한다. 개신교인 중에 교리적 지식이 부족한 사람은 양심상의 책임이 없기 때문에 구원을 받을 수 있지만 모든 개신교인이 그렇지는 않다.[91] 즉 개신교 자체가 참된 종교가 아니고 대부분의 개신교인이 구원에 이르기 힘들기 때문에 천주교로 개종시키는 작업이 필요하다는 것이다. 이처럼 천주교는 개신교를 참된 기독교로 인정하지 않고 개신교인을 천주교로 개종시키는 것을 교회와 신자의 의무로 간주했다.

이러한 맥락에서 천주교는 신자들에게 종교적 정체성을 주지시키는 작업을 지속적으로 전개하였다. 예를 들면 종교 조사를 할 때 "무슨 교를 봉행합니까?"라는 질문에 대해서는 "천주공교 로마가톨릭교를 봉행합니다."라고 대답하고, "무슨 교패입니까?"라는 질문에 대해서는 "천주공교 파리외방전교회입니다."라고 대답하라고 가르쳤다.[92] '천주공교 로마가톨릭교'라는 용어는 개신교와의 구별만이 아니라 '공교'라는 표현을 통해 천주교가 기독교의 공적 대표임을 강조하는 전략적 술어이다. '천주공교 파리외방전교회'라는 용어는 초기 선교 활동을 주도한 선교회가 파리외방전교회였기 때문에 나온 표현이지만, 1920년대에 접어들면서 메리놀선교회를 비롯한 다양한 선교단체들이 들어왔기 때문에 이 표현은 사라졌을 것이다.[93]

지금까지 살펴보았듯이 해방 이전 천주교는 개신교를 '불쾌한 타자'를 넘어 '숙적'으로 간주하고 담론 차원에서 다양한 비판의 논리를 전개하였다. 『예수진교사패』, 『신교지기략』, 『진교변호』로 대변되는 호교론서들은 기본적으로 천주교를 '진교(성교)', 개신교를 '열교'로 규정하였다. 이러한 논리에 의하면 천주교만이 '진짜 기독교'이고 다른 교파들은 '가짜 기독교'이다. 따라서 천주교는 개신교인들을 '회두(回頭)'의 대상 즉 천주교로 개종시켜야할 대상으로 간주하였다. 이는 해방 이전 한국 천주교가 제1차 바티칸공의회의 신학적 노선인 '가톨릭 근본주의'의 자장 속에 자리잡고 있었음을 의미한다. 그러면 당시 개신교는 이러한 성격을 지닌 천주교를 어떻게 인식했는지 살펴보도록 하자.

2. 개신교가 본 천주교

1) '불편한 타자'

개신교 선교사들은 한국에 들어오기 이전부터 천주교 탄압의 역사에 대해 어느 정도 알고 있었다. 이에 관한 지식과 정보를 제공한 대표적인 한국 입문서는 윌리엄 그리피스(W.E. Griffis)의 『은자의 나라 한국』이다.[94] 그는 한국을 방문한 적이 없지만 당시에 입수할 수 있었던 한국 관련 자료를 최대한 활용하여 이 책을 집필했다. 이 책의 천주교 부분은 달레(Claude Charles Dallet)의 『한국천주교회사』에 의존하고 있는데 천주교의 선교 활동에 대한 그리피스의 인식과 태도는 매우 부정적이다.

그리피스에 의하면 조선 최초의 세례교인 이승훈은 중국에서 돌아올 때 교리서와 성물(聖物)은 가져왔지만 '굶주린 영혼들을 위한 성경이나 쪽복음서'를 가져 오지 않았으며, 가톨릭 선교사들은 프랑스 군대의 앞잡이나 스파이, 해적 역할을 하였다.[95] 더구나 선교사들은 선을 위해서라면 악을 행해도 좋다는 '그릇되고 혐오스러운 가르침'을 가지고 있었는데, 그리피스의 입장에서 보면 이러한 태도는 신약성서와 가톨릭교회의 가르침에 대한 모독이다. 이로 인해 선교사들의 거룩한 소명은 빛을 잃었으며, 그들을 추종한 조선 천주교인들도 국법을 위반한 반역자가 되고 말았다.[96] 나아가 그는 가톨릭의 이러한 선교 활동은 무자비한 심판을 받아 마땅하다고 하면서 과학적 정확성과 재판관 같은 태도로 천주교와 개신교의 선교사들을 비교하는 책이 나와야 한다고 생각했다.[97] 이처럼 그리피스의 눈에 비친 가톨릭은 '성물'을 중시하되 '성서'를 무시하며, 제국주의와 공모하면서 선교지 국가의 법률을 쉽게 무시하는 종교였다.

그러면 초기 개신교 선교사들은 천주교에 대해 어떠한 생각을 가지고 있었을까? 미국 북장로교 최초의 의료선교사로 입국한 알렌(Horace N. Allen)은 천주교에 대한 부정적 견해를 자신의 일기에 남겼다. 그는 한불조약 체결 무렵 고종 황제의 통역관과 대화하는 과정에서 해외에서의 가톨릭 선교 활동을 예로 들어 가톨릭에 대한 부정적 견해를 제시했다.[98]

미국 북감리교 최초의 내한 선교사 아펜젤러도 가톨릭 선교사들의 선교 활동을 매우 경계하였다. 그는 천주교와의 협력가능성에 대해 다음과 같이 스스로에게 물음을 던졌다.

> 우리는 한국에서 활동하는 로마주의자들의 노고와 열정을 위해 이 [기념]비석을 세울 것인가? 우리는 그들의 교리를 인정할 수 없지만 그들의 헌신과 명예, 신앙적 희생은 인정해야 하는가? 특히 이교도들을 눈앞에 둔 지금, 그들에 대한 적대적인 태도를 버리고 그들의 선행을 소극적으로나마 인정해야 할 것인가? 우리는 1866년에 일어난 끔찍한 시련(병인교난)의 와중에 신앙을 위해 죽은 자들을 존경해야 되는가? 우리는 그들과의 차이를 잊은 채 자비를 베풀면서 "당신의 손을 나에게 달라"고 말해야 되는가?[99]

이러한 물음들에 대해 그는 "아니오."라고 답했다. 특히 성 바돌로매 대학살[100]과 같은 가톨릭의 잔학행위를 잊을 수 없기 때문에 천주교에 '환영의 손길'을 펼칠 수 없으며, '한국에 로마교회가 있다는 사실에 대해 하느님에게 감사할 수 없다.'라고 말했다.[101] 나아가 그는 한국에서 '가톨릭과 프로테스탄트의 전쟁'이 곧 시작될 것이라고 일기에 기록할 정도로 가톨릭의 선교 활동에 대해 경계하였다.[102]

미국 북장로교 초기 선교사를 대표하는 언더우드도 가톨릭에 대해 매우 경계하였다. 그에 의하면 가톨릭은 '우는 사자처럼 삼킬 자를 찾아 외치고 다니는 자'[103]로서 '빵과 닮은 돌' 즉 진리와 유사한 거짓을 가지고 한국인을 유인하는 종교이다. 그런데 많은 한국인이 그 안에 있는 극히 적은 진리때문에 로마가톨릭으로 넘어가고 있다고 하면서 개신교가 정신 차리지 않으면 한국은 이교도 국가 대신 천주교 국가가 될 것이라고 경고했다.[104] 그의 표현을 따르면 이교도는 암흑(darkness)이고 천주교는 맹목(blindness)이다.[105]

미국 북감리교 초기 선교사 존스(George H. Jones)에 의하면 로마가톨릭은 한 세기 동안 조선에서 선교 활동을 하였지만 조선 사회를 갱생시키지 못했고 가톨릭 순교자들도 '생명 없는 신조' 때문에 아무것도 성취하지 못했다.[106] 미국 북장로교 선교사 빈톤(C.C. Vinton)은 로마가톨릭의 그릇된 가르침 때문에 한국 사회에 기독교의 진리가 잘 수용되지 않는다고 보고했다. 그리고 한국의 천주교인들은 영적 훈련을 받지 못한 채 세속적 이익을 도모하기 위해 뭉친 거대한 집단에 지나지 않는다고 비판했다.[107]

이처럼 대부분의 초기 개신교 선교사가 가톨릭에 대해 매우 비판적이고 부정적인 자세를 취했지만 우호적 태도를 취한 선교사가 전혀 없지는 않았다. 미국 북감리교 선교사 헐버트(Homer B. Hulbert)가 대표적인 예다. 그는 가톨릭과 개신교가 몇 가지 중요한 점에서 차이가 있다는 점을 인정하면서도 프랑스 선교사들을 '우리의 형제(our brothers)'라고 불렀고 수난 당한 한국인들의 피를 '진실한 사람들의 피(the blood of true men)'라고 표현했다. 그리고 알렌과 달리 전 세계를 무대로 한 가톨릭 선교사들의 활동을 '참으로 위대한 자질(the truly great qualities)'이라고 표현했다.[108] 헐버트는 천주교인과 그들의 활동에 대해서는 이처럼 우호적이고 동정적인 표현을 사용했지만, 천주교 자체에 대해서는 분명한 입장을 보여주지 않았다.

이처럼 헐버트의 경우를 제외하면 초기 선교사는 대부분 마귀, 대학살, 맹목, 오류 등의 용어를 사용하면서 천주교에 대해 매우 부정적인 인식과 태도를 보였다. 그러면 개신교 변증서와 신학 잡지에 나타난 자료를 중심으로 천주교에 대한 개신교의 인식을 좀더 구체적으로 살펴보기로 하자.

2) 로마주의, 의식주의, 적응주의

해방 이전 개신교의 천주교 인식은 다양한 형태를 취했지만 크게는 세 측면의 비판으로 나누어 볼 수 있다. 첫째는 '로마주의'이며, 둘째는 '의식주의'이며, 셋째는 적응주의 선교이다.

(1) 로마주의

선교사 언더우드는 천주교를 '로마주의의 형식으로 왜곡된 기독교(a converted Christianity in the form of Romanism)'라고 부르면서 천주교가 '그리스도' 대신 '로마'를 전한다고 비판하였다.[109] 이는 가톨릭교회가 초대교회의 정신에서 벗어나 변질되었다는 비판이다. 특히 교황제도는 로마주의의 대표적인 산물로 간주되면서 개신교에 의해 집중적인 비판의 대상이 되었다.

교황제도에 대해 가장 집중적으로 논한 인물은 선교사 엥겔(Gelson Engel, 왕길지)이다. 그는 '교황(敎皇)'이라는 명칭의 유래를 추적하여 교황제도의 권위를 흔드는 방식을 취했다. 그에 의하면 교황이란 명칭은 서양에는 없고 동양에만 있는데 이는 선교사 신부들이 만든 용어이다. 초대교회 시절에는 그처럼 존귀한 명칭이 없었고 각 지역에서 목사의 직무를 담당하는 장로를 '감독'이라고 불렀을 뿐이다.[110] 그런데 교회가 발전하고 감독의 관할구역이 확장됨에 따라 군주적 감독정치가 나타나 넓은 지역의 교회를 관장하는 감독들을 지칭하기 위해 '감독장'이나 '대감독'과 같은 명칭이 등장했다. 콘스탄티노플이나 알렉산드리아, 안티오크 등과 같은 대도시의 감독이 대감독으로 불렀고 로마의 감독도 그중의 하나였다.[111]

그러면 현재 서양에서 교황을 지칭할 때 사용하는 '포프(Pope)'는 무엇인가? 엥겔에 의하면 이 용어는 희랍어 파파(papa)에서 기원한 것으로 단지 '부(父)'를 의미하며 초기에 감독의 존칭으로 사용된 적이 있다.[112] 그런데 동양으로 진출한 로마가톨릭 신부들이 스스로를 '부'라고 불렀기 때문에 로마의 감독을 '부'나 '신부(神父)'라고 부를 수 없게 되었다. 그래서 더 존귀한 명칭을 택하여 '교황'이라고 부르게 된 것이다.[113]

요컨대 동아시아 한자문화권에서 존귀한 직함으로 사용되는 교황이라는 명칭은 가톨릭의 동양 선교 과정에서 선교사들이 발명한 것에 불과하며, 교황이라고 불리는 존재는 실제로 존귀한 존재가 아니라 로마의 감독에 불과하다는 것이다. 이는 교황이라는 용어의 역사적 기원을 추적하여 가톨릭교회의 권위의 원천이 되는 교황의 위상을 약화시키는 하나의 방법으로서 일종의 '교황의 감독화' 전략이라고 할 수 있다.

미국 북장로교 선교사 번하이슬(G. F. Bernheisel, 편하설)도 가톨릭의 교황제도를 강하게 비판하였다. 그에 의하면 교황제도는 성서적 근거도 없고 초대교회 전통에도 배치된다. 가톨릭교회가 교황제도의 주요한 근거로 삼는 성서 구절은 신약성서 「베드로전서」 5장 13절[114]인데 여기에 나오는 '바벨론'은 '로마의 별명'이 아니라 문자 그대로 유프라테스 강변의 도시일 뿐이다. 따라서 베드로가 로마에 체재했다는 주장은 성서적 근거가 없다.[115] 그리고 역사적으로 교황제도의 정당성의 근거로 제시되어 온 문서들은 실제의 것이 아니라 13세기에 교황제도를 확립하기 위해 날조된 것이다.[116] 요컨대 교황제도는 성서에 근거한 것이 아니라 가톨릭교회가 후대에 '세상의 군왕제도'를 모방하여 만든 인위적 조작의 산물이다. 그런데 이렇게 생겨난 교황제도가 교황을 '유일무이한 하느님'을 대신하여 '만능의 군왕'으로 세움으로써 도덕의 부패와 암흑시대를 초래했다는 것이다.[117]

물론 번하이슬도 가톨릭에 '숭고한 참신자'가 많은 것을 인정한다. 그렇지만 그들의 신앙은 법황(法皇) 즉 교황으로 말미암은 것이 아니라 예수로 말미암은 것이라고 말한다. 그러면서 그는 로마교는 '진정한 하느님의 교회의 일부분'이 되지 못하는 반면 개신교는 '옛 사도들의 신앙'을 계승한 것이라고 결론짓는다.[118] 이는 천주교의 토대가 되는 교황의 권위를 예수의 권위로 대체하는 전략이다.[119]

(2) 의식주의

교황제도에 대한 개신교의 비판이 천주교의 '조직' 혹은 '조직 원리'에 초점을 둔 비판이라면 의식주의에 대한 비판은 천주교의 '의례' 혹은 '의례적 실천(ritual practice)'에 초점을 둔 비판이다.

천주교의 의식주의에 대한 개신교의 비판은 초기부터 나타나고 있다. 아펜젤러가 번역한 초기 개신교 전도문서인 『묘축문답』(1895)에서는 '위패와 화상을 위하는' 천주교인들의 행위를 상제의 명령에 거슬리는 것으로 비판하고 이를 '예수화상을 위하고 십자패를 차는 절차가 없는' 개신교와 비교하였다.[120] 선교사 알렌 역시 천주교를 받아들일 수 없는 첫 번째 이유를 성모 마리아에 대한 경배와 기도에서 찾았는데 그의 눈으로 볼 때 마리아 공경은 명백한 우상숭배였다.[121] 초기 감리교 지도자의 하나인 노병선(盧炳善)도 천

주교가 예수 이외에 마리아를 믿는다고 비판하였다.[122]

최병헌이 번역한 개신교 호교론서인 『예수천주양교변론』에서도 천주교와 개신교의 의례를 비교하면서 개신교의 관점에서 가톨릭의 의례를 비판한다. 이 책에 의하면 천주교에서는 예수의 형상과 마리아의 우상과 사도의 화상을 설치하고 십자가에 절을 하는 등 우상을 섬긴다.[123] 이와 달리 개신교에서는 교당 가운데 책상과 탁자를 설치하여 그 위에 성경을 두고 강론을 하지만 우상이나 화상을 만들어 절하지 않으며 '독일무이하신 하느님'께만 예배한다. 여기서 형상, 화상, 절하기는 우상숭배로 분류되고 교당, 성경, 강론은 예배의 구성요소로 간주된다. 이 책에서는 천주교와 개신교의 세례도 비교하는데 천주교는 세례를 베풀 때 밖에 보이는 예절에만 신경 쓰는 반면, 개신교는 마음 안의 회개를 중시한다.[124] 요컨대 천주교는 '외적 형식'을 중시하는 반면 개신교는 '내적 신앙'을 중시한다는 것이다.

장로교 지식인 김창제도 조상제사 논쟁과 관련한 글에서 가톨릭의 의례를 강하게 비판한다. 그의 눈에 비친 가톨릭은 교당을 성전(聖殿)화하고, 기독의 상을 성상화하여 예배하고, 마리아상을 세워 성모로 섬기며, 예배에서는 촛불을 켜고 경을 읊는다. 그는 이 모든 것을 우상숭배로 간주하면서 가톨릭은 '일종의 우상교'라고 비판하였다.[125] 성결교 목사 한성과도 천주교의 화려하고 복잡한 예배가 신약의 내부적 영적 종교를 구약의 외부적 의식종교로 변질시킨 것이라고 비판하였다.[126]

가톨릭의 의례적 실천에 대한 가장 체계적인 비판은 번하이슬의 글에서 나타난다. 그는 천주교 예배에서의 물상(物像) 사용을 '의식주의'라고 비판하며,[127] 천주교의 일곱 성례(聖禮)를 평민의 일생을 통어(通御)하려는 시도로 간주하고,[128] 마리아 공경을 우상숭배로 규정한다.[129] 아래 글에 그의 입장이 잘 나타나 있다.

의식(儀式)은 우리 이목에 볼 만하나 우리 심령은 그것으로 인해 진리의 기근 (饑饉)을 당하는 것이다. 또 그것을 연용(連用)할 때 그것은 마치 아편과 같아 서 우리의 양심을 굳게 하여 자못 외형적인 것에 만족하며 하느님께 진리와 신령으로 예배함을 저지하는 것이다. 또 그 같은 경향은 마침내 무형한 하느 님을 무관심하게 만들고 마침내는 무신론에까지 이르게 할 수 있는 것이다. 의식주의는 우리 심령으로 하느님께 교통하는 길을 막는다. 그러나 우리 영 (靈)을 구하는 것은 믿음이요, 의식(儀式)에 있는 것이 아니다.[130]

이 글은 개신교의 내면 위주의 신앙적 특성을 잘 보여준다. 여기서 심령, 진리, 양심, 신령, 무형, 영, 믿음 등의 용어는 내적 신앙과 관련된 용어로서 외적 형식과 관련되는 의식과 대비된다. 이는 개신교의 '내면적 신앙'과 천 주교의 '외면적 의례'를 대립시키면서 천주교를 비판하는 논리로서 개신교 에 내재한 반의례주의(anti-ritualism)를 잘 보여준다. 즉 실천(practice)보다는 믿 음(belief), 외적 행위보다는 내적 신앙에서 종교적 진정성과 정체성을 찾는 개신교의 특성을 잘 보여준다.[131]

(3) 적응주의

개신교는 가톨릭의 교황제도와 의례만이 아니라 천주교의 선교정책도 비 판하였는데, 적응주의적 선교 방식의 비판이 가장 대표적인 예다. 언더우드 의하면 가톨릭은 개종자의 숫자를 늘리기 위해 선교지의 관습이나 의식(儀 式)을 무분별하게 수용한다. 그가 들고 있는 사례는 매우 다양하다.

아프리카 콩고에서는 서품을 받은 현지의 가톨릭 사제가 아내 이외에도 5 명의 첩을 거느리고 사는 것을 자랑하고 있으며, 인도에서는 프란치스코 드 사비에르(Francisco de Xavier) 선교사가 통역자도 없이 현지인이 알아듣지 못하는 말로 수천 명에게 세례를 주었고, 인도 마드라스에서는 로버트 드 노빌리(Robert de Nobili)가 카스트제도를 인정하면서 선교 활동을 하였고, 중국의 마테오 리치(Matteo Ricci)는 이교도의 관습과 우상숭배를 그대로 수용하면서 개종자를 얻었다.[132] 요컨대 가톨릭은 일부다처제, 카스트제도, 조상숭배처럼 기독교 신앙과 양립할 수 없는 이교도의 관습을 무분별하게 수용한다는 것이다. 그 결과 가톨릭교회는 내적 차원의 근본적 변화를 수반한 신자가 아니라 몇몇 기도문이나 신조만 외우는 명목상의 개종자만 양산한다는 것이다.[133]

언더우드가 예로 들고 있는 사비에르, 노빌리, 마테오 리치 등은 초기 예수회의 대표적인 선교사들로서 '적응주의' 선교 노선을 대표한 인물들이다. 그런데 잘 알려져 있다시피 종교개혁 이후 가톨릭은 전 세계를 무대로 선교 활동을 펼치는 과정에서 선교 방법을 둘러싸고 치열한 내적 논쟁을 겪었다. 거시적으로 보면 선교지의 관습이나 문화를 배척하는 입장과 수용하는 입장 사이에 논쟁이 벌어졌다. 중국에서의 '의례 논쟁'이 대표적인 예이다. 의례 논쟁 당시 예수회 선교사들은 조상제사를 수용하자는 입장이었던 반면 프란치스코 수도회나 도미니크 수도회 선교사들은 조상제사를 우상숭배로 배척하였다.[134] 오랜 논쟁 끝에 교황청은 조상제사를 우상숭배로 규정하면서 적응주의 노선은 사실상 무력화되었다. 앞서 보았듯이 조선 후기 천주교도들도 조상제사를 거부하여 대대적인 탄압을 받았다. 이러한 역사적 사실을 잘 알고 있음에도 불구하고 언더우드는 예수회의 적응주의 선교를 비판의 표적으로 삼았다. 언더우드의 이러한 가톨릭 인식에서 '선택과 배제의 논리'가 작동하고 있음을 포착할 수 있다.

그런데 이와 유사한 논리가 천주교의 개신교 인식에서도 나타난다. 아래의 글을 읽어보자.

개신교는 천주교보다 훨씬 적은 것을 그 신도들에게 요구한다. 그들이 전파하는 그리스도교는 무척 융통성이 있고, 그나마 강제된 규정조차도 이따금 아무것도 아닌 것이 되어 버린다. 적극적이고 열성적인 조선인 개신교 신자가 아직도 첩을 달고 살거나 조상제사를 지내는 것은 흔히 보게 되는 일이다.[135]

천주교 측에서 묘사한 이 서술이 사실에 얼마나 부합하는가는 알기 어렵다. 개신교 측 자료에 의하면 초기 선교사들은 축첩제도나 조상제사에 대해 매우 엄격한 금지 정책을 펼쳤기 때문이다.[136] 여기서 중요한 것은 사실 여부보다는 경쟁 관계에 있는 두 집단의 자기-타자 인식에서 선택과 배제의 메커니즘이 작동하고 있다는 사실이다.

일제하의 개신교 목회자 중에서 가톨릭을 가장 철저하게 비판한 인물은 장로교 목사 박승명으로 보인다. 그에 의하면 가톨릭은 '세상의 군왕을 독주(毒酒)로 취미(醉迷)케 한 음녀(淫女)'이다. 또한 가톨릭은 성서를 압수하여 교도들의 자유를 박탈하였으며, 교황에 대한 절대복종을 강조하여 신자들을 '영적 노예'로 만들었다. 그리고 성당 안에 무수한 성상을 설치하여 우상숭배를 행하고 '면죄부(贖罪票)'를 판매하는 등의 행위로 인해 종교개혁을 자초하였다. 요컨대 가톨릭교회는 진리를 변질시키고 인권을 남용하고 기독의 정신을 잃어버린 '마귀의 종교'라는 것이다.[137]

지금까지 살펴본 것처럼 개신교 선교사들과 한국 개신교인들은 교황주의로 대표되는 로마주의, 성상숭배로 대표되는 의식주의, 예수회의 선교 정책으로 대변되는 적응주의를 집중적으로 비판하였다. 세 영역에 걸친 이러한 비판은 교황제도라는 조직, 성상숭배라는 의례, 선교 정책의 지침이 되는 교리의 비판이라고 할 수 있다. 요컨대 개신교의 관점에서 로마가톨릭교회의 교리 · 의례 · 조직을 비판한 것이다. 이는 앞에서 살핀 천주교의 호교론서 『예수진교사패』가 교리 · 의례 · 조직의 세 차원에서 로마가톨릭교회의 정통성을 확립하고 개신교의 비정통성을 지적한 것과 대응한다. 그러면 이제 『신교지기원』에 나타난 가톨릭의 '루터 죽이기'에 대해 개신교에서 어떠한 대응 논리를 전개하였는가를 살펴보도록 하자.

3) 회복 혹은 성취의 논리

개신교는 천주교를 로마주의와 의식주의, 적응주의 등으로 비판한 동시에 자신이야말로 '본래 교회의 회복자'임을 강조하였다. 이러한 논리는 선교사 번하이슬의 글에서 가장 잘 나타난다. 그는 로마교가 종교개혁 이후 등장한 각 교파를 진리에서 떨어져나간 이단자라고 비판하는 것에 대해 '쓸데없는 비난'이라고 맞대응한다.[138] 그에 의하면 신교는 성서적 신앙에 기초하고 있는 반면, 로마교는 성서적 신앙에서 벗어난 진정한 이단이다.[139] 로마교가 신교를 향하여 모교회로 돌아오라고 외치는 것에 대해서도 반격을 가한다. 그가 볼 때 로마교회는 진정한 모교회가 아니다. 오히려 성서를 통하여 성신(聖神)으로부터 나온 갱정교(更正敎) 즉 개신교야말로 '옛 사도들의 그 신앙'이다.[140]

이 대목에서 선교사 게일이 저술한 『루터개교기략』의 서문에 잠시 주목할 필요가 있다. 그 책의 서문은 게일의 동료인 이창직(李昌稙)이 썼는데 다음과 같은 내용이 들어 있다.

하느님께서 루터를 보내사 구라파의 큰 마귀 세력을 벽파하셨으니 동양 고서에 이른바 하느님이 중니(공자)를 내지 아니하셨으면 만고가 긴 밤과 같겠다 함과 같이 하느님께서 서양 세계에 루터를 내지 아니하셨더라면 우리 동서양 인민이 모두 흑암세계에 처하였을 것이요 십자가의 도가 광포치 못하였으리니 이것이 어찌 선생을 보내신 하느님의 능력이 아니시리오.[141]

여기서는 가톨릭을 '큰 마귀 세력'과 '흑암 세계'에 비유하고 루터를 마귀와 흑암세계를 격파한 인물에 비유하는 등 가톨릭에 대해 매우 적대적인 인식을 보인다. 특히 루터를 공자에 비유한 것은 유교 문화에 익숙한 한국인들을 염두에 둔 것으로서 루터의 위상을 높이기 위한 수사라고 할 수 있다. 이와 유사한 맥락에서 최병헌은 종교개혁가들을 성인(聖人)에 비유하였고,[142] 성결교 지도자 이명직도 루터의 종교개혁을 평하면서 '하느님께서 천주교회를 경성(警醒)시키기 위하여 세우신 성(聖) 마틴 루터'라는 표현을 사용하였다.[143] 종교개혁 당시 루터를 비롯한 종교개혁가들은 로마가톨릭교회의 성인공경(veneration of saints)을 우상숭배라고 공격했는데, 이러한 종교개혁가들을 성인(聖人)에 비유한 것은 일종의 개신교식 '성인 만들기(saint-making)'라고 할 수 있다.

번하이슬은 갱정교라는 명칭과 사상의 관계도 논의한다. 그에 의하면 갱정교라는 '명칭'은 교황제도에서 분리되면서 처음 생겼지만 갱정교의 '사상'은 오순절 당시부터 이미 존재했다. 이처럼 오순절 정신과 갱정교의 정신이 일치하기 때문에 갱정교는 엄밀한 의미에서 보면 '신교'가 아니라 '부흥한' 교회이다. 요컨대 갱정교는 '암흑 중에 잠긴 교회'를 다시 광명한 곳으로 인도한 교회이다.[144]

번하이슬은 이러한 논리를 장로교에서도 적용한다. 장로교는 종교개혁기에 생겨난 것이 아니라 사도시대까지 거슬러 올라가는 역사가 있다는 것이다. 베드로가 자신을 가리켜 '같이 장로된 자'[145]라고 하거나 바울이 '각성에 장로를 세운다'[146]고 말했을 때 장로교는 이미 시작되었기 때문이다.[147] 이는 장로교의 기원을 베드로나 바울과 같은 권위 있는 인물과 관련시킴으로써 장로교의 위상을 높이려는 수사 전략이라고 할 수 있다.

이와 유사한 전략이 『예수천주양교변론』에서도 등장한다. 이 책에 의하면 천주교가 '예적 본교회'의 규례를 조금도 변경하지 않은 '근본 구교'라고 자처하지만 그러한 주장은 역사적 사실이 아니다.[148] 따라서 『예수천주양교변론』은 천주교에 의해 자의적으로 변경된 사항을 폭로한다. '천주교변경론'이라는 제목하에 11개의 항목을 제시하는데 천주교에 의해 변경된 시점의 구체적 연도까지 제시한다.[149] 최병헌의 『만종일련』에도 천주교가 7가지 측면에서 교규(敎規)를 변경시켰다고 하면서 천주교를 비판한 내용이 등장한다.[150]

이처럼 개신교는 자신의 위상을 모교회에서 떨어져 나온 '열교'가 아니라 본래의 궤도에서 일탈한 천주교를 다시 복귀시키는 '회복자'의 역할로 규정한다. 이는 기존 체제에 도전하는 후발 주자가 전형적으로 구사하는 '회복의 논리'라고 할 수 있다.

이러한 회복의 논리와는 다른 방향에서 천주교에 접근하는 논리도 등장한다. 기독교의 역사에 나타난 다양한 신조와 신앙고백을 개관하는 글에서 박형룡이 보여준 논리가 대표적인 예다.[151] 그는 먼저 천주교가 공교회를 자처하는 것을 비판한다. 그에 의하면 로마교회는 로마의 감독을 원수(元首)로 삼는 종교적 왕정에 지나지 않는다. 그럼에도 불구하고 로마 감독은 '무류한' 예수 그리스도의 지상대리자라고 자처하면서 로마교회를 기독교 세계 전체와 동일시하고 나아가 다른 기독교 교파들을 모두 열교나 이단으로 정죄한다.

박형룡은 로마교회의 이러한 주장을 근본적 오류라고 규정한다. 그에 의하면 '공교회(Catholicism)'와 '로마교회(Romanism)'는 전혀 다른 것이다. 공교회는 로마교회, 희랍교회, 프로테스탄트교회 등 모든 기독교를 포함하고 「사도신경」과 같은 신조에도 등장하는 용어지만, 로마교회는 명칭 자체부터 지방적이고 종파적이고 배타적이다. 즉 공교회는 기독교 역사를 통해 확장되어 왔지만, 로마교회 자체는 트리엔트공의회(1545-1563)에서 기원한 것이다.[152]

박형룡은 이처럼 공교회와 로마교회를 구별한 뒤 개신교의 입장에서 로마교회를 '포획'하는 작업을 시도한다. 그에 의하면 중세 공교회는 종교개혁을 향하고 있었다. 그런데 로마교회는 종교개혁을 배척하며 정죄하였다. 이는 아브라함, 모세, 기타 선지자들로 대표되는 고대 유대교가 기독교를 자신의 목적과 성취로 삼고 나아갈 준비를 하였으나, 메시아의 십자가 죽음과 예루살렘 멸망 이후 유대교가 기독교의 적이 된 것과 유사하다.[153]

이는 유대교가 기독교에 의해 완성되듯이 로마가톨릭교회는 개신교에 의해 완성된다는 일종의 '성취신학적' 논리라고 할 수 있다.[154] 뒤에서 살펴보겠지만, 박형룡은 기독교를 타종교의 완성으로 보는 성취신학의 논리는 거부하는 반면, 유대교와 기독교, 로마가톨릭과 개신교의 관계에서는 성취신학의 논리를 적용했다. 이처럼 '회복의 논리'와 '성취의 논리'는 방향은 다르지만 개신교가 천주교를 흡수하는 포획의 논리라는 공통점이 있다.

4) 차별화 전략

개신교는 회복 혹은 성취의 논리와 함께 천주교와의 차이를 강조하는 차별화 전략도 구사하였다. 1866년 제너럴셔먼호 사건에서 살해된 런던선교회 출신의 개신교 선교사 로버트 토마스(Robert J. Thomas)는 조선의 지방 관리와 대화하면서 개신교와 천주교가 같지 않음(耶蘇聖教非同天主教)을 강조하였는데,[155] 이는 조선왕조에 의해 '사학의 무리'로 낙인 찍혀 대대적인 탄압을 당한 천주교의 비극적 역사를 반복하지 않으려는 시도였다. 그러면 개신교는 구체적으로 어떠한 차별화 전략을 구사하였는가?

우선 교파의 명칭에서 차별화 전략이 나타난다. 앞서 보았듯이 동아시아 한자문화권에서 먼저 선교 활동을 시작한 가톨릭은 자신을 가리키는 명칭으로 성교(聖教)나 진교(眞教) 혹은 천주교를 사용하였다. 성교나 진교는 가톨릭의 신성성과 진리성을 강조하기 위해 채택한 용어이지만 어떤 종교든지 자신의 권위를 높이기 위해 사용할 수 있는 보통명사이다. 반면 천주교는 천주라고 하는 로마가톨릭교회의 신앙 대상을 부각시키는 명칭으로서 고유명사이다.[155]

로마가톨릭교회보다 늦게 동아시아 한자문화권에 진출한 개신교는 '야소교(耶蘇教)'로 자칭했다. 삼위일체 신관을 지닌 기독교에서는 천주와 예수가 동일한 존재이지만, 개신교는 천주교와의 차별화를 위해 천주 대신 야소(예수)를 택한 것으로 보인다. 앞서 살펴보았듯이 천주교는 개신교가 야소교라는 용어를 사용하는 것을 비난하였지만 개신교는 이 명칭을 고수하였다.

야소교만큼 널리 통용되지는 않았지만 앞에서 언급한 갱정교(更正教)라는 용어도 개신교계에서 사용되었다.[157] 야소교는 천주교와 마찬가지로 신앙 대상의 명칭을 드러내는 용어인 반면, 갱정교는 'protestant'에서 파생된 용어이다. 앞서 언급했듯이 가톨릭에서는 '프로테스탄트'를 '반항'이나 '불복'과 같은 부정적 의미로 사용한 반면, 개신교에서는 가톨릭의 타락과 부패에 대한 '개혁'과 '갱신'의 의미로 사용하였다. 한편 '개신교'라는 용어는 북감리회 선교사 존스의 『영한자전』(1914)에서 'Protestant'의 번역어 중 하나로 등장하였지만[158] 거의 사용되지 않다가 해방 이후에 통용된 것으로 보인다.[159]

개신교나 갱정교보다 더 널리 사용된 용어는 '신교(新敎)'다. 개신교는 스스로를 신교로 지칭하고 천주교를 구교로 불렀는데, 이러한 신교-구교 이분법은 계몽언론을 비롯한 일반 사회에서 더 널리 통용되었다. 그런데 앞서 언급했듯이 신교라고 해서 항상 긍정적 의미를 갖고 구교라고 해서 항상 부정적 의미를 갖지는 않는다. 신교의 경우 새로운 종교라는 의미에서 긍정적 가치를 지닐 수 있지만, 전통을 결여한 종교라는 부정적 의미를 수반할 수 있다. 반면 구교의 경우는 낡은 종교라는 부정적 의미를 지닐 수 있지만 '오랜 전통을 지닌 종교'라는 긍정적 의미를 지닐 수 있다.

실제로 개신교의 경우 스스로를 옛 사도들의 신앙을 '부흥한 것'이라고 하면서 신교가 아니라고 주장하는가 하면,[160] 장로교 기관지 『신학지남』은 칼뱅의 제네바 종교개혁 400주년을 기념하는 권두언에서 신교는 '신(新)'교가 아니라 사도시대의 진정한 그리스도교회로 돌아가려는 '구교유신(舊敎維新)'의 영적 운동이라고 표현했다.[161] 천주교도 초기의 근본 가르침을 변경하지 않은 종교라는 의미에서 '구식교'로 자칭하기도 하였다. 이처럼 신교와 구교라는 용어는 맥락에 따라 긍정적 혹은 부정적 의미를 지닐 수 있지만 개항 이후 한국 사회의 거시적 흐름 속에서 보면 낡음의 이미지가 강한 구교보다는 새로움의 이미지가 강한 신교가 프리미엄을 갖고 있었다. 따라서 개신교에서는 신교에 긍정적 의미를 부여하는 신교-구교 이분법을 천주교와의 차별화 작업에 활용할 수 있었던 것으로 보인다.

개신교는 신(God) 명칭을 채택하는 과정에서도 차별화 전략을 구사하였다. 잘 알려져 있다시피 중국에서 선교 활동을 하던 가톨릭 선교사들은 라틴어 데우스(Deus)에 해당하는 용어의 선정을 둘러싸고 논쟁을 벌이다가 마침내 '천주(天主)'로 확정하였다. 일본 천주교와 조선 천주교도 천주를 그대로 받아들였다. 그러면 개신교의 경우는 어떠했는가?

중국 개신교의 경우에는 선교사들 사이에 용어 문제를 두고 치열한 논쟁이 벌어졌다. 거시적으로 보면 영국선교회 선교사들은 '상제(上帝)'를 선호하고 미국 선교사들은 '신(神)'을 선호하였다. 양측은 하나의 용어로 통일하기 위해 열띤 논쟁을 벌였으나 합의점에 도달하지 못해 '상제 역본'과 '신 역본' 바이블이 각각 출판되었다. 1864년 만다린어(북경어) 번역위원회에서는 용어 논쟁을 피하기 위해 제3의 용어인 '천주'를 선택하려고 시도하였다. 그런데 천주를 사용할 경우 천주교와 개신교의 혼동을 초래하기 때문에 안 된다는 의견이 강해 이 시도는 성공하지 못하였다.[162] 이처럼 중국 개신교에서는 '상제'가 되었건 '신'이 되었건 천주교가 사용하는 '천주'는 피하려고 했음을 알 수 있다. 일본 개신교에서는 미국 선교사들의 의견이 지배적이어서 '가미'의 한자어 '神'을 채택하였다.

한국의 경우에는 미국 선교사의 내한 이전 만주에서 선교 활동을 하던 스코틀랜드연합장로회 소속 선교사 존 로스(John Ross)가 『예수성교문답』(1881)에서 이미 '하느님'을 'God'의 번역어로 채택하였다.[163] 로스가 '천주' 대신 '하느님'을 선택한 것은 천주교와의 차별성을 염두에 둔 것으로 보인다.[164] 그는 로마가톨릭 신부들의 존재를 개신교 선교의 장애물로 인식하였는데,[165] "우리 신도들은 평화를 사랑하고 따라서 천주교회와는 다르다"[166]라고 말한 데서 그 근거를 발견할 수 있다. 미국 선교사들이 들어와 성서번역을 새롭게 시작하면서 이 문제가 다시 불거졌는데 상제, 상주(上主), 참신(眞神), 신, 천주 등 여러 용어가 경합을 벌였지만 '하느님'으로 최종 결론이 났다.[167] 이 논쟁의 과정에서 '천주'가 등장하기도 했지만 선택되지 않은 것은 대다수 선교사가 천주교와의 차별화를 염두에 두었기 때문이다.

개신교는 제도적 차원에서도 천주교와 거리두기를 시도하였다. 당시 개신교는 신자들을 보호하기 위한 전략으로 '불신자' 즉 비기독교인과의 혼인을 금지하고 있었는데 천주교에 대해서도 동일한 전략을 취했다. 장로교의 경우 "로마가톨릭교인과 결혼하는 일은 위태한 일인 즉 당회가 성혼 안 되도록 권면하라"는 지침을 통해 천주교인과의 혼인을 사실상 금지하였다.[168]

목회자 양성을 위한 신학교육이나 평신도를 위한 신앙교육의 장에서도 천주교에 대한 비판적 인식을 강조하였다. 북장로교 선교사 윌리엄 베어드는 1925년『신도게요서(信徒揭要書)』라는 제목으로 33개 조항으로 된「웨스트민스터 신앙고백」(Westminster Confession of Faith, 1647)을 번역하였는데 이 신앙고백서의 제25장 6항에는 교황을 '적그리스도, 불법의 사람, 멸망의 아들'로 간주하고 있다.[169] 또한 장로교의 경우 신학교에서 제임스(James)의 천주교 비판서인『양교변정(兩敎辨正)』을 커리큘럼에 포함시켰다.[170] 장로교의 기관지『신학지남』은 1936년 7월호 권두언에서 "가톨릭과 프로테스탄트! 이는 전제(專制)와 자유, 전설과 진보, 과거와 미래의 영원한 항쟁이다."와 같은 도발적 표현을 사용하기도 하였다.[171]

감리교의 경우도 교회 지도자를 양성하는 커리큘럼에 천주교 비판 서적을 필독서로 지정하였기 때문에 평신도를 지도하는 주재전도사들은 3년차 교육과정에서『로마가톨릭에 대한 답변(Answers to Roman Catholicism)』과『로마교와 개신교(Romanism and Protestantism)』라는 천주교 비판 서적을 반드시 공부해야 했다.[172]

개신교의 이러한 거리두기 전략은 초기 선교사들에게서 이미 나타났다. 한국에서의 선교 활동 20년을 회고하면서 언더우드는 '초교파적으로 연합된 그리스도의 교회'[173]라는 미래의 꿈을 제시했는데, 이때 감리교인, 장로교인, 성공회 교인, 유대인, 헬라인 등은 언급하면서도 가톨릭은 언급하지 않았다. 이러한 면에서 볼 때 언더우드는 개신교 내부의 타교파에 대해서는 개방적 태도를 취했지만 가톨릭에 대해서는 끝까지 분명한 선을 긋고 있었음을 알 수 있다.

　성결교 목사 한성과도 "천주교에도 구원이 있는가?"하는 물음을 던지고 나름의 답변을 제시하였다. 그에 의하면 성서적으로 보면 천주교는 확실히 '이단'이다. 그렇지만 천주교인 중에 교리와 의식을 초월하여 참된 회개와 신앙으로 개인적으로는 구원을 받을 사람이 있을 수 있다. 그런 경우는 일본으로 건너갈 때 '안전한 관부연락선'을 버리고 '물이 새는 헌 나무배'를 택한 것과 같다.[174] 앞서 보았듯이 이는 천주교 측에서 개신교인의 구원 여부에 대해 취하는 논리와 유사하다.

　교파의 측면에서 보면 장로교가 감리교보다 천주교를 더 적극적으로 비판하였다. 이는 장로교의 신학 잡지『신학지남』과 감리교의 신학 잡지『신학세계』를 비교하면 금방 드러난다. 해방 이전 두 잡지의 내용을 보면『신학지남』에 천주교를 비판하는 글이 훨씬 많다. 이는 일제하 장로교의 '신학적 보수주의'와 감리교의 '신학적 자유주의'의 차이에서 비롯된 것으로 보인다. 그렇지만 거시적으로 보면 해방 이전 개신교의 눈에 비친 천주교는 '참된 기독교'에서 벗어난 '거짓 기독교'로서 대화와 연대의 대상이기보다는 배제와 척결의 대상이었다.

　해방 이전 천주교가 진교(성교)-열교의 이분법에 근거하여 개신교를 배척하고 개신교인을 개종의 대상으로 간주했듯이, 개신교도 예수교-로마교의 이분법에 근거하여 천주교를 배격하고 천주교인을 개종의 대상으로 간주했다. 이는 누가 '진짜 기독교'인가를 둘러싸고 전개된 정통-이단 논쟁인 동시에 기독교 공간의 헤게모니를 장악하기 위한 투쟁이었다. 따라서 해방 이전 개신교는 천주교와 대결하는 과정에서 반천주교적 정체성, 즉 이분법적 대립 구도에 근거한 배타주의적 교파 정체성을 형성했다고 볼 수 있다.

3. 개신교 교파의 상호 인식

지금까지 살펴보았듯이 개신교의 자리에서 보면 천주교는 선교의 장에서 배제하고 척결해야 할 '공동의 적'이었다. 그러면 개신교 각 교파는 서로를 어떻게 바라보고 어떠한 관계를 맺었는가? 개신교의 교파가 여럿이기 때문에 여기서는 해방 이전 주요 교파였던 장로교, 감리교, 성결교의 교파의식을 중심으로 검토하고, 독립교회의 교파의식을 추가적으로 살펴본다.

장로교와 감리교의 교파의식을 살펴보기 위해서는 장로교와 감리교 사이에 추진되었던 교파통합 운동과 실패의 과정을 먼저 살펴볼 필요가 있다. 1893년 미국북장로교와 미국남장로교 선교부는 장로회 정치를 취하는 연합교회 설립을 목적으로 선교공의회(The Council of Missions Holding the Presbyterian Form of Government)를 조직하였고, 이후 캐나다장로교와 호주장로교도 가입하였다. 이 단계는 장로교에 한정된 모임이었지만, 1905년에는 감리교 2개 선교부도 참여한 재한선교사연합공의회(The General Council of Protestant Evangelical Mission in Korea)가 결성되었다. 이 공의회는 '하나의 복음적 교회(a national Christian evangelical Church)'의 설립을 목적으로 하였는데, 여기서 복음적 교회는 '개신교'를 의미하였다.[175] 장로교와 감리교라는 교파 명칭을 폐지하고 'Church of Christ in Korea'라는 명칭을 사용하자는 제안까지 나왔다. 당시 한국 개신교인들도 단일교회 형성을 강하게 원했다.[176] 그 무렵 캐나다에서는 회중교회, 감리교, 장로교 등 3개 교파를 통합하려는 운동이 있었는데 이 움직임도 한국에서의 단일교회 운동에 긍정적 배경으로 작용하였다.[177]

그렇지만 재한 선교사들과 한국 교인들이 적극 추진한 이 운동은 실패하였다. 여기에는 여러 요인이 작용하였지만 해외선교 본부의 반대가 일차적 이유였다.[178] 백락준이 지적하였듯이 선교 활동의 '성공'도 합동운동의 '실패'

요인이 된 것으로 보인다.[179] 각 교파의 교세가 커짐에 따라 자기 교파의 사업에 주력하게 되면서 합동에 대한 열정이 식은 것이다.

교파합동의 실패 이후 장로교와 감리교는 기구 차원의 통합을 의미하는 '교파통합' 대신 성서번역, 문서사업, 교육 및 의료사업 등의 영역에서 협력하는 '연합활동'에 주력하였다.[180] 해방을 목전에 둔 1945년 7월에는 개신교의 모든 교파와 교단이 '일본기독교조선교단'으로 통합되었다. 그런데 이 통합은 자율적 통합이 아니라 전시하 종교 통제의 일환으로 일제가 행한 반강제적 통합이었다. 해방 직후 일부 세력이 명칭을 '조선기독교단'으로 바꾸고 통합교단을 존속시키고자 하였으나, 다수 세력이 이에 반대하면서 장로교와 감리교를 비롯한 모든 교파는 원래의 교파교회로 돌아갔다.[181]

여기서 잠깐 일본의 경우를 살펴보자. 한국과 마찬가지로 일본 개신교도 서구 각국의 교파교회에 의한 선교 활동으로 시작되었다. 선교 초기에 네덜란드개혁교회, 미국북장로회, 스코틀랜드일치장로교회 등 교리적 유사성이 있는 일부 교파가 일본기독일치교회라는 이름으로 통합하는데 성공하고,[182] 감리교의 경우에도 미감리회, 남감리회, 캐나다감리회가 1907년 통합되었다.[183] 그렇지만 이러한 통합은 어디까지나 유사한 교리와 조직을 가진 교파들의 통합으로서 교파의 장벽을 넘은 것은 아니다. 태평양전쟁 말기가 되면 식민지 조선의 경우와 마찬가지로 종교 통제의 일환으로 대부분의 교파가 '일본기독교단'이라는 이름하에 통합되었다. 그런데 한국의 경우와 달리 일본 개신교계는 종전 이후에도 일본기독교단의 골격을 유지하였고 지금까지도 존속한다.[184] 그러면 이제부터 장로교, 감리교, 성결교의 순으로 각 교파의 타교파 인식을 살펴보도록 하자.

1) 장로교와 교파 우월주의

해방 이전 장로교의 헌법은 장로교와 타교파의 관계를 명시적으로 언급하지는 않았다. 다만 권징(勸懲) 조항에서 타교파와의 관계를 추론할 수 있는 규정이 발견된다. 이 규정에 의하면 교인이나 목사가 이명서(移名書) 없이 타교파에 가입하면 '제명'되며, 특히 목사의 경우 이단으로 간주되는 교파에 가입하면 '출교'의 대상이 될 수 있다.[185]

타교파에 대한 이러한 태도는 1893년 미국북장로교 선교부가 미국북감리교 선교부와 맺은 협정문에서 그 단초가 발견된다. 협정문에 의하면 교인은 교파 소속을 옮길 수 있는 권리가 있으나 교회 담임자로부터 추천장을 받지 않고는 옮길 수 없다.[186] 결국 장로교는 이명서나 추천장 발급과 같은 제도적 장치를 통해 교인의 교파 이동을 허용하되 그러한 절차를 거치지 않으면 '제명'으로 처리했음을 알 수 있다.

그러면 장로교는 이러한 원칙을 모든 교파에 적용하고 있었던 것일까? 문구상으로만 보면 그렇게 보이지만 실제로는 나름의 경계선을 그었다. 감리교의 경우는 연합운동을 하는 관계였기 때문에 이명서 발급을 통한 교인 이동이 허용되었지만 다른 교파의 경우에는 그렇지 않았다. 1925년에 열린 장로교 총회에서 충청노회가 장감 양 교파 외에 다른 교파로 가는 자는 출교 대상인지 제명 대상인지 문의하자 총회는 '제명함이 가(可)함'[187]이라고 답했다. '출교'가 아니라 '제명'이지만 이는 감리교 이외의 교파와는 사실상 교류하지 않겠다는 의미이다.

장로교의 이러한 태도는 나중에 논란의 대상이 되었다. 1933년 제22회 총회에서 성결교회로 옮겨 가는 교인에게 이적(移籍)증명서를 발부하지 않기로 결의하자,[188] 장로교 내부에서 이의가 제기되었다. 진보적 성향의 장로교 목사 김춘배는 여러 교파 간에 교인의 왕래가 있는 현실에서 교인과 교역자의 소통을 금하는 것은 근본적으로 문제가 있으며 설령 이적증서를 발부하지 않는다고 교인의 이동이 없겠느냐고 반문했다.[189] 성결교회 측에서도 장로교의 이러한 태도에 대해 문제를 제기하였다. 성결교의 한 목사는 다음과 같이 말했다.

> 장로교인이 감리교인을 미워하여서는 안 될 것이며, 성결교인을 조소하여서는 안 될 것이며, 성결교인이 장감 양자에 대하여 폄론하여서는 안 될 것이다. 이것이 어찌 죄가 아닐까. 주의 심판대 앞에 설 때에 다 문제가 될 것.[190]

교파가 다르다고 해서 상대방을 조소하거나 폄론하는 것은 죄에 해당한다는 논리이다. 그러면서 그는 장로교 총회가 성결교회로 옮겨 가는 교우를 제명한다고 결의한 것은 '섭섭한 일'이라고 말하였다. 이러한 내외의 반발을 의식해서인지 제23회 총회에서 이 결의 사항은 삭제되었다. 그렇지만 성결교회 교역자와 연락을 취하는 교역자나 왕래하는 교인에 대한 '주의' 조항은 존속되었다.[191] 이는 장로교가 감리교 이외의 교파에 대해서는 '경계'의 태도를 취했음을 의미한다.

그러면 당시 장로교 인사들은 타교파에 대해 어떠한 인식을 하고 있었을까? 앞서 언급했듯이 장로교 선교사 언더우드는 천주교에 대해서는 배타적인 인식을 하고 있었지만 개신교의 타교파들에 대해서는 개방적인 태도를 보였다. 1905년 단일교회 운동을 전개할 때 장로교 선교사들이 만장일치로 교파합동에 찬성한 것에서 드러나듯이 장로교 선교사들은 타교파에 대해 개방적 태도를 취했다.

1906년 캐나다장로교의 관할구역인 함흥에서 남감리교 선교사 저다인

(Joseph L. Gerdine)이 부흥회를 성공적으로 이끌었는데 캐나다장로교 선교사 맥레이 부인(Edith F. McRae)은 당시 느꼈던 감정을 이렇게 표현했다.

> 장로교회에 와서 수고하는 감리교 형제를 보라. 우리는 그가 진지하게 정성을 다해 우리 교인들의 마음속을 속속들이 꿰뚫으며 전하는 말씀을 들으면서 우리 모두는… 그에게서 달콤한 사랑의 가르침을 배웠다. 그리고 그를 환송하기 위해 나온 교인들이 그에게 "빨리 돌아오세요."라고 인사하는데, 그런 그들의 귀에다 대고 교파주의를 속삭일 수 있겠는가? 그보다 오늘 우리는 우리 교회가 장로교회의 신앙과 감리교회의 기쁨으로 충만한 것을 기뻐하는 바이다. 그리고 서울의 밀러(Hugh Miller) 씨가 말한 대로 "감리교인을 두려워할 필요가 없다."는 말을 우리도 하고 싶다.[192]

요컨대 장로교인으로서 감리교인에 대해 교파주의적 태도를 취해서는 안 된다는 것이다. 이러한 태도는 언더우드 부인(L.H. Underwood)에게서도 잘 나타난다. 그녀는 한 잡지에 실린 기사를 먼저 소개한다. "엄마, 틸리(Tillie)씨에게 내 인형 장례식을 부탁해도 되나요? 틸리 씨는 감리교인이고 내 인형은 장로교인인데 괜찮아요?"[193] 이 기사는 교파주의가 교회 밖의 세상에서 어떻게 조롱당하고 있는가를 여실히 보여준다. 따라서 그녀는 "슬프다! 여러 교파가 생기게 된 이유도 모르고 관심조차 없는 이 젊은 한국 교회에 어떻게 우리의 분열된 교파들을 그대로 넘겨줄 수 있다는 말인가?"[194]라고 하면서 선교지에서는 교파주의가 극복되어야 한다고 생각했다.

선교사 번하이슬도 교파의 다양성을 긍정적으로 파악했다. 그는 교파 사이의 관계를 군대의 조직에 비유했다. 군대에서 보병과 기병, 포병, 공군 등이 각기 다른 복장과 병기를 가지고 다른 방면으로 훈련을 받되 사실은 '한

몸'인 것처럼 각 교파도 한 몸의 지체와 같다. 그리고 신체의 각 부분이 몸 전체의 합동에 역행하지 않듯이 각 교파의 차이도 영적 합일에 역행하지 않는다. 나아가 각 교파는 서로의 결함을 보충하여 '기독왕국의 전체적 봉사'에 공헌한다.[195] 이처럼 그는 군대의 병과와 한 몸의 지체라는 메타포를 통해 교파의 다양성에 적극적 의미를 부여했다. 그런데 번하이슬의 이러한 논리는 가톨릭교회의 교회론을 비판하는 맥락에서 나온 것으로서 가톨릭이라는 '거대한 적' 앞에서 개신교 교파 사이의 연대 필요성을 강조한 것임을 염두에 둘 필요가 있다.

앞서 언급한 바 있는 장로교 목사 박승명은 개신교의 각 교파를 소개하면서 장로교를 정치와 교리가 가장 양호하고 심원한 교파로 간주한다. 장로교는 '갱정교(更正敎) 중의 갱정교'라는 것이다. 다른 교파 특히 침례교와 안식교는 강하게 비판한다. 침례교는 형식상 예법에 불과한 세례와 침례의 차이를 과도하게 강조하면서 세례를 거부하고 침례의 권위만을 주장하는데 이는 '곡학아세(曲學阿世)'에 해당한다.[196] 안식교는 지나친 율법주의에 빠진 명백한 이단이라고 하면서 율법주의의 노예인 '시법(恃法)'이 되지 말고 은혜에 감사하는 '숭은(崇恩)'이 될 것을 권한다.[197] 그에 의하면 "세계 모든 종교 중에 기독교가 진정하고 기독교 중에는 구파보다 신파가 진정하고 신파 중에는 공화정치파가 진정하다."[198] 여기서 공화정치파는 장로교를 가리키는 것으로서 그가 장로교 중심주의 혹은 장로교 우월주의에 서 있음을 알 수 있다.

한국 장로교 신학의 '대부'로 간주되는 박형룡은 기독교 역사에 등장한 다양한 신조 가운데 가장 완전한 것은 '칼뱅계 개혁파의 교리 신조'라고 주장한다. 그에 의하면 칼뱅주의가 가장 완전한 체계인 이유는 그것이 가장 충분하게 성경을 해석하고 또 거기에 부합하기 때문이다.[199] 나아가 그는 「웨스트민스터 소요리문답」이 청교도 경험과 신학 사상의 최고 성숙한 산물이며 한국 장로교가 채택한 12신조가 이것의 요약이라고 주장한다.[200] 이러한 박형룡의 주장과 논리에서도 장로교 우월주의가 엿보인다.

장로교 우월주의는 장로교와 감리교가 교파합동 문제를 논할 때 일부 장로교 목사의 태도에서도 나타났다. 장로교 총회장을 역임한 양전백(梁甸伯) 목사는 "장로 교리는 하느님의 뜻을 편중(偏重)히 여기고, 감리 교리는 인위(人爲)를 편중히 여긴다."고 말하는가 하면, "감리회는 목사 차별로 위주(爲主)한다."고 말했다.[201] 역시 장로교 총회장을 역임한 임택권(林澤權) 목사는 감리회는 "이단을 가르치는 신파를 잘 용납하고 시인하는 것 같다."고 말하고 교회를 세속화시키는 감이 없지 아니하다고 말했다.[202] 그러자 북감리교 평양지방회 사경회에서는 장로교 지도자들이 감리회의 신경과 정치를 제대로 이해하지 못했다고 하면서 성명서를 발표하였다.[203]

이처럼 장로교는 헌법 규정과 같은 추상적 차원에서는 타교파에 대한 존중과 교파 선택의 자유를 강조하지만, 구체적 현실에서는 장로교 우월주의를 드러낸다. 특히 선교사들보다는 한국인 신학자, 목회자, 총회장 등과 같은 교회 지도자들의 언행 속에서 타교파에 대한 우월 의식이 표출된다.[204] 이는 해방 이전 한국 장로교가 자기 나름의 방식으로 참기독교의 기준을 설정한 뒤 그 자신을 정점에 두고 그 아래에 감리교, 성결교, 침례교, 안식교의 순서로 타교파들을 배열하는 일종의 '종교적 피라미드 만들기' 작업을 했음을 의미한다. 교파의식의 측면에서 보면 위계적 사고에 근거한 교파주의 혹은 교파 우월주의라고 할 수 있다.

2) 감리교와 교파 다원주의

일제하 감리교의 헌법이라고 할 수 있는 『기독교조선감리회 교리와 장정』(1935)에는 타교파에 대한 감리교의 기본 입장이 잘 나타나 있다. 이 문헌에 의하면 감리교는 '그리스도교의 참된 교파일지라도 의식(儀式)에나 제도에나 치리(治理)에는 서로 다른 점이 많이 있을 수 있는 것'을 인정하며, 나아가 '예수 그리스도의 단일한 교회의 분자(分子)인 여러 교파 사이에 친밀한 관계를 증진시키는 데 선봉자가 되며' 또 '세계를 천국화시키는데 여러 교파로부터 협력하는 동역자인 본분을 완성하고자 함'[205]을 장정 제정의 목적으로 삼았다. 각 교파가 지닌 '의례 형식'과 '조직 원리'의 차이를 인정하고 '세계의 천국화'를 위한 교파 협력을 강조한 것이다.

감리교는 '교리'의 측면에서도 탄력성을 보여준다. 감리교의 신앙고백서에 해당하는 「교리적 선언」은 기독교의 근본 원리가 여러 역사적 신조에 표현되었고, 웨슬리의 「종교강령」과 「설교집」과 「신약주석」에서 해석되었다고 하면서 이렇게 선언한다.

> 우리 교회의 회원이 되어 우리와 단합하고자 하는 사람들에게 아무 교리적 시험을 요구하지 않는다.… 우리의 입회 조건은 신학적이라기보다 도덕적이요 신령적이다. 누구든지 그의 품격과 행위가 참된 경건과 부합되는 이상에는 개인 신자의 충분한 신앙자유를 옳게 인정한다.[206]

이 선언에 의하면 감리교는 신학과 교리보다 도덕과 영성을 중시하기 때문에 타교파와의 관계에서 매우 개방적인 태도를 취할 가능성이 높다. 한국 감리교가 헌법 차원에서 타교파에 대해 개방적 노선을 표방한 데에는 감리교의 창시자인 웨슬리의 경건주의 신앙이 영향을 준 것으로 보인다. 웨슬리는 기독교의 공통 원리(the common principles of Christianity)만 공유한다면 어떤 교파와도 손을 잡을 수 있다고 주장했다. 그는 "하느님을 사랑하고 경외하니까? 그것으로 충분합니다! 그렇다면 나는 당신에게 교제의 손을 내밀겠습니다.”라고 말할 정도로 ‘교리’와 ‘교파’의 문제에서 자유로운 입장을 취했다.[207]

이러한 개방적 노선은 교인의 자격과 권리 문제에서도 잘 나타난다. 다른 교파에서 세례를 받고 증서를 가지고 이명허입(移名許入)된 자는 입교인으로 간주하며, 감리교인이 다른 교회나 다른 교파로 이명하기를 원할 때 허용할 수 있도록 하고 있다.[208] 장로교가 한때 교인의 이명(移名)증서를 감리교인에만 한정하여 성결교 측의 항의를 받았던 것과는 대조되는 모습이다.

그렇지만 감리교는 대내적으로는 다양한 제도적 장치를 통해 ‘감리교인 만들기’를 시도하였다. 예를 들면 『기독교조선감리회 교리와 장정』은 주일 예배 시 월 1회 이상 「교리적 선언」을 낭독하도록 규정했다. 따라서 교인들은 한 달에 한 번씩은 「사도행전」을 고백하기 직전에 감리교의 창시자 웨슬리의 이름이 나오는 「교리적 선언」을 낭독해야 했다. 학습문답에서는 감리교회의 교리를 공부하고 규칙을 지킬 것을 요구하였으며,[209] 세례문답에서는 감리교회의 장정을 준행할 것을 요구하였다. 이처럼 감리교는 타교파에 대해 개방성을 유지하면서도 감리교인의 정체성을 강조하였다.

그러면 당시 감리교인들은 타교파를 어떻게 인식했을까? 선교사 아펜젤러는 선교지역 분할문제와 관련한 선교사 회의에서 다음과 같이 연설했다.

> 교리를 토론하지 맙시다. 통일성과 다양성이… 필요하다는 것을 당연시 합시다. 내가 선택하고 사랑하는 감리교회…. 나는 그곳에서 기독교가 가장 잘 제시되어 있음을 발견했다고 믿습니다. 우리 교회가 정중하게 제시하는 기독교 양식이 최대한의 사람들에게 최대선을 줄 수 있게 신중히 계획된 것임을 믿습니다. 우리 감리교회가 완전하거나 혹은 완전함에 이르렀기 때문이 아니라 그것을 얻으려고 애쓰기 때문입니다. 내가 지금까지 말한 것이 무

슨 뜻입니까? 한 교파가 다른 교파보다 낫다는 것입니까? 예. 나로서는 그렇습니다. 이 점에 대해서 도전하지 마십시오. 왜냐하면 여러분도 똑같이 사고의 자유를 가졌다고 인정하기 때문입니다. 나는 여러분이 내 의견을 받아들이거나 혹은 믿기를 요구하지 않습니다. 또한 내가 여러분의 의견을 받아들일 것을 약속하는 것도 아닙니다. 사울에게는 화살을, 다윗에게는 돌팔매를 주게 하십시오.[210]

요컨대 아펜젤러는 감리교가 자신에게는 가장 훌륭한 교파라고 확신하지만 다른 교파에 속한 사람은 그 자신의 교파를 가장 훌륭한 것으로 여길 수 있다고 말한다.[211] 따라서 교리를 두고 논쟁하지 말고 교파의 다양성을 인정하자는 것이다. 나아가 아펜젤러는 각 교파가 '적'이나 '경쟁자'가 아니라 '공통 목적'을 위해 함께 일해야 한다고 주장하면서 교파 협력의 필요성을 말했다.[212] 이는 각 교파의 정체성을 존중하면서 교파 간의 협력을 강조하는 교파 다원주의의 한 형태라고 할 수 있다.

아펜젤러와 함께 초기 감리교 선교부를 이끌었던 스크랜턴 역시 교파 문제와 관련하여 분명한 입장을 보였다. 1905년 장로교와 감리교의 교파합동 논의가 진행될 때 다음과 같이 자신의 입장을 밝혔다.

지금 우리 선교사 세계에는 어디를 가나 합동(union)이란 이상(ideal)을 말한다.… 그러나 우리는 합동이란 것이 이상이 될 수 있으나 우상(idol)이 되어서는 안 된다는 점을 인식해야 할 것이다.… 오늘 우리가 이상으로 삼고자 하는 합동이란 조직 통합이 아니다. 오히려 형제로서 서로 협력하고 상부상조하는 것이 서로 개별적 정체성을 잃지 않게 하는 것이다.[213]

장로교와 감리교의 합동은 조직 차원의 합동이 아니라 각 교파의 정체성을 유지한 상태의 연합운동에 머무는 것이 바람직하다는 주장이다. 특히 그는 교파합동의 차원에서 감리교의 배재학당과 장로교의 경신학교를 통합하여 '합성중학교(Union High School)'라는 연합학교가 생겨나자 이를 강하게 반대하였다.[214] 당시 스크랜턴은 미국감리교 선교본부에 다음과 같은 내용의 편지를 보냈다.

> 우리는 감리교도입니다. 그리고 감리교도여야 합니다. 그러므로 감리교 학교가 필요합니다. 우리가 선교 현장에서 당면하는 어려움 가운데서도 수는 얼마 되지 않지만 타협하지 않고 우리 정신을 대변하고 가르칠 수 있는 사역자를 길러 낼 학교가 필요합니다.[215]

요컨대 감리교 정신을 다음 세대에까지 이어지게 하기 위해서는 감리교 학교를 반드시 유지해야 한다는 것이다. 나아가 그는 선교회 사이에 추진되는 합동(union)이 오히려 불화(disunion)의 원인이 된다고 하면서 예양(comity)과 협동(cooperation)을 반대하지 않지만 개별성(individuality)과 독립성(independence)을 훼손하면서 기구를 통합하는 것은 심각한 문제라고 주장하였다.[216] 이처럼 스크랜턴은 제도적 차원의 단일교회 형성보다는 각 교파의 정체성을 유지하면서 교파협력과 연대활동을 하는 것이 바람직하다고 생각하였다.[217] 이는 아펜젤러의 교파의식과 거의 같다.

그러면 당시 한국 감리교인들의 교파의식은 어떠했는가? 일제하 감리교의 대표적 신학자인 정경옥은 자신의 '신조'를 고백하는 과정에서 교파의 의미에 대해 나름의 견해를 제시하였다. 그에 의하면 역사적 기독교는 일종의 사회제도로 볼 수 있기 때문에 사회적 환경의 차이에 따라 예배형식과 교회

제도, 교리와 신조가 달라질 수밖에 없다. 기독교인들의 개인적 사회적 경험이 다르기 때문에 여러 교파가 생겨날 수밖에 없다는 것이다. 따라서 각 교파가 '하느님의 넓고 크신 뜻'을 이루기 위하여 협동한다면 교파의 차이를 고민할 필요가 없다. 그러나 종교적 분쟁과 파벌적 분열은 편협한 정신에 의한 것이므로 그리스도의 근본정신에 어긋난다.[218] 이처럼 정경옥은 편협한 논리에 근거한 교파 분열은 강하게 비판하지만 상호협력을 유지하는 교파의 공존에 대해서는 긍정적 태도를 취했다.

해방 이전 감리교의 대표적인 평신도 지도자였던 윤치호도 일기에서 자기 나름의 교파의식을 표출했다. 미국 유학 시절 그는 신학 수업 시간에 "감리파 미국인의 신앙고백이 필요한가?"라는 논쟁에 참여한 적이 있다. 당시 모든 학생은 타교파 교인을 감리교로 끌어들이기 위해 새로운 신경(信經)이 필요하다고 주장했지만, 윤치호는 "무슨 필요가 있어 그들을 감리교로 개종시켜야만 하는가? 하늘 문이 우리에게 열린 것처럼 그들에게도 넓게 열려 있다."[219]고 자신의 답을 일기에 적었다. 이는 감리교와 다른 교파 사이에 위계 관계를 설정하지 않는 교파 다원주의의 모습이다.

윤치호의 이러한 태도는 그 후에도 지속되었다. 1930년대 중반 감리교 연회(年會)석상에서 한 감리교인이 만주 지역 선교와 관련하여 "장로교인들이 그 거대한 땅을 차지하지 못하도록 우리가 서둘러야 합니다."라고 말하자 윤치호는 일기에 다음과 같이 기록했다.

조선의 장로교와 감리교 간에 경쟁심이 있는 게 사실일뿐더러 그 강도가 매우 심각한 수준에 와 있다. 감리교인들은 장로교인들이 선교지역 분할협정을 지키지 않는다고 말한다. 장로교인들은 감리교인들이 너무 이성적이라고 비난한다. 그들은 특히 감리교인들이 성경을 자유롭게 해석하는 것에 대

해 이단에 가깝다고 비난한다.[220]

이처럼 윤치호는 장로교와 감리교 사이의 지나친 경쟁의식과 양 교파의 신학적 차이에 대한 상호 간의 몰이해에 대해 비판적 태도를 취하고 있다. 그의 입장에서 볼 때 과도한 교파 경쟁을 초래하는 교파주의는 바람직하지 못한 것이다.

일제하 감리교의 지도급 인사였던 양주삼은 교파통합의 필요성에 대해 강한 열정을 보였다. 1925년 캐나다에서 3개 교파가 통합하여 캐나다연합교회가 탄생하는 것을 본 그는 '캐나다연합교회처럼 (조선의) 각 교파들이 통합만 하면 굉장한 단체가 되며 신령한 사업을 행하기에 더욱 세력이 있게' 될 것이라고 말하였다. 그는 장로교와 감리교만이라도 우선 통합하자고 주장했다. 앞서 언급하였듯이 1905년 장로교와 감리교의 통합 시도가 무산되었지만 두 교파의 통합 필요성을 다시 내세웠던 것이다. 그의 이러한 교파통합론에는 '강력한 조선교회의 확립'이라는 '현실주의적' 동기가 깔려 있다. "교인 수가 30만이라고 하지만 네댓 개 교파로 나뉘어 있으면 그 세력이 약소할 수밖에 없다."고 하는 그의 발언이 이를 증명한다.[221]

이처럼 한국 감리교의 대표적 지도자였던 세 인물의 교파의식에는 어느 정도 차이가 발견된다. 정경옥은 교파의 차이를 존중하면서도 교파갈등에 대해서는 비판적 태도를 취했고 윤치호는 과도한 교파경쟁이 초래할 부작용에 초점을 둔 반면, 양주삼은 교파통합의 필요성을 역설했다. 이러한 강조점의 차이에도 불구하고 세 인물은 다른 교파와 구별되는 감리교의 교파 정체성에 대해서는 크게 강조하지 않았는데 이는 아펜젤러와 스크랜턴의 확고한 교파 정체성과 대조된다.

장로교와 감리교를 비교해 보면 감리교가 장로교보다 타교파에 개방적인 자세를 보였다. 장로교의 박형룡이 장로교의 핵심 교리인 12신조의 우월성을 강조하고, 박승명은 장로교의 정치제도인 공화정치의 우월성을 강조한 반면, 감리교 인사들은 감리교의 핵심 교리에 해당하는 교리적 선언이나 감리교의 정치제도인 감독제의 우월성을 명시적으로 언급하지 않았다. 그러면 이제 성결교에 대해 살펴보자.

3) 성결교: 회복의 수사학과 진입의 정치

성결교의 초기 헌법에 해당하는 「교리와 조례」(1925)에 의하면 성결교의 교리는 '새로 만든 교리가 아니라 요한 웨슬리와 감리교회의 초(初)시대 성도들이 주창하던 성경 중의 단순한 진리'[222]이다. 성결교의 뿌리를 초기 감리교에서 찾는 이러한 논리는 아래의 글에서 분명하게 나타난다.

> 우리 동양선교회는 결코 창립자 자신이 어느 교파에서 반대하고 일어남도 아니요, 어떤 교리에 불평이나 불만이 있어서 새로운 교리를 창조하고 일어남도 아니요, 오직 감리교의 개조인 요한 웨슬리를 이어 일어나 곧 초시대의 감리교회와 같이 중생, 성결, 신유, 재림의 복음을 고조(高調)하며 미신자에게는 진격적(進擊的)으로 전도하여 저들을 바른 길로 인도하고자 함이니 곧 우리의 교리나 정신이 순 초시대 감리교회로 인정하여 틀림이 없을지니라.[223]

여기서 '초시대 감리교회'라는 용어는 '세속화' 이전 초기 감리교회라는 뜻으로서 19세기 후반 감리교의 '세속화'를 비판하면서 등장한 성결운동 집단들이 내세운 용어이다. 이는 성결교가 이러한 성결운동의 계보에 서 있음을 보여준다. 위의 인용문에서 또 눈에 띄는 것은 성결교의 핵심 교리인 사중

복음(중생, 성결, 신유, 재림)을 웨슬리에게까지 소급시킨다는 점이다. 교회사가들에 의하면 '중생'과 '성결'은 웨슬리에게서 유래하지만 '재림' 즉 미래주의적 전천년설(세대주의적 전천년설)은 웨슬리에게서 직접 유래했다고 보기 힘들며, '신유' 역시 19세기 신유(神癒)운동의 산물이다.[224] 여기서 우리는 성결교가 자신의 입지를 구축하기 위해 감리교의 '타락'을 강조하면서 '회복의 수사학'을 전개했음을 볼 수 있다. 이는 앞에서 언급했듯이 16세기 종교개혁가들이 가톨릭의 타락과 부패를 강조하면서 초대교회의 회복을 강조하는 수사전략과 유사하다.

「교리와 조례」에 나타난 성결교의 정치형태는 '죄 되지 아니하는 범위 안에서 양심의 자유로 말미암아 각 개인이 모인 단체'이다. 여기서 양심의 자유가 강조되는데 이는 성결교의 모체가 된 만국성결교회(International Holiness Church)의 출현 맥락과 관련된다. 만국성결교회는 감리교의 교권주의에 반대하면서 나왔기 때문에 교권의 지나친 간섭을 배제하기 위해 양심의 자유를 강조하였던 것이다.[225]

그러면 당시 성결교인들의 교파의식은 구체적으로 어떠했는가? 해방 이전 성결교의 지도급 인사인 이명직은 자신의 교파관을 이렇게 서술하였다.

교파라는 것이 생기는 것은 자연의 세(勢)라. 누가 감히 말할 수 없나니 초목이라도 처음에 땅에서 나올 때에는 단순한 외줄기로 나오다가 좀 장성하기에 미쳐서는 혹은 동으로 혹은 서로 가지가 펴지되 잘못되었다 할 것이 없다. 한가지로 원(元)줄기에 붙어 있어서 그 나무를 영화롭게 하나니 교파가 생긴 원인도 이와 같다.[226]

요컨대 모든 교파는 하나의 뿌리에서 나온 '다양한 가지'에 해당한다는 논리이다. 성결교 목사 이건(李鍵)의 교파관도 이와 유사하다. 그에 의하면 나무의 뿌리가 클수록 가지와 잎이 무성하듯이 교회도 진리의 연원이 위대하고 심원할수록 많은 교파가 생긴다. 그는 또한 교회를 많은 지류를 가진 큰 강에 비유하면서 연원이 깊은 종교일수록 교파도 많이 생길 것이라고 말했다.[227] 성결교 목사 한성과도 유사한 논리를 전개한다. 그에 의하면 교파는 외부에 속한 문제이므로 어떤 교파든지 '한 하느님을 공경하고 한 구주를 믿어 같은 진리'로 나아가면 '몸에 여러 지체가 있으나 결국 한 사람 되는 것'처럼 '심령적으로는 한 교회'로 볼 수 있다.[228]

이처럼 세 사람 모두 '나무의 성장'과 '강의 흐름', '사람의 지체'와 같은 자연현상이나 인체에 비유하여 교파의 다양성을 긍정했다. 이명직에 의하면 각자 자기의 소견과 관점만 일방적으로 주장하는 경우 즉 '소경이 코끼리 구경한 것'과 같은 경우가 문제이다.[229] 내 교리, 내 주창, 내 설명, 내 교파만 옳고 나머지는 틀렸다고 하는 데서부터 쟁투가 생긴다.[230] 그는 "어찌 진리가 자기 교파에만 있으며 일 교파에만 한(限)하리오."라고 외치면서 감리파에는 감리파의 사명이 있고 장로파에는 장로파의 사명이 있고 성결파에는 성결파의 사명이 있다고 했다.[231]

이건 목사도 교파심에 근거한 교파 분쟁은 '죄악'이라고 비판하면서 교파마다 명칭만 다를 뿐 '성결' 개념을 모두 가지고 있다고 주장했다. 감리교는 '완전한 사랑', 침례교는 '성신(聖神)침례', 장로교는 '신앙의 완전, 신앙의 안식, 신앙의 증거', 조합파는 '완전한 헌신', 진동파(퀘이커)는 '성신 내에서 산 생활', 로마교나 희랍교는 '극기의 생활' 개념을 지니고 있는데 이것들은 명칭만 다를 뿐 목표는 모두 성결에 있다는 것이다.[232] 여기서는 가톨릭교회와 그리스정교회의 것까지 포함할 정도로 성결 개념의 스펙트럼이 넓다. 이명직도 유사한 비유를 사용했다.

혹 교회의 명칭은 다르고 행정 방법이 다르고 교리가 다른 점이 있다 하여도 그것은 대동소이한 사소한 문제인 줄로 안다. 마치 여행하는 자가 기차를 타건 자동차를 타건 상관이 없고 그 이르고자 하는 목적지에 이르기만 하면 그만 아닌가. 장파(長派)건 감파(監派)건 성파(聖派)건 구파(救派, 구세군)건 막론하고 그 기관 내에서 우리가 얻고자 하는 구원만 찾아내면 그만인 줄로 생각한다.[233]

요컨대 '구원'이라는 '목적지'에 이르는 방법과 길은 여럿이라는 논리이다. 이명직에 의하면 모든 교파가 공통의 뿌리와 근원을 지니고 있으며 구원이라는 동일한 목표를 향해서 나가고 있기 때문에 서로를 인정해야 한다. 이러한 논리는 "정상은 하나, 코스는 여럿!"[234]이라거나 "신은 여러 이름을 가졌다."[235]와 같은 종교다원주의의 메타포와 구조적 동일성을 보인다. 다만 이명직의 논리는 기독교 전통 내부에만 적용되는 '교파 다원주의'인 반면, 종교다원주의는 기독교의 경계를 넘어 다른 종교전통까지 포함한다는 차이가 있다.

그렇지만 이명직은 '교파'와 '당파'를 구별한다. 교파는 '진리를 토대 삼고 있는 것'이지만 당파는 '순연한 죄악의 결합'으로서 시기, 질투, 분노, 이단, 정욕, 허영에서 일어난 것이다.[236] 그는 교파와 이단도 구별하는데, 동일한 근원에서 나와 흐르다가 끝에서 갈라진 것은 '교파'이지만, 수원(水源)이 다른 곳에 있는 줄기가 측면으로 들어오는 것은 '이단'이다.[237] 그가 생각하는 이단의 범주에는 십자가 이외의 다른 구원의 길을 인정하는 것, 영혼불멸의 부인, 전천년설의 부인 등이 포함된다.[238] 이 중에서 '전천년설'은 개신교의 모든 교파가 인정하는 것은 아니다. 따라서 이러한 특정 교리에 근거한 정통-이단의 이분법[239]을 내세우는 그의 교파 다원주의는 일정한 한계를 지닐 수밖에 없다.

성결교는 이처럼 담론 차원에서는 교파 다원주의를 적극적으로 표방했지만 교파교회의 속성상 교세 확장의 욕망으로부터 자유롭지 못했다. 개신교 지형의 주변부에 자리한 성결교는 '장감 양대 교파' 지형을 '장감성 3대 교파' 지형으로 재편하고 싶었다. 이러한 욕망은 1930년대 후반 일제가 개신교 교파들을 통제하기 위한 방안의 하나로 조직한 '조선기독교연합회'에 대한 성결교의 반응에서 잘 나타난다.

1937년 조선기독교연합회가 결성되자 장로교와 감리교 이외의 다른 교파도 참여하게 되었는데 특히 성결교는 적극 참여하였다. 당시 조선기독교연합회는 기관지로《기독신문》을 발간하였는데, 이명직 목사는 장로교 및 감리교의 대표적 지도자들과 나란히 글을 게재할 수 있게 되었고,《기독신문》에서는 성결교회에 관한 기사를 자주 실었다. 그러자 성결교는《기독신문》을 '장감성 3교파의 공기(公器)'라고 부르면서 적극 후원하였고 성결교가 한국 교회의 '3대 교단'으로 대접받게 되었다고 확신했다.[240] 여기서 중심부로 진출하고자 하는 성결교의 욕망이 얼마나 강했는지를 감지할 수 있다. 요컨대 해방 이전 성결교는 교파동등성의 원리에 기초한 다원주의적 교파의식을 보였지만, '웨슬리의 적통'은 감리교가 아니라 성결교임을 주장하는 '회복의 수사학'과 동시에 주변부에서 중심부로 진출하고자 하는 '진입의 정치'를 꿈꾸었다.

4) 독립교회의 교회통일 담론

일제시대에 접어들면 선교사들이 이식한 교파교회와는 다른 성격을 지닌 '독립교회'가 상당수 등장한다. 물론 독립교회에는 다양한 형태와 특성이 있는데, 선교사가 지배하는 교회권력과 충돌하는 과정에서 생겨났다는 공통점이 있다. 따라서 독립교회는 '반선교사운동' 혹은 '자유·자치교회운동'의 범주에서 서술되기도 한다.[241] 최중진의 자유교(1910), 김장호의 조선기독교회(1918), 이만집의 자치교회(1923), 박승명의 마산예수교회(1928), 이용도의 예수교회(1934), 변성옥의 조선기독교회(1935), 최태용의 조선복음교회(1935), 하느님의교회(1936) 등이 대표적인 독립교회다.[242]

여기에서는 독립교회들이 다교파 상황을 어떻게 인식했는가를 중점적으로 살펴본다. 이 교회들의 공통점은 교파교회의 특징인 복잡한 교리와 정치제도를 거부하는 데 있다. 이 점은 교회의 명칭에서 우선적으로 드러난다. 장로교나 감리교의 경우 '장로'나 '감리'라는 용어에서 이미 장로제나 감독제라는 정치형태가 연상된다. 그러나 독립교회들은 '자유'나 '자치'의 경우처럼 기성 교회로부터의 독립을 의미하거나, 예수·기독·복음·하느님처럼 기독교의 '본질'을 가리키는 용어를 사용한다. 그리고 번쇄한 교리나 엄격한 정치제도를 채택하지 않았는데, 마산예수교회의 예를 들어 보자. 이 교회의 4대 강령은 다음과 같다.

1) 우리의 유일한 신조는 하느님은 아버지요 예수는 구주시요 세계 인류는 형제라 함. 3조1관(三條一貫)의 신경 외 또 없느니라.

2) 우리는 개인의 자유신앙을 절대 공인하는 동시에 자유신앙 외 방해되는 편협된 고정적 신경조례를 부인함.

3) 우리는 예수교회의 연합통일에 장해되는 각 교파의 번폐(煩弊)한 교정조례(教政條例)와 교황, 주교, 감독, 장로 등의 과두정치를 부인함.

4) 우리는 예수의 근본주의인 민중 본위의 교회를 수립하는 동시에 일체의 조직과 교권의 평신도화를 주장함.[243]

이 교회의 교리를 보면 하느님=아버지, 구주=예수, 인류=형제와 같은 단순한 신앙고백 이외에는 아무것도 없다. 정치제도의 측면에서도 모든 교직을 철폐한 평신도주의를 채택했다. 이러한 특성은 '하느님의교회'에서도 잘 나타나는데, '하느님의교회 선언'은 다음과 같다.

> 1) 명칭을 하느님께서 성서에 보이심에 의한 것임. 2) 모든 성도들이 주 안에서 하나이 되어야 할 것을 주장함. 3) 신앙개조를 제정치 않고 단순히 성서를 신앙기준으로 함. 4) 정치적 통제기관을 두지 않으며 또한 성서 이외의 법규를 세우지 않고 각 개교회가 다만 교회의 머리이신 그리스도의 통치에 직속하야 성서를 유일의 정칙(正則)으로 함. 5) 각 개교회의 협동을 요하는 주의 사업에 대하여는 호상(互相) 연합하여 행함.[244]

일체의 신앙 조항이나 정치적 통제기관을 설치하지 않고 성서만을 신앙과 교회의 규범으로 내세우고 있음을 알 수 있다. 이 교회들은 기존 교회의 문제점이 교파 분열의 폐해에 있다고 보면서 그 점을 집중적으로 비판했다. 가장 대표적인 것이 김장호가 주도하여 세운 '조선기독교회'이므로 이 교회의 교파관을 살펴보자.

> 성경은 풍금과 같아서 치는 대로 소리가 달라지는 것처럼 성경은 해석하는 대로 그 뜻이 달라진다. 어찌 보면 '예정'이 옳아 보이고 어찌 보면 '예지'가 옳아 보인다. 이런 것들을 가지고 많은 수효의 교파가 제각기 교회에 옹거(擁居)하야 자기만이 신(神)의 교회이요 정통인 것을 역설할 뿐 아니라 자기를 제(除)한 모든 교파는 다 사탄의 교회이요 이단인 것을 선전한다.[245]

이처럼 이 교회는 교파의 발생 원인을 바이블에 대한 독선적 해석에서 찾았다. 즉 자기의 성서해석만이 정통이고 다른 사람의 해석은 '이단'이라고 규정하기 때문에 교파 분열이 일어난다는 것이다.

> 선교사는 이상의 경위로 파벌을 면치 못한다 하나 이 파벌의 투쟁은 결국 그 대상물인 조선인에게 미쳐 아무 은원(恩怨)도 없는 조선인 신자들이 백인의 이해를 대표하여 구혈(溝穴)을 짓고 물고 뜯고 싸워 본래부터 합동력이 박약한 인민에게 불교로 망한 인도, 라마교(羅馬敎)로 망한 안남(安南)의 옛일을 되풀이 시키려 한다.[246]

요컨대 교회 분열은 한국의 상황과는 아무런 관련이 없는 서구 교회의 산물인데 한국 교회가 서구 교회의 대리자가 되어 명분 없는 분열을 거듭한다는 것이다. 김장호의 조선기독교회는 이러한 문제에 대한 해결 방안을 제시했다. 즉 '예수도 하나이시니 예수교도 하나이야 하겠고 예수교가 하나이매 통솔자도 예수 이외에는 안 계실 것'[247]이라고 하면서 교파적 교회에서 통일적 교회로 갱정(更正)하는 것이 사명이자 생명이라고 주장했다.[248]

김장호의 '조선기독교회'와 명칭은 동일하지만 만주 지역을 배경으로 생겨난 '조선기독교회'가 있다. 1935년 감리교 목사인 변성옥 등을 주축으로 태동한 이 교회는 교파주의를 배격하고 초교파적 교회를 세우고자 하였는데 여기에는 만주 지역의 독특성이 중요한 변수로 작용하였다.

당시 만주는 국내와 마찬가지로 선교부 사이에 협정이 체결되어 있었기 때문에 지역마다 담당 선교부나 교파교회가 정해져 있었다. 북만주는 감리교, 남만주는 북장로교, 동만주는 캐나다장로교가 관할하였다. 따라서 국내에서 만주로 이주한 동포 가운데 장로교 신자들이 감리교 구역의 감리교회에 다녀야만 하는 상황이 발생하는가 하면, 이미 교파의식이 강한 장로교인들이 감리교 구역에 와서도 장로교회를 세움으로써 교파 간 분쟁이 종종 일어났다.

이러한 부정적 현상의 원인을 교파주의에서 찾은 만주 지역 목회자들은 만주에서만큼은 초교파적 교회를 설립하여 이 문제를 해결하고자 하였다. 그들은 이러한 의사를 장로교와 감리교에 의뢰해 보았으나 거절당했다. 이는 1905년 장로교 선교사들과 감리교 선교사들이 단일교회 설립운동을 추진하다가 본국 교회의 승인을 얻지 못한 상황과 유사하다. 당시 장로교 선교사들과 감리교 선교사들은 본국 교회의 입장에 순응했지만, 만주 지역의 감리교 목사들은 기존 감리교를 탈퇴하고 '조선기독교회'를 세웠다.[249] 이들은 창립 선언문에서 '현하 재만 조선인을 구원함에는 각 교파를 초월한 종교적 신운동'이 있어야 한다고 하면서 '우리의 전하는 것은 칼뱅이 아니요, 웨슬리도 아니요, 먼저가 예수 그리스도임을 확인하여야 할 것'이라고 선언하였다.[250]

이처럼 독립교회들은 기성 교파교회로부터 탈퇴한 뒤 창립된 교회들이기 때문에 양자 사이의 관계는 갈등 관계로 귀착되었다. 기성 교회의 입장에서 보면 독립교회야말로 교회를 분열시키는 분열주의자이다. 그러나 독립교회의 입장에서 보면 기성 교회야말로 서구식 교파교회의 폐해 즉 교파에 따른 교회 분립 현상을 가속화시키는 원천이다. 독립교회는 '교파적 교회'가 아니라 '통일적 교회'를 지향한다는 면에서 기독교 내부의 다양성을 일치성으로 흡수하고자 하지만 이때 교회의 통일은 자기 교회 중심의 통일을 의미할 가능성이 높다. 따라서 다교파 상황에서 주류 교파와 날카롭게 대립하는 독립교회들의 교회통일 담론은 오히려 분열을 가속화시키는 요인이 될 수 있다.

지금까지 우리는 개신교의 타자인식이라는 이름하에 천주교의 개신교 인식, 개신교의 천주교 인식, 그리고 개신교 교파들 사이의 상호 인식을 살펴보았다. 교파의식의 측면에서 정리하면 다음과 같다. 먼저 천주교는 여러 변증 서적을 통해 로마가톨릭교회만이 초대교회의 계보를 잇는 유일한 정통교회임을 역설하는 동시에, 개신교의 모든 교파를 '참되고 거룩한 교회(진교/성교)'로부터 떨어져 나간 '열교'로 간주했다. 그리고 개신교인들을 가톨릭교회로 돌아와야 할 개종의 대상으로 간주하였다. 이처럼 가톨릭은 개신교와의 대결 과정에서 반개신교적인 교회론, 즉 이항대립적 사고에 근거한 배타주의적 교파의식을 드러냈다.

한편 개신교는 천주교가 초대교회의 순수성을 상실하였다고 비판하면서 '초대교회로 돌아가자'는 회복의 수사학을 기치로 내걸었다. 특히 교황제도로 대변되는 로마주의, 일곱 성사로 대표되는 의식주의, 그리고 적응주의 선교를 집중적으로 비판하면서 천주교가 '거짓 기독교'라고 공격하였다. 요컨대 천주교는 기독교 공간에서 척결되어야 할 '공동의 적'이었다. 이처럼 개신교는 천주교와 대결하는 과정에서 반천주교적 교파의식 즉 이분법적 사고에 근거한 배타적 교파주의를 드러냈다.

개신교 교파들은 천주교를 공동의 적으로 삼았지만, 각 교파 사이에는 경쟁의식이 잠재되어 있었다. 장로교의 경우 헌법과 같은 공식 문헌에서는 교파 우월주의를 발견하기 어렵지만, 구체적 현실에서는 타교파에 대한 은밀한 차별을 통해 교파 우월주의를 드러냈다. 장로교의 교파 우월주의는 장로교를 정점으로 하는 '종교적 피라미드'의 형태를 취하기도 하였는데 이는 위계적 사고에 근거한 교파주의라고 할 수 있다.

장로교에 이어 '2인자'의 위치를 지속적으로 유지한 감리교는 타교파에 대해 개방적인 태도를 취하면서도 감리교의 정체성을 강조하였다. 감리교의 헌법이나 지도자들의 교파 담론 속에서는 감리교 우월주의보다는 타교파와의 연대를 강조하는 모습이 두드러졌지만, 종교적 규율과 실천의 장에서는 감리교의 정체성을 매우 강조하였다. 따라서 감리교의 교파의식은 자기정체성을 강조하는 교파 다원주의라고 할 수 있다.

장로교와 감리교 중심의 개신교지형에서 후발 주자로 등장한 성결교 지도자들의 교파 담론은 교파의 다양성과 통일성을 강조하는 교파 다원주의를 부각시켰다. 그렇지만 경쟁의 논리가 지배하는 종교시장에서 교파교회의 하나로 존재하는 성결교는 교세 확장의 욕망으로부터 자유롭지 못했다. 그러한 욕망이 '회복의 수사학'과 '진입의 정치'로 표출되었다. 성결교는 '세속화된 감리교'를 대체하여 타락 이전의 '순수 감리교'를 회복하는 '웨슬리의 적통'이 바로 자신이라고 주장하는 동시에 장로교와 감리교 중심의 '장감 체제'를 '장감성 체제'로 재편하면서 중심부로 진출하려는 '진입의 정치'를 꿈꾸었던 것이다.

한편 장로교, 감리교, 성결교 등과 같은 기성 교파에서 분립한 소규모의 독립교회들은 교파교회의 표식인 복잡한 신조나 교회정치를 거부하고 기독교의 핵심 상징과 평신도 중심의 정치체제를 무기로 기독교 세계의 통일을 꿈꾸었다. 즉 교파주의를 거부하고 교파의 통일을 외쳤다. 그런데 이들이 내세운 기독교 세계의 통일은 자기 교회 중심의 통일로서 또 다른 형태의 욕망의 정치로 화할 수밖에 없었다.

이처럼 해방 이전 한국 기독교의 지형은 단일한 색깔로 이루어진 것이 아니라 어느 교파가 '참기독교'인가를 둘러싸고 치열한 논쟁이 일어나는 각축의 공간이었으며 그 과정에서 다양한 형태의 교파의식이 표출되었다.

IV

어느 종교가 '참종교'인가?

앞 장에서는 개신교와 천주교가 서로를 어떻게 바라보고 또 개신교의 각 교파는 서로를 어떻게 인식했는가를 살펴보았지만, 이 장에서는 개신교가 '종교적 타자' 즉 타종교들을 어떻게 인식했는가를 살핀다. 개신교가 종교 영역에서 만난 주요 타자는 유교, 불교, 민간신앙이었는데, 이 타자들과의 만남은 어느 종교가 '참종교'인가를 둘러싼 논쟁의 장이었으며 그 과정에서 개신교의 종교적 성격이 형성되었다고 볼 수 있다. 그런데 그 과정에서 개신교가 생산한 담론과 표상, 이미지가 매우 방대하기 때문에 자료의 범위를 제한할 필요가 있다.

여기서는 해방 이전 개신교에 의해 생산된 텍스트 중에서 개신교의 자타 인식을 가장 심층적으로 보여주는 '비교종교론' 텍스트, 그중에서도 단행본을 중심으로 분석한다. 물론 신문이나 잡지 등에 실린 한국종교 관련 텍스트들도 필자의 다양성이라는 측면에서 중요한 의미가 있지만,[1] 그 글들은 지면의 제약으로 인해 체계적인 담론을 전개하기 어려운 내적 한계가 있다. 따라서 우리는 단행본을 중심으로 하되 필요한 경우 저자들이 다른 지면에 발표한 자료도 참고하면서 논의를 전개한다.

선교사의 저서 중에서는 언더우드의 『The Religions of Eastern Asia』(1910) 와 존스의 『The Rise of the Church in Korea』(1916), 한국 개신교인의 저서로는 최병헌의 『만종일련』(1922)과 박승명의 『종교변론』(1926), 그리고 박형룡의 『기독교근대신학난제선평』(1935)과 한치진의 『종교철학대계(상하)』(1934)

를 선택하였다. 이 여섯 저서는 출간 시기나 저자의 신앙적 배경에서 차이를 보여준다. 시기적 측면에서 보면 『The Religions of Eastern Asia』와 『The Rise of the Church in Korea』는 1910년대, 『만종일련』과 『종교변론』은 1920년대, 『기독교근대신학난제선평』과 『종교철학대계(상하)』는 1930년대에 각각 출판되었다. 선교사와 한국인이라는 차이 이외에도 저자들은 교파적 측면에서 장로교(언더우드, 박승명, 박형룡)와 감리교(존스, 최병헌)로 나뉜다.[2] 그리고 한국인의 경우 국내 신학교를 졸업한 국내파(최병헌, 박승명)와 해외에서 신학을 공부한 유학파(박형룡, 한치진)로 구분되기도 한다. 이러한 배경을 염두에 두면서 개신교의 타종교 인식을 검토해 보기로 하자.

1. 두 선교사의 비교종교론

1) 언더우드의 비교종교론

앞에서 자주 언급되었듯이 언더우드는 초기 장로교 선교사를 대표하는 인물로서 한국 개신교 선교의 역사에서 매우 중요한 역할을 하였다. 물론 그는 헐버트, 존스, 게일 등과 같은 학자-선교사(scholar-missionary)에 비하면 한국종교 전문가라고 할 수는 없다. 그러나 그는 선교사로 활동하면서 겪은 개인적 경험과 동료 선교사들의 한국종교 연구 성과 및 해외의 종교 연구 성과를 토대로 『The Religions of Eastern Asia』(1910)[3]라는 단행본을 출판하였다. 이 책은 중국, 일본, 한국의 종교를 비교의 관점에서 접근하였으며, 특히 기독교의 신관과 동아시아 종교의 신관을 집중적으로 비교했다. 따라서 이 책은 당시 개신교 선교사들의 타종교 인식을 살피는 데 매우 적합한 텍스트이다. 이 책과 비슷한 시기에 나온 『The Call of Korea』(1908)[4]에도 한국종교

에 대한 서술이 포함되어 있으므로 함께 참고하면서 언더우드의 타종교 인식을 살펴보도록 하겠다.[5]

언더우드의 눈에 비친 한국의 종교는 어떠한 모습이었을까? 그는 먼저 한국은 "매우 종교적인 나라는 아니다."라고 말한다. 한국의 사찰이나 사원에서 사람을 보기 힘들고, 공적 의례이건 사적 의례이건 열성적으로 참여하는 사람을 보기 힘들기 때문이다.[6] 그렇지만 한국은 "종교가 없는 나라는 아니다."라고 덧붙인다. 아프리카나 인도, 티벳, 중국, 일본과 같은 나라에서 범람하는 '미신'과 비교하였을 때, 한국에서는 옛 종교들의 영향력이 사라지고 여러 요인으로 인해 옛 종교에 대한 한국인의 신앙이 미지근하게 되었을 뿐이다.[7] 따라서 언더우드는 위의 두 책을 통하여 한국의 대표적 종교인 유교, 불교, 샤머니즘에 대한 자신의 견해를 제시한다.

(1) 유교와 불교: 결핍의 종교

언더우드에 의하면 유교는 아득한 옛날 중국에서 선진 문명과 함께 들어와 한국인의 사상과 삶을 형성하는 데 큰 역할을 하였다. 유학자나 선비로 불리는 사람들에게는 아직도 유교가 강력한 영향력을 행사한다. 그렇지만 그들에게 유교는 '종교'라기보다는 '효도'에 기초한 하나의 '윤리' 혹은 '도덕'의 체계일 뿐이다.[8]

언더우드는 오륜과 같은 유교의 덕목이 인간관계에 큰 도움이 된다는 점을 인정했다. 그렇지만 유교 윤리는 쉽게 형식화되는 문제점이 있다. 특히 그는 남성 중심의 상속제도, 축첩제도, 기생제도, 사법권의 남용, 여성의 낮은 지위 등을 유교의 주요한 폐해로 간주했다.[9] 당시 개신교 지식인이었던 윤치호는 유교의 폐해를 불가지론, 이기심, 교만, 전제주의 등으로 제시하였는데, 언더우드는 그의 견해를 거의 그대로 받아들였다.[10]

언더우드에 의하면 조상제사야말로 유교에 남아 있는 유일한 종교적 요소이다. 그러나 조상숭배는 유일하신 참 하느님에 대한 예배와는 양립할 수 없다. 따라서 기독교인들은 부모가 살아 있을 때 열심히 효도하여 조상제사에 몰두하는 사람들을 부끄럽게 만들어야 한다. 그렇게 하는 것이 유교사회에서 기독교가 승리하는 길이다. 그가 볼 때 조상제사는 한국에서 가장 강력한 힘을 발휘하고 있지만 사람들이 원하는 '심적 갈망'을 채워 주지 못한다. 즉 조상제사는 '사람이 만든 신앙'이기 때문에 종교적 본능(natural religious instinct)을 전혀 채워 주지 못한다.[11]

결국 언더우드의 시선으로 보면 유교는 '신학'이 결여된 '인간학'이고 내세를 향한 '종말론'이 결여되어 있고, '인류의 형제애'로 나아가지 못한다.[12] 따라서 유교는 '결핍의 체계'이다. 우리는 여기에서 종말론과 신학, 인류의 형제애를 갖춘 기독교가 비교의 기준이 되고 있음을 알 수 있다.

그러면 불교에 대해서는 어떠한 생각을 가졌는가? 선교사 언더우드의 일차적 관심은 불교 교리 자체보다는 한국 불교의 '현실'에 있었다. 그런데 당시 그의 눈에 비친 한국 불교의 모습은 매우 초라하였다. 조선왕조의 억불정책으로 인해 불교는 오랫동안 산간불교 혹은 산중불교로 존재해 왔고 승려는 팔천(八賤)의 하나로 분류되어 왔기 때문이다. 언더우드는 한국 불교의 무기력함을 직접 목격하기도 하였다. 그는 사찰에서 승려들과 대화하면서 그들이 불교의 심오한 교리는 잘 모르고 단지 생계 수단의 일환으로 승려가 되는 경우가 많음을 알게 되었던 것이다.[13]

언더우드는 한국 불교의 과거 역사에 대해서도 부정적 시선을 취했다. 대부분의 선교사와 마찬가지로 한국 불교의 역사를 국가권력과의 유착 및 타락의 역사로 파악하였다.[14] 즉 고려시대에 국교의 위치를 점하고 있던 불교가 정치에 깊이 연루되면서 승려의 타락이 심화되고 그로 인해 왕조의 멸망과 함께 불교 자체도 쇠퇴하였다는 식의 이해를 하였다.

　도덕의 측면에서도 언더우드는 불교의 한계를 지적했다. 그에 의하면 불교는 사람이 본래적으로 지닌 정욕이나 욕망을 억제시키는 자제(self-abnegation)의 가르침을 지니고 있지만 그 가르침이 이타적인 동기보다는 이기적인 동기에 근거하고 있다. 이는 타자의 구원에 대한 관심보다는 자기해탈에만 관심을 둔다는 지적으로 들린다. 또 불교의 가르침은 동물을 불쌍히 여기고 생명에 대한 자비심을 부분적으로 갖게 하지만, 사람과 사람의 관계에 대한 가르침은 취약하다고 말한다.[15] 사회적 차원의 윤리가 결여되어 있다는 지적이다.

　언더우드는 이처럼 불교가 지닌 문제점을 지적하면서도 불교가 한국인의 마음속에 깊이 뿌리박혀 있다고 보았다. 불교를 부인과 어린이의 종교라고 폄하하는 양반층이나 지식층도 가족 중 누군가 불행하게 되면 승려의 도움을 요청하기 때문이다.[16]

　이처럼 언더우드는 당대 불교계의 무기력, 한국 불교사에 나타난 부패와 타락의 역사, 불교 교리의 긍정적 측면과 그 한계를 지적하면서 불교에 대해 나름대로의 평가를 내렸다. 거시적으로 보면 언더우드의 눈에 비친 한국 불교는 유교보다는 훨씬 더 종교의 자격을 갖추고 있지만 '충만의 종교'인 기독교에 비교하면 '결핍의 종교'이다.

　(2) 샤머니즘: 원시 유일신 신앙과 종교하강론

　언더우드는 한국의 종교전통 중에서 가장 오래된 것을 샤머니즘으로 규정했다. 그에 의하면 유교와 불교가 한국에 전래되기 이전에 이미 샤머니즘이 존재했고, 불교와 유교가 가장 번성하였을 때조차 그 배후에 샤머니즘이 자리잡고 있었다. 불교의 승려도 샤머니즘의 신앙을 간직하고, 열렬한 유학자도 겉으로는 비판하면서 속으로는 샤머니즘을 고수한다. 따라서 샤머니즘은 한국에서 가장 강력한 힘을 지닌 종교이다.[17] 그런데 샤머니즘은 일종의 자연숭배이기 때문에 옳고 그름에 관한 의식이나 도덕적 감정을 제공하지 못한다.[18] 따라서 샤머니즘은 선교사가 한국에서 대결해야 할 가장 완고한 적으로 간주된다.

샤머니즘에 대해 이처럼 부정적 입장을 취했지만 언더우드는 샤머니즘 연구의 필요성을 느꼈다.[19] 샤머니즘의 신관에서 유일신 신앙의 흔적을 찾을 수 있다고 보고 또 그 작업이 선교에 매우 중요하다고 판단했기 때문이다. 이러한 작업은 『*The Religions of Eastern Asia*』(이하 『동아시아의 종교』)를 통해 이루어졌다. 그가 어떠한 자료와 논리를 동원하여 이러한 작업을 수행하였는지 살펴보자.

언더우드는 샤머니즘의 신관을 규명하면서 한국인이 신봉하는 신을 크게 다섯 종류로 구분하였는데, 그중 가장 중요한 것이 '하느님'이다. 이러한 주장은 그가 처음 주장한 것이 아니라 동료 선교사 헐버트의 연구를 참고한 것이다. 헐버트에 의하면 한국에는 우주의 지고한 주재자인 하느님에 대한 신앙이 존재한다. 하느님은 어떤 물질적 형태로 표현되거나 우상숭배의 대상이 되지 않으며 자연의 신령이나 마귀와 전적으로 분리되어 있다. 이러한 면에서 하느님은 여호와의 속성 및 권능과 일치한다. 따라서 한국인은 유일신론자(monotheist)이다.[20]

언더우드는 헐버트의 이러한 주장을 적극 수용하여 한국인의 원시 신앙을 유물과 문헌 자료를 통해 찾는 작업을 시도하였다. 강화 마니산의 제단과 고구려의 동맹(東盟) 및 부여의 영고(迎鼓)와 같은 제천 행사 관련 기록을 하느님의 존재를 보여주는 증거로 제시하였다. 언더우드의 원시적 유일신 신앙 찾기 작업은 단군신화에서 절정에 달한다. 그는 단군 관련 사료에 근거하여 제석(帝釋)이라 불린 창조주 환인(桓因), 그의 허락을 받고 지상에 내려온 환웅(桓雄), 자기부정을 통해 동물에서 인간으로 변화한 웅녀, 그리고 환웅과 웅녀 사이에 태어나 고조선의 첫 번째 왕이 된 단군 이야기를 제시하고, 단군이 마니산 제단을 세우고 창조주 환인에게 제사를 드린 이야기에서 순수한 원시적 유일신관의 가능성을 찾았다.[21]

언더우드는 고대 자료만이 아니라 당대의 관습에서도 원시적 유일신관의 흔적을 찾았다. 그에 의하면 중국에서는 황제만이 상제(天)에게 제사를 지낼 수 있었지만, 한국에서는 개인도 하늘 숭배를 할 수 있었다. 특히 개항 이후 전염병과 같은 재앙이 일어났을 때 고종 황제가 백성들에게 높은 산에 올라가 하늘에 희생제사와 기도를 드리라고 명했다는 것이다. 이는 우상숭배와 미신에 둘러싸여 있는 한국인들이 아직도 택일신론(henotheism)[22]을 갖고 있다는 증거이자, 과거에는 한국인이 유일신론자였다는 증거가 될 수 있다고 추정했다.[23] 이 외에도 곳곳에 설치된 제단의 소박성, 정한수를 떠놓고 하늘에 비는 행위, 가뭄이나 기근 시에 관리를 선발하여 제사 지내기, 동물의 희생 등도 하느님 숭배의 예로 간주되었다.[24]

언더우드에 의하면 한국인은 이처럼 순수한 유일신 신앙을 지니고 있었지만 어느 시기부터 점차 다신론을 수반하는 자연종교(nature religion)로 나아갔다. 그렇지만 택일신론이 잔존하기 때문에 다신교에서 공통적으로 나타나는 타락의 과정으로부터 그 자체의 고유한 신 관념을 보존할 수 있었다. 불교의 사찰 외부에 사람이나 동물의 형태를 한 우상(idols)이 별로 없거나, 중국의 도교나 일본 신도의 조잡성(crudities)을 초래한 신인동형론적 경향이 한국의 신화에서는 잘 발견되지 않는 현상이 그 증거이다. 심지어 한국인의 하느님 개념은 유대인의 여호와 개념보다도 신인동형론적 요소를 더 적게 지닌다.[25] 언더우드에 의하면 오늘날 한국인이 기독교를 기꺼이 받아들이는 것은 소박한 유일신 신앙의 영향 때문이고 옛 신앙의 좋은 점을 끈질기게 고수해 온 것은 완전한 고립과 은둔 때문이다.[26]

종교학사의 흐름에서 보면 언더우드의 원시 유일신론은 '종교하강설'과 연결되어 있다. 주지하다시피 19세기 말 타일러(E.B. Tylor)로 대변되는 종교 진화론은 인류의 종교사가 애니미즘에서 시작하여 다신교를 거쳐 유일신 교로 진화했다고 주장했다. 그러나 언더우드에 의하면 종교진화론은 증명 될 수 없는 하나의 가설에 지나지 않는다. 언더우드가 내세운 종교하강론에 의하면 고대의 인간이 후대의 인간보다 더 순수하고 높은 수준의 신 관념을 지녔고, 물질문명의 발달은 신관이나 윤리적 이상의 발달과 비례하지 않는 다. 종교의 진화는 상승(upward)이 아니라 하강(downward)의 방향으로 전개된 다. 단지 위대한 인물, 예언자, 성인, 사도 등이 등장하여 일시적으로 그 경 향을 억제하는 경우가 있을 뿐이다. 언더우드의 이러한 주장은 종교는 '문명 의 산물'이나 '진화의 산물'이 아니라 '하느님의 선물(the gift of God)'[27]이라는 주 장에서 절정에 달한다.[28] 요컨대 종교는 인간의 점진적 진화 과정에서 생겨 난 것이 아니라 '하느님의 계시'에 의해 시작되었다는 것이다.

이러한 논리는 한국과 중국의 원시 유일신론을 언급할 때도 등장한다. 두 나라의 원시 유일신 신앙은 하느님 자신이 '민족의 아버지들'에게 아득한 시 대에 개인적으로 준 직접 계시의 잔재[29]라는 것이다. 이는 종교를 '자연사'의 영역에 두는 것을 거부하는 입장으로서,[30] 종교의 자연적 기원 대신 종교의 초자연적 기원을 주장하는 것이다.

종교하강설은 언더우드의 창안물이 아니라 당시에 이미 존재했던 학설이 다. 종교학의 역사에서 등장하는 앤드루 랭(Andrew Lang)이나 빌헬름 슈미트 (Wilhelm Schmidt) 같은 학자가 이러한 학설의 주장자였다.[31] 이 이론은 기독교 의 '타락사관'과 친화성이 있기 때문에 기독교 신학자들에게 널리 수용되었

던 것이다.[32]

(3) 신관 비교하기

언더우드는 『동아시아의 종교』의 마지막 장에서 동아시아 종교의 신관과 기독교의 신관을 본격적으로 비교했다. 이때 비교의 척도는 성서적 신관이다. 따라서 그는 성서에 나타난 기독교 신관의 여섯 가지 특성을 비교의 기준으로 설정하고 비교 작업을 시작한다. 첫 번째와 두 번째는 유일신론과 계시에 관한 것이고, 나머지 넷은 신의 속성에 관한 것이다. 그러면 순서대로 살펴보자.

첫째는 유일신 신앙의 엄격성의 정도이다. 언더우드에 의하면 성서의 신관은 가장 '엄격한 의미의 유일신론'이다. 반면 동아시아 종교의 신관에서는 다신론, 범신론, 불가지론, 우상숭배 등이 발견된다. 물론 동아시아에서도 유일신론이 발견되는데 그것은 느슨한 의미의 유일신론 즉 택일신론(henotheism)이다. 그가 고대 중국과 한국에서 발견한 신관이 바로 택일신론이다.[33] 그의 종교하강설에 의하면 유일신론이 타락하여 택일신론이 된 것이고, 택일신론이 더 타락하면 다신론이 된다. 앞서 언급했듯이 그가 한국인에게서 발견한 하느님은 엄격한 유일신론이 아니라 택일신론의 하느님이다. 따라서 기독교만이 타락하지 않은 가장 순수하고 본래적인 유일신관을 유지하고 있다는 것이다.

둘째는 계시의 명료성의 정도이다. 언더우드에 의하면 성서의 하느님은 자신을 '명료한 방식'으로 세상에 계시한다. 하느님은 자연을 통해서도 계시하기 때문에 누구나 하느님의 존재를 깨달을 수는 있다. 즉 자연계시(natural revelation) 혹은 일반계시(general revelation)를 통해 하느님의 존재를 어렴풋하게나마 파악할 수 있다. 그러나 하느님은 '기록된 계시' 즉 특수계시(special revelation)를 통해서 자신을 온전히 드러냈다. 따라서 하느님의 속성을 온전히 파악하기 위해서는 '기록된 말씀'인 바이블에 의지해야 한다. 특히 "주님이 이같이 말했다(Thus saith the Lord)."라는 표현은 바이블에만 등장하는 것으로서 바이블 계시의 명료성과 권위를 증명한다. 그가 볼 때 중국의 경전은 고전일 뿐이며, 일본의 바이블로 불리는 『고사기』와 『일본서기』는 역사적 기록에 불과하다. 불교의 경전도 삶의 문제들을 해결하기 위한 시도에 지나지 않는다.[34] 따라서 기독교의 바이블은 가장 분명하게 계시를 담은 유일한 경전이 된다.

셋째는 신의 영적 순수성의 정도이다. 언더우드에 의하면 성서의 하느님은 물질적 존재가 아니라 순수하게 영적인 존재이다. 즉 영(a Spirit)으로 존재하는 하느님이다. 따라서 기독교의 하느님은 인간이 만든 집에 거주하지 않으며 자신을 드러낼 그림이나 이미지를 필요로 하지 않는다. 이 대목에서 언더우드는 인간도 영(a spirit)으로 존재함을 강조한다. 따라서 하느님의 진정한 사원은 인간의 마음이다. 마음이 순수하면 그 안에 하느님이 거주한다. 따라서 영적 존재인 인간은 영적 방식으로 하느님을 숭배해야 한다.[35] 언더우드는 기독교의 예배에서 강조되는 이러한 영성(spirituality)을 동아시아 종교들의 숭배 행위에서 나타나는 물질성(materiality)과 대비시킨다. 그에 의하면 동아시아 종교에서 나타나는 것은 역겨운 물질주의(gross materialism)와 관능성(sensuality)[36]이다. 이는 도교 사원이나 불교 사찰에서 발견되는 수많은 신상이나 이미지를 염두에 둔 것으로서 그러한 물질적 형상에 대한 숭배행위는 우상숭배로 간주된다.

넷째는 신의 거룩성(holiness)의 정도이다. 언더우드에 의하면 성서의 하느님은 '거룩한 하느님'이다. 그가 성서에서 예로 들고 있는 것은 유대인들의 의례와 의식, 시나이 산에서 천둥으로 나타난 하느님, 모세가 떨기나무에서 만난 하느님 등이다. 특히 "거룩하다, 거룩하다, 거룩하다. 만군의 주여!(Holy, Holy, Holy, Lord God Almighty!)"[37]라는 말에서 하느님의 거룩성이 가장 극적으로 표현되었다고 말한다. 이러한 예들에서 나타나듯이 성서의 하느님은 악이 전혀 없고 순수하며 의로우며 완전한 신이다. 그런데 아시아의 신들은 우발적이거나 즉흥적인 행동을 하고 때로는 천박하고 역겹기도 하다. 『일본서기』와 『고사기』에 나오는 신들이나 도교의 신들이 대표적인 예다. 그는 특히 일본 신화에 등장하는 신들의 이야기는 너무 외설적이어서 자신의 책에 차마 포함시킬 수 없었다고 말한다.

물론 언더우드가 동아시아 종교의 신관에서 거룩함의 속성이 전혀 발견되지 않는다고 주장하는 것은 아니다. 사원에 갈 때나 하늘을 숭배할 때 정화가 요구되기 때문이다. 그러나 그 경우의 정화는 외적인 의례적 정결(outward ceremonial cleanliness)일 뿐이다. 또 중국이나 한국의 원시 최고신 숭배에서 '정의의 신'의 모습이 나타나기도 한다. 그러나 이는 예외적인 것이며 원시 유일신론의 증거일 뿐이다. 고대 중국에서는 황제만 이러한 신에게 접근할 수 있었고 한국에서는 개인도 접근할 수 있었지만 큰 재난의 경우에만 소원을 빌었다.[38] 이처럼 동아시아 종교의 신관에서는 신의 거룩한 속성이 두드러지지 않았다. 이 대목에서 언더우드가 강조하는 것은 신이 거룩하지 못하면 그러한 신을 섬기는 사람도 거룩한 삶을 살지 못한다는 점이다.

다섯째는 신의 사랑의 정도이다. 그에 의하면 성서의 신은 자식을 사랑하는 아버지와 같은 신(God as a loving father)이다. 이러한 신 관념은 동아시아에서는 찾아보기 힘들다. 물론 불교의 관음 신앙에서는 자비와 연민의 관념이 등장한다. 그렇지만 이때 자비는 관음에게 간구하는 자비일 뿐이고 인간을 향한 진실한 사랑은 아니다. 반면 기독교의 하느님은 인류의 행복을 갈망하며 넘어진 자 옆에서 그를 일으켜 세우는 사랑의 신이다. 심지어 자신의 외

아들을 희생하면서까지 인간을 사랑하는 신이다.[39]

언더우드에 의하면 기독교의 하느님은 인간을 사랑할 뿐 아니라 인간에게도 하느님에 대한 사랑을 요구한다. 선교사들이 십계명의 정신을 요약한 "너는 네 마음을 다하고 네 뜻을 다하고 네 생각을 다하고 네 힘을 다하여 너의 주 하느님을 사랑하라."[40]를 한국말로 처음 번역하였을 때 한국인들은 이 말을 전혀 이해할 수 없었다. 그들에게는 하느님이 인간을 사랑한다는 사고방식 자체가 너무나 낯설었기 때문이다. 한국인에게는 최고신인 하느님이 멀리 떨어져 있고 두렵고 위엄 있는 존재일 뿐이었다. 따라서 하느님은 존경이나 공경의 대상은 되어도 '사랑'의 대상이 될 수는 없었다. 다른 신들의 경우에도 신들이 인간을 사랑하거나 인간이 신들을 사랑한다는 것은 상상할 수 없었다. 단지 그 신들의 분노를 진정시키고 제물을 통해 그들의 호의를 얻으면 그것으로 충분했다.[41] 요컨대 동아시아의 신관에서는 자기희생적인 신을 발견하기 힘들다는 것이다.

마지막은 삼위일체 신관에 관한 것이다. 성서의 신은 '성육신'으로 특징지어지는 삼위일체 하느님이다. 그리스도의 인격 속에 계시된 신성은, 기독교의 신 개념과 다른 종교의 신 개념 사이의 엄청난 차이를 보여준다. 물론 동아시아 전통에서도 성육신이나 삼위일체 개념이 전혀 낯선 것은 아니다. 예를 들면 『도덕경』에 나타난 미(微), 희(希), 이(夷)의 세 용어나 불교의 불법승(佛法僧) 삼보 개념에서 조잡한 형태의 삼위일체론을 찾아볼 수 있다는 것이다. 그리고 중국이나 한국의 삼신(三神) 신앙에서도 삼위일체와 유사한 것이 보인다. 그렇지만 이교도 신앙에서 나타나는 이러한 것들은 진정한 삼위일체(tri-unity)가 아니라 삼중의 신(trifold or triplex deities)에 대한 신앙이다. 이와 달리 아버지(Father), 맏형(Elder Brother), 스승(Teacher)이 하나의 신이 되는 기독교의 삼위일체론은 신론의 완성이며 극단적인 범신론이나 이신론(deism)에 대

항하는 살아 있는 신론이다.[42]

이처럼 언더우드는 여섯 가지 측면에 걸쳐 기독교와 동아시아 종교의 신관을 비교한 뒤, 기독교의 신관이야말로 죄와 슬픔, 연약함과 유혹, 악과의 투쟁 속에서 살아가는 사람들에게 필요한 모든 것을 제공한다고 주장했다. 기독교의 신관이 인간의 모든 문제에 대한 대답을 제공하는 '열쇠'라는 것이다.

언더우드의 비교 작업은 그 자신이 밝히고 있듯이 성서적 신관을 근거로 한 것이다. 그가 비교의 기준점으로 설정한 유일신, 특수계시, 영으로서의 신, 거룩한 신, 사랑의 신, 삼위일체론은 모두 기독교적 개념이다. 따라서 기독교는 비교 작업 이전에 이미 완전한 종교의 모델로 전제되어 있다. 비교의 대상이 되는 동아시아의 종교들은 기독교 신관과의 거리에 따라 그 위상이 결정된다. 언더우드는 이렇게 말했다.

> 이교도들이 성서에 나타난 삼위일체의 신관을 깨닫게 되면 그들을 비추던 과거의 빛은 어둠에 불과하고 새로운 진리의 빛이 인간 영혼의 모든 요구를 충족시키게 됨을 알게 될 것이다. 그리고 삼위일체 하느님이 나타나는 곳에서는 모든 이방신이 몰락하게 된다.[43]

요컨대 기독교의 삼위일체 신관이 진리의 빛을 비추면 과거의 빛에 불과한 이방신들은 몰락한다는 것이다. 그러나 언더우드는 타종교의 존재와 가치를 전면적으로 부정하지는 않았다. '잘못된 종교들(mistaken religions)'도 하느님을 위하여 사막에 '고속도로'를 건설하는 데 어느 정도 도움이 되었다는 것이다. 그러면서 중국, 일본, 한국의 예를 들었다.

중국의 경우에는 기독교가 수용되면, 조상숭배에 근거한 효 관념이 하느님 아버지에 대한 공경으로 고양되고, 백성의 요구에 무심했던 제(帝) 관념은 모든 사람을 돌보는 자애로운 '아빠, 아버지'에 대한 신앙으로 발전되며, 공자의 사해동포주의는 인류의 형제애를 선포하는 '영원한 아버지'에 대한 신앙으로 확장된다는 것이다.[44]

일본의 경우에는 기독교의 수용으로 태양 여신의 후예들이 영원한 하느님의 자녀로 승격되며, 자연숭배의 수준 낮은 이상은 자연의 창조주인 하느님에 대한 믿음으로 고양되며, 일본이라는 국가에 바친 충성은 하느님 나라에 대한 충성으로 고양된다는 것이다.[45]

한국의 경우에는 기독교를 통해, 한국인들이 오랫동안 숭배해 온 위대한 분(Great One)이 최고신일 뿐 아니라 유일신임을 알게 되고 그들이 두려워 해온 '공중권세들'이 상상의 산물에 불과함을 알게 된다는 것이다. 그리고 그들의 조상이 아무런 형상이나 위패도 없는 소박한 제단에서 숭배한 신이 하느님임을 알게 되고, 단군이 강화도에서 제단을 세우고 숭배한 신이 창조주 하느님이었음을 알게 된다는 것이다.[46]

결국 언더우드에 의하면 동아시아의 종교들의 신관은 인생 문제에 대한 해답을 제대로 제공하지 못하는 반면, 성서적 신관은 인간 본성의 갈망을 완벽하게 채워 주는 유일한 신관이다. 따라서 동아시아의 종교가 채워 주지 못하는 이러한 결핍은 기독교에 의해 채워져야 한다. 이처럼 언더우드의 비교종교론은 동아시아의 신관과 기독교 신관의 차이점을 강조하면서도 전자가 후자에 의해 완성된다는 성취신학(fulfillment theology)의 입장을 취했다.

언더우드의 성취신학에 나타나는 타자인식은, 주체가 타자를 전적으로 소멸시키고 타자를 대체하는 것이 아니라, 높은 차원의 주체가 낮은 차원의 타자를 포용하여 타자의 결핍을 채워 주는 구조를 지니고 있다. 즉 주체인 자기가 객체인 타자를 보완하고 완성시키는 구조이다. 이러한 구조에서는 종교적 타자가 위계화의 논리에 의해 주체에 종속된다. 따라서 언더우드의 비교종교론에 나타난 타자인식은 위계화의 논리에 근거한 포괄주의에 속한다. 그러면 이제 감리교 선교사 존스의 논의를 살펴보도록 하자.

2) 존스의 비교종교론

미국북감리교 선교사로 내한한 존스는 한국종교와 문화에 대해 많은 글을 남긴 대표적인 학자-선교사다.[47] 여기에서 중점적으로 검토할 『The Rise of the Church in Korea』[48](이하 『한국 교회 형성사』)는 그동안 여러 형태로 발표했던 글들을 미국의 여러 대학에서 강의에 사용할 목적으로 정리한 원고다.[49] 언더우드의 『동아시아의 종교』가 강연 원고에서 출발했듯이 이 책도 대학 강의용 원고다. 이 원고에는 초기 선교사들의 내한 과정 등이 포함되어 있지만 우리의 논의와 직접 관련된 것은 한국의 종교에 대한 소개, 그리고 비기독교 종교와 기독교의 접촉점에 관한 내용이다. 따라서 이 부분을 중심으로 살펴보도록 한다.

언더우드와 마찬가지로 존스도 '한국은 종교가 없는 나라'라는 말로부터 자신의 논의를 시작한다. 그에 의하면 이러한 말은 중국이나 일본에 비해 한국인의 종교 생활의 지표가 덜 과시적이기 때문에 생겨난 오해다. 한국인은 '종교적 감정'이 없는 것이 아니라 오랜 토착종교들이 쇠퇴하여 영향력을 상실했을 뿐이다. 이는 언더우드의 견해와 거의 같다. 더구나 그는 종교를 '모든 진화하는 사회의 정상적이고 본질적인 요소(a normal and essential factor)'[50]로 정의하기 때문에 '한국에 종교가 없다'는 말은 성립하기 힘들다.

대부분의 선교사처럼 그 역시 한국의 주요 종교를 유교, 불교, 애니미즘으로 규정했다. 언더우드가 민간신앙을 '샤머니즘'으로 규정한 반면, 존스는

'애니미즘'으로 규정하였다. 존스의 관심을 끈 것은 세 종교의 관계이다. 그에 의하면 세 종교 중 어느 하나가 한국인의 종교가 된 것이 아니라 셋이 한국인의 정신 속에서 상호 침투하는 종교적 혼합체로 존재해 왔다. 유교는 불교나 애니미즘보다 이러한 혼합체로부터 더 자유로운 상태를 유지할 수 있었지만 불교는 유교의 윤리를 적극 수용하고 애니미즘과 손을 잡았다. 애니미즘은 두 종교로부터 초월적 성격을 적극 흡수했다.[51]

존스에 의하면 세 종교는 이론적으로는 분리되지만 실제적으로는 한국인의 정신 속에서 뒤엉켜 있다. 그렇지만 한국인은 세 종교의 수용과정에서 전혀 모순을 느끼지 않는다. 교육을 위해서는 공자에게 가고, 자식을 위해 기도하라고 아내는 부처에게 보내고, 불운에 처하면 애니미즘의 사제를 부른다. 따라서 '애니미즘적 자연숭배(animistic nature worship)'는 한국인의 영혼(soul)에 두려움을 고취시켰고, 불교는 마음(heart)에 감탄을 불어넣었고, 유교는 정신(mind)에 존경과 공경의 마음을 고취했다.[52] 이처럼 존스는 한국종교의 '혼합 현상'에 주목하였는데 이는 당시 선교사만이 아니라 서구인들이 동아시아 종교에 대해 일반적으로 지녔던 관점이다.[53] 그러면 존스가 세 종교에 대해 각각 어떠한 인식을 했는가를 구체적으로 살펴보자.

(1) 유교와 불교

존스는 유교를 '국가종교'로 간주했다. 국가가 문묘나 향교에 배향되는 인물을 자체적으로 선정하고 국가의 비용으로 정기적으로 제사를 지내기 때문이다. 그는 이러한 국가제사를 가톨릭의 시성식(canonization)에 비유했다. 가톨릭교회는 생전에 뛰어난 신앙적 모범을 보인 자 가운데 일부를 사후 엄밀한 심사 절차를 거쳐 성인으로 추대한 뒤 공경(veneration)의 대상으로 선포하기 때문이다. 존스는 유교를 '가정종교'로도 규정했는데 각 가정에서는 가장이 중심이 되어 조상에게 제사를 지내기 때문이다. 이처럼 조상제사는 국가에서 가정에 이르기까지 한국 사회의 근간이 되므로 한국인이 기독교를 받아들일 때 가장 힘든 요인이라는 사실을 존스는 지적했다.[54]

존스는 유교의 장점과 단점에 대해서도 지적했다. 유교의 장점은 한국인의 원시적 생활에 법과 질서를 도입한 점 즉 다양한 규범과 덕목을 통해 국가와 사회의 질서를 잡았다는 점이다. 반면 유교의 단점은 도시와 산업주의를 근간으로 하는 근대적 삶에 적합한 윤리적 메시지의 결핍이다. 조상제사를 지속하기 위한 조혼과 처첩제, 여성의 낮은 지위와 권리 무시, 엄청난 장례식 비용과 그로 인한 빈곤의 초래, 과거에 대한 지나친 존숭과 그로 인한 국가 발전의 지체 등도 단점이다. 이러한 단점들은 윤치호나 언더우드가 지적한 유교의 결점과 유사하다. 요컨대 유교는 과거의 윤리나 규범으로서는 나름의 역할을 하였지만, 근대사회의 윤리로서는 시대적 적합성을 상실했다는 것이다.[55]

불교에 대해서는 먼저 역사적으로 접근했다. 그에 의하면 고려시대까지는 불교가 국가종교로 존재하면서 전성기를 구가했다. 고려 시대의 불교는 종교적·사회적·정치적 개혁을 주도하고, 부를 축적하고, 불교 승려가 국왕과 관료의 자문 역할까지 했다는 것이다. 그런데 번영을 구가하던 불교는 어느 시점부터 타락하기 시작하였다. 불교 승려들이 중세 유럽의 가톨릭 주교들처럼 서로 싸우고 인민을 타락시켰기 때문이다. 이에 반발하여 인민 봉기가 일어나면서 고려왕조의 멸망과 함께 불교도 쇠퇴하였다. 존스는 이 과정을 유럽의 종교개혁에 비유했다. 루터의 종교개혁보다 100여 년 전에 한국인들은 타락한 지배층의 종교적 압제와 억압에 항거하는 동시에 도덕적으로 타락한 불교에 멸시의 낙인을 찍었다는 것이다.[56] 이는 언더우드의 평가와 유사하지만, 서구 중세 가톨릭과 고려 불교를 유비 관계로 파악한 점이 특징이다.

다음에는 불교계의 현실에 눈을 돌린다. 그는 불교가 방대한 경전과 교리 및 윤리 체계를 가진 종교임을 알고 있었다. 그런데 그가 본 대부분의 승려는 일부 의식에 필요한 기도문만을 암기하는 수준에 머물러 있고 불교 전반에 대한 지식이 매우 어설펐다. 따라서 그는 불교 승려의 지적 수준이 매우 낮다고 진단하였다. 그러면 불교 승려의 도덕적 수준은 어떠한가? 500여 년에 걸친 조선왕조의 불교 탄압과 천시 정책에 의해 승려들은 비굴하고 위선적인 성격을 지니게 되었다는 것이 당시 사회의 일반적 평가다. 그러나 존스는 이러한 평가는 일방적인 것이라고 보았다. 그에 의하면 깊은 산속에서 명상과 수행에 전념하는 승려들은 물질적 사회적 가치를 포기한 채 굳건한 도덕적 모습을 견지했으며 부처의 자비 정신에 근거하여 매우 관대한 태도를 지니고 있었다. 그렇지만 그러한 승려들이 소수임을 부정하지는 않았다.[57]

결국 한국 유교와 불교는 과거에는 국가종교로서 사회적으로 매우 중요한 역할을 담당했지만 현재는 사회적으로 영향력을 상실했다는 것이다. 거시적으로 보면 이러한 평가는 언더우드를 포함한 당시 대부분의 선교사가 공유했던 시각이다. 그러면 민간신앙에 대해서는 어떻게 평가했는가?

(2) 민간신앙: 애니미즘적 자연숭배

존스는 정령숭배를 대부분의 한국인이 믿고 있는 '보통 사람의 종교'라고 주장했다. 이것이 유교나 불교와 다른 점이다. 그에 의하면 유교는 양반과 식자층이 가장 선호하는 종교이고 보통 사람도 유교의 윤리적 교훈에 복종한다. 그렇지만 유교는 정령숭배만큼 한국인을 지배하지 못했다. 불교는 한국 사회에서 간신히 명맥을 유지하는 종교이고 추종자도 매우 적다. 따라서 한국의 지배적인 종교는 정령숭배라는 것이다.

존스에 의하면 정령숭배는 선사시대부터 존재했으며 그 기원을 밝히는 것이 거의 불가능하다. 그는 정령숭배의 세계를 열대우림에 비교하면서 "쥐의 굴처럼 어둡고 안개처럼 뼈가 없으며 혼돈처럼 형태가 없다."고 표현한다. 따라서 정령숭배의 역사적 기원을 추적하려고 하면 길을 잃게 된다는 것이다.[58]

존스는 애니미즘에서 등장하는 수많은 신령의 분류 작업도 거의 불가능하다고 말했다. 분류의 근거가 될 수 있는 종(種)이나 속(屬)의 흔적을 발견하기 어렵기 때문이다. 그렇지만 '초인간적 기원을 가진 신'과 '인간의 혼에서 나온 신'으로 구분해 볼 수는 있다고 했다. 초인간적 기원을 가진 신은 최상위의 대장군으로부터 산신령, 서낭당, 존신(尊神), 도깨비에 이르기까지 다양하다. 이와 관련하여 한국인의 삶에서 신들이 차지하는 막강한 위상을 다음과 같이 서술했다.

> 귀신은 언제나 주변에 있고 앞에서 춤추고 뒤에서 따라오고 머리 위로 날아다니고 땅 밑에서 울부짖는다. 그는 귀신을 피할 데가 없다. 집에서도 마찬가지인데 벽에 새겨 넣거나 그림으로 붙여 넣거나 기둥에 묶어 놓은 부적으로 상징되는 귀신들이 있기 때문이다. 그들의 주물은 집 입구에서 그를 맞이하고 집 뒤편에는 일렬로 서 있다.[59]

존스는 정령의 이러한 편재 현상을 '하느님의 무소부재의 서툰 모방'이라고 규정했다. 이와 관련하여 그는 "왜 한국인이 귀신을 따르는가?"라고 묻지 않고 "왜 유럽인과 미국의 기독교인은 그런 신들을 믿지 않는가?"라고 물었다. 그러고는 서구인들은 '더 잘 알기 때문이다.'라고 답했다. 반면 한국인이 그런 신들을 믿는 이유는 '더 잘 알지 못하기 때문'이라고 했다. 따라서 한국인에게 참된 하느님을 배우는 기회를 주면 그들은 귀신들을 망각의 구렁 속에 떨어뜨리고 낡은 주물을 들어 쓰레기 더미에 던질 것이라고 말했다. 요컨대 한국인에게 기독교는 '악의 세계로부터의 구원'을 의미한다.[60] 이처럼 그는 한국의 민간신앙과 기독교를 대립적인 것으로 파악했지만, 한국종교와 기독교 사이의 접촉점을 찾으려는 시도를 하였다. 이 과정을 살펴보도록 하자.

(3) 기독교와 한국종교의 접촉점 찾기

존스는 1910년 스코틀랜드 에든버러에서 열린 세계선교대회(World Missionary Conference)에 참석했다. 이 대회는 전 세계에 존재하는 비기독교 종교들에서 기독교와의 '접촉점'이나 기독교에 대한 '준비'로 여겨질 수 있는 요소들을 찾는 데 관심을 가졌다. 당시 어떤 선교사들은 토착종교에는 기독교와의 접촉점이나 기독교를 받아들일 준비가 전혀 없다고 보면서 토착종교를 '악의 산물' 혹은 '기독교의 반명제'로 간주하였다.[61] 반면 어떤 선교사들은 기독교를 위한 준비로 간주할만한 접촉점이 있다고 보면서 타종교는 기독교에 의해 완성된다고 주장하였다.[62]

존스는 에든버러 대회의 입장 즉 '성취신학'의 입장에 서 있었다. 따라서 그는 기독교와 한국의 토착종교 사이의 접촉점을 찾는 작업을 중시하고 실제로 그러한 작업을 시도하였다. 그가 찾은 접촉점은 하느님 개념을 비롯하여 인간의 도덕적 책임, 예배, 기도, 영혼불멸 등 다섯 가지다. 그러면 하나씩 살펴보도록 하자.

첫 번째 접촉점은 '하느님'이다. 존스에 의하면 한국 사회는 다신론과 우상숭배, 미신으로 가득 차 있지만 한국인은 초자연적 존재에 대한 신앙을 유지해 왔다. 한국인은 다신교적 배경 속에서도 최고신을 믿어 왔다는 것이다. 이 최고신이 하느님인데 문자적으로는 '하늘의 주'를 의미하지만, 더 오래된 어원에 의하면 '한 위대한 분(The One Great One)'을 의미한다. 그는 이 어원에서 자연숭배의 다신론에 맞서는 하느님의 유일성 개념에 대한 '무의식적 메아리'를 듣는다. 존스는 어원론적 관심만이 아니라 하느님에 대한 한국인의 실제적인 숭배 행위에도 주목했다. 그의 관찰에 의하면 한국인은 하느님의 형상이나 그림을 만들지 않았으며, 통치자는 하느님께 제사를 지냈으며, 보통 사람들도 하느님께 경의를 표했다. 따라서 하느님에 대한 숭배는 우상숭배와 구별된 채 한국인들 사이에 존재해 왔다. 요컨대 한국인들은 오랫동안 하느님에 대한 순수한 신앙을 유지해 왔다는 것이다.

그러나 존스는 다신교, 불교, 유교 등에 의해 하느님에 대한 순수한 개념이 점차 희미해졌음을 지적했다. 먼저 애니미즘에 근거한 다신론이 한국인을 두려움에 사로잡히게 하는 '저급한 신들의 구름'을 통해 하느님의 진정한 본성과 성품에 대한 관념을 약화시켰다. 또 원시 유일신론의 흔적을 지닌 유교가 일종의 이신론(理神論)에 기초한 사회적 · 정치적 윤리 규범으로 전락하면서 하느님에 대한 본래의 순수한 개념이 약화되었다. 불교는 하느님에 대한 어떤 정의도 제시하지 못했고, 신에 대한 사고의 빈곤을 보충하기 위해 수많은 형상과 이미지와 그림으로 된 우상체계를 만들었다. 그러한 우상체계가 한국인의 영혼에 형식주의와 물질주의의 어두운 그림자를 드리웠다.[63] 요컨대 애니미즘의 다신론, 유교의 불가지론, 불교의 우상체계가 하느님에 대한 순수한 개념을 약화시켰다는 것이다.

그런데 존스는 이처럼 약화된 하느님의 개념이 기독교에 의해 회복되었다고 주장했다. 그에 의하면 우선 기독교는 하느님의 유일성을 선포함으로써 한국인을 다신교적 부조리의 두려움과 정신적 고문으로부터 해방시켰다. 또한 하느님의 영성(spirituality)을 선포함으로써 불교가 온갖 물질적 장식을 통해 조장한 우상숭배를 타파하는 동시에 하느님을 무(無)로 축소시킨 불교의 정신적 왜곡을 전복시켰다. 나아가 하느님이 친밀하고 따뜻한 아버지임을 보여줌으로써 유교의 불가지론을 치료했다. 이는 언더우드가 동아시아 종교의 신관과 기독교의 신관을 비교할 때 내세운 엄격한 유일신 신앙, 영으로 존재하는 하느님, 사랑의 하느님과 각각 대응한다. 요컨대 기독교는 하느님이 전지전능하고 은혜로운 창조주요 우주의 통치자이며 구세주임을 보여줌으로써 한국인의 하느님 개념을 확장시켰다는 것이다.[64] 이러한 주장은 토착종교의 신 개념을 기독교와의 '접촉점' 혹은 '준비'로 보고 기독교의 신 개념으로 확장 혹은 완성하는 전형적인 성취신학의 논리이다.

두 번째 접촉점은 인간의 도덕적 책임이다. 존스는 한국의 토착종교가 한국인의 도덕 생활에 나름의 기여를 하였지만 그들의 도덕적 갈망을 충분히 만족시켜 주지 못했다고 주장했다. 그에 의하면 애니미즘은 의례를 통해 수많은 신의 분노를 두려워하게끔 가르쳤지만, 의미 없는 종교의식의 반복은 한국인에게 도덕적 만족을 주지 못했다. 불교는 부처에 대한 귀의를 최고 덕목으로 가르쳤는데, 이는 도덕적 책임의식의 걸림돌로 작용하였다. 유교의 도덕적 이상인 예(禮)는 사회적 관계에서의 잘못을 방지하는 역할은 하였지만 내면적 차원의 죄의식은 제공하지 못했다.

이 대목에서 존스는 '너 자신을 알라'는 소크라테스의 말과 '너 자신을 통제하라'는 로마의 격언을 소개했다. 그리고 이 둘은 모두 도덕적 완성을 요약한 말이라고 했다. '너 자신을 잊어라'라는 불교의 가르침은 이보다 한발 더 나아간 것이라고 치켜세운다. 그러나 '너 자신을 버리라'는 그리스도의 격언과 이 원리를 실제적 삶으로 구현한 그리스도의 완벽한 이타심이야말로 가장 놀라운 도덕규범이라고 주장했다. 따라서 정의를 향한 한국인들의 허기와 갈증, 도덕적으로 패배하지 않으려는 그들의 분투, 그리고 도덕적 만족을 위한 끊임없는 추구는 그리스도의 생애와 정신 속에서 완성된다는 것이다. 그는 이를 토착종교들이 제공하는 '새벽의 희미한 빛'이 기독교의 도덕이 제공하는 '정오의 밝은 빛'에 의해 대체되는 현상으로 비유했다.[65] 우리는 여기서 다시 한 번 성취신학의 전형적 논리를 읽을 수 있다.

세 번째의 접촉점은 예배(worship)이다. 존스에 의하면 한국인은 어느 민족보다도 풍부한 숭배 개념과 뛰어난 숭배 능력을 가지고 있다. 기독교가 들어오기 이전부터 한국인은 다양한 형태의 의례를 통해 열정적인 숭배 행위를 보여주었다. 그런데 기독교와 접하기 이전 한국인들의 숭배는 주로 다양한 신들에 대한 숭배였고 그러한 다신(多神) 숭배에는 두려움과 공포가 지배하였다. 애니미즘의 신들은 보복과 처벌을 주요 속성으로 하고 있기 때문이다. 그런데 기독교가 들어와 이러한 신들은 하느님이 창조한 천지만물의 신격화에 불과하다고 가르치는 동시에 창조주 하느님과 인간의 관계는 아버지와 자녀의 관계라고 선포하였다. 그러자 한국인들의 영혼이 창조주 하느님을 곧바로 깨닫고 우상숭배를 버리면서 하느님을 예배하기 시작하였다. 이처럼 기독교는 두려움과 공포로 가득 찬 한국인들의 우상숭배를 하느님에 대한 경건한 예배로 전환시킨 것이다.[66] 이는 모든 인간의 영혼에 하느님과 소통할 수 있는 능력이 내재되어 있음을 전제하면서 이를 기독교와 한국종교 사이의 접촉점으로 삼는 논리이다. 그리고 기독교가 그 잠재되어 있는 능력을 일깨우는 역할을 한다는 점에서 성취신학의 논리에 속한다.

넷째 접촉점은 기도이다. 존스는 한국인에게 기도 관념이 보편적으로 존재한다고 주장했다. 정령숭배에서의 기도와 죽음의 의례와 관련한 기도, 유교 사당이나 불교 사찰에서의 기도 등 다양한 형태의 기도가 그 증거이다. 그렇지만 한국인은 질병이나 갑작스러운 재난이 닥쳤을 때처럼 특별한 경우에만 기도를 드린다는 것이다. 이는 기도 관념의 '보편성'과 기도 실천의 '간헐성'이라고 할 수 있다.

존스에 의하면 기독교는 한국인의 기도 관념을 혁명적으로 변화시켰다. 기독교는 기도가 특별한 경우에만 하는 것이 아니라 언제든지 할 수 있으며, 특별한 요구 사항만이 아니라 일상적이고 사소한 문제도 기도의 내용이 될 수 있음을 가르쳤다. 그리고 어린아이가 부모에게 하듯이 하느님께 '우리 아버지'라고 부르면서 기도할 수 있음을 가르치고, 한국인에게는 매우 낯선 '감사의 기도'도 가르쳤다. 특히 주기도문을 통하여 자신의 의지를 하느님께 굴복시키는 것, 도덕적 책임 의식, 인내와 자기부정, 도덕적 승리의 길 등을 가르쳤다.[67] 이처럼 기독교는 한국인에 내재되어 있는 기도 관념을 확장시켰지만 이는 기독교의 메시지에 맞는 방식으로 완성되어야 한다는 것이다.

다섯째 접촉점은 영혼불멸이다. 존스에 의하면 한국인은 죽음 이후 영혼의 존재를 믿는다. 불교가 영혼의 윤회 관념 및 천당·지옥에 대한 이야기를 통해 영혼의 지속성에 관한 가르침을 제공했고, 애니미즘이 육신을 떠난 정령의 세계에 대한 관념을 제공하였기 때문이다. 존스가 볼 때 한국인에게 영혼불멸에 대한 가장 확실한 믿음을 부여한 것은 조상제사이다. 조상제사가 한국인의 삶에서 차지하는 강력한 위상을 고려하면 이는 의문의 여지가 없어 보인다. 그런데 이 대목에서 존스는 조상제사가 제공하는 영혼불멸 관념의 모호성을 지적한다. 유교에서는 4대 조상까지만 제사를 드리고 5대조부터는 제사를 지내지 않는데 이는 5대조 이상의 영혼은 사라진다는 것을 뜻한다.[68] 따라서 유교의 영혼불멸관은 불완전하다는 것이다.[69]

존스에 의하면 바로 이 지점에서 기독교가 명쾌한 대안을 제공한다. 기독교는 인간의 불멸성, 부활, 영생이라는 '복된 진리'를 분명하게 선포하기 때문이다. 그는 기독교의 영혼불멸관이 한국인의 마음에 미친 영향을 수사적으로 서술한다. 영혼불멸과 부활영생이라는 기독교의 '위대한 멜로디'가 한국인의 심장 속으로 파고 들어가 애니미즘에 있는 두려움의 중얼거림을 삼켜버리고, 조상제사에 있는 절망적인 속삭임과 불교의 윤회사상에 내재된 고뇌의 신음소리를 즐거운 영생의 승전가로 변화시켰다는 것이다.[70] 요컨대 기독교의 영혼불멸관이 한국종교의 불완전한 영혼불멸관을 완성시켰다는 것이다.

존스는 이처럼 다섯 가지 측면에서 기독교와 한국종교의 연속성을 강조하였지만, 한국종교에 내재한 이러한 점들의 가치를 과장하면 안 된다고 주장했다. 한국종교와 기독교 사이에는 분명한 차이가 있으며 기독교의 메시지를 한국에 전하는 근거가 바로 이 차이라는 것이다. 요컨대 기독교 이전 시대의 종교전통에는 계시의 섬광이 있지만, 순수한 상태의 기독교는 하느님의 참되고 진실한 계시를 갖고 있으며, 이 다섯 접촉점은 한국인들이 황금마차를 타고 온 사자들 즉 기독교 선교사들을 인지할 수 있게 하는 토대라는 것이다.[71]

지금까지 살펴보았듯이 장로교 선교사 언더우드는 성서적 신관과 동아시아 종교의 신관을 여섯 측면에서 비교하면서 양자의 차이점에 주목하였다. 반면 감리교 선교사 존스는 기독교와 한국종교 사이의 접촉점을 다섯 측면에서 살펴보았다. 따라서 언더우드는 기독교가 타종교를 대신해야 한다는 '대체신학'의 노선에 서고, 존스는 타종교 속에서 기독교와의 접촉점을 발견하여 기독교로 타종교를 완성해야 한다는 '성취신학'의 노선에 서 있는 것으로 보인다.

그러나 『동아시아의 종교』와 『한국 교회 형성사』에 나타난 두 선교사의 타종교 인식, 즉 기독교와 비기독교 사이의 관계에 대한 인식 차는 그리 크지 않다. 언더우드에게서는 '잘못된 종교들' 즉 타종교들이 '사막의 고속도로' 건설에 활용될 수 있는 유용한 자원으로 간주되는 반면, 존스에게서는 기독교에 의한 타종교의 대체 전략이 종종 감지되기 때문이다. 언더우드는 기독교와 동아시아 종교 사이의 차이점 규명에 주력하다가 양자 사이의 접촉점을 언급한 반면, 존스는 기독교와 한국종교 사이의 접촉점 규명에 주력하다가 양자 사이의 차이를 언급하였다. 이처럼 반대 방향에서 논리를 전개하였지만 언더우드와 존스의 비교종교 전략은 '성취신학'이라는 선교 패러다임을 공유한다. 요컨대 양자의 타종교 인식에는 배타적 대체주의가 포착되기도 하지만 위계적 포괄주의가 지배적인 위치를 차지하고 있다. 그러면 이제 한국 개신교인들의 타종교 인식을 살펴보도록 하자.

2. 두 목회자의 비교종교론[72]

최병헌의 『만종일련』(1922)과 박승명(朴承明)의 『종교변론』(1926)은 해방 이전 한국 개신교 지식인이 저술한 가장 대표적인 비교종교론 서적이라고 할 수 있다. 따라서 두 텍스트는 개신교의 종교적 정체성과 관련한 타자인식의 문제를 검토하는 데 매우 적절하다. 더구나 두 책은 1920년대에 조선야소교서회(朝鮮耶穌敎書會)라고 하는 개신교계의 대표적인 출판사에서 간행되었다는 공통점과 두 저자가 각각 감리교 목사와 장로교 목사라는 차이점도 있다. 따라서 여기서는 두 텍스트의 공통점과 차이점에 주목하면서 해방 이전 개신교의 타종교 인식의 성격을 살펴본다.

1) 『만종일련』에 나타난 자타인식

토착화 신학의 선구자로 불리는 탁사(濯斯) 최병헌(崔炳憲)은 다방면에 걸쳐 많은 글을 남긴 초기 한국 감리교의 대표적 신학자이자 목회자이다.[73] 그는 1907년에 이미 감리교 잡지인 『신학월보』에 「성산유람기」라는 제목의 글을 연재하면서 동서양의 종교를 비교하였다.[74] 이 연재물은 유교의 선비, 불교의 승려, 도교의 도사, 그리고 기독교 청년이 성산(聖山)에서 행한 가상토론회의 형식으로 되어 있는데 여기서 기독교는 가장 완전한 진리의 종교로 등장한다.

이후 최병헌은 『신학월보』에 「사교고략」(四教考略)이라는 제목하에 이슬람교, 유교, 힌두교, 불교를 소개하는 글을 시리즈로 실었다.[75] 이 글 역시 각 종교를 소개하는 데 많은 지면을 할애하고 있지만, 결국은 기독교의 시각에서 각 종교의 장단점을 평가했다. 1916년부터 1920년 사이에는 『신학월보』의 후신인 『신학세계』에 종교변증설이라는 제목하에 총 13회에 걸쳐 세계 종교들을 소개하는 글을 연재하였는데, 이 시리즈의 제목을 고쳐 단행본으로 출판한 것이 『만종일련』이다.[76] 최병헌은 이 책의 서두에서 다음과 같이 쓰고 있다.

> 공맹을 존봉(尊奉)하는 자는… 오(吾) 유교가 천하에 제일 종(宗)한 교라 하고… 불타를 숭배하는 자는… 천하에 제일 고상하고 무상심심(無上深深) 미묘한 법은 오(吾) 불교가 동서양의 제일 종교라 하고… 선술(仙術)을 종(從)하는 자는… 제일 신묘하고 현모(玄奧)한 도(道)는 선문(仙門)이 진종교(眞宗教)라 하고… 바라문교를 종(宗)하는 자는… 자기의 교(敎)가 진종(眞宗)이라 하고… 유태교를 신종(信從)하는 자들은… 유태교가 제일 종교라 하고.[77]

유교, 불교, 선교, 바라문교, 유대교 등 각 종교가 저마다 자신의 가르침이 최고의 진리라고 내세우면서 경쟁하는 상황을 묘사한 것이다. 이는 춘추전

국시대의 '백가쟁명'을 떠올리게 한다. 그는 이러한 다종교 상황이 종교의 진리 자체에 대한 회의와 불신을 초래할 수 있다고 보고, 어느 종교가 가장 참된 종교인가를 독자 스스로 판단하도록 하기 위해 책을 집필했다.[78]

최병헌은 이 책의 집필을 위해 상당한 준비와 노력을 기울인 것으로 보인다. 약 5년 동안 각 종교에 관한 방대한 정보와 자료를 수집하고 여러 학설을 검토하였으며, 각 종교의 서적 이외에도 유사(遺史)와 잡지, 견문 등을 참고하였다. 그는 자신의 글이 독창적인 연구서라기보다는 술이부작(述而不作)의 정신에 따른 것이라고 말하지만,[79] 안자(按字)라는 전통적 형식을 통해 자신의 생각과 견해를 표현했다.[80]

이 책은 외형적으로는 세계종교 입문서의 형태를 취하지만 기독교를 암묵적 기준으로 한 비교종교론의 성격이 있다. 책의 제목 만종일련(萬宗一臠)은 '한 덩어리의 고기로써 솥 안에 있는 모든 음식의 맛을 알게 한다'[81]는 뜻이 있는데 여기서 '일련(一臠)'은 기독교를 의미하기 때문이다. 비교종교론은 '종교' 개념을 토대로 하므로 먼저 그의 종교 개념을 살펴보도록 하자.

(1) 종교 개념

최병헌에 의하면 종교는 원시존재(元始存在), 만물지모(萬物之母), 무극지도(無極之道), 진여지원(眞如之元)이며,[82] 종교의 진리는 만물의 으뜸[萬物之祖宗]이자 천하의 주재(天下之主宰)이다.[83] 이 용어들은 유교, 불교, 도교에서 등장하는 전통적 개념들로서 도(道)의 다양한 용례라고 할 수 있다. 이처럼 최병헌은 도의 개념을 가지고 종교를 설명했다. 그러면 그에게 도는 도대체 무엇인가?

도란 것은 근본 권선징악과 인애신의로 위강령(爲綱領)하여 사해내동포(使海內

同胞)로 동귀성역(同歸聖域)이 위종지고(爲宗旨故) 약불전파성리(若不傳播性理)면 시(是)는 독기수신(獨其修身)이오 화민성속(化民成俗)하기 난(難)한지라 시이(是以)로 유신앙자(有信仰者) 이애인여기지심(以愛人如己之心)으로 추기급인(追己及人)하느니[84]

그에 의하면 도는 권선징악과 인애신의를 강령으로 삼고 세상 사람을 성역[85]으로 인도하는 것을 종지로 한다. 요컨대 도의 정신은 수신에 근거한 '교화'에 있으므로 신앙인은 남을 자신처럼 사랑해야 한다는 것이다. 여기서는 근대적 개념인 종교가 전통적 개념인 도와 동일시된다.

최병헌은 종교라는 글자의 뜻풀이를 통하여 종교의 본질을 제시하기도 했다. 「서언」에 등장하는 '종자조종종기리이봉행(宗者朝宗宗其理而奉行)'과 '교자수도교기민이감화(教者修道教其民而感化)'[86]라는 두 구절은 종(宗)과 교(教) 각각의 뜻풀이다. 이 구절을 해석하면 '종'은 가장 으뜸 되는 가르침으로서 그 가르침을 받들어 행하는 것이고, '교'는 도를 닦고 백성을 가르쳐 감화시키는 것이다. 요컨대 종교는 근원적 가르침을 스스로 실천하고 백성을 교화시키는 것이다. 따라서 '종'과 '교'의 합성어로서 종교 개념은 앞서 언급한 '도'의 내용과 비슷하다. 이처럼 그는 계속하여 전통적 개념에 근거하여 종교 개념을 이해했다.

최병헌은 정치 개념과 관련하여 종교 개념을 논하기도 했는데 양자의 관계에 대해 다음과 같이 말했다.

정체여교리(政體與教理)가 상위표리(相爲表裏)니 여여차륜지상보(如與車輪之相輔)와 순치지상의(脣齒之相依)라 혹왈(或曰) 교회여정치(教會與政治)가 규례부동(規例不同)하고 직무각이(職務各異)하여 초무관계(初無關係)라 하느니 차(此)는… 우론

(愚論)이라 교여정(敎與政)이 관계최중(關係最重)하여 난가진설(難可盡說)이로되 거기강이논지(擧其綱而論之)컨대 도지종지(道之宗旨)와 정지사상(政之思想)이 유상합무상분(有相合無相分)하며 유상성무상패(有相成無相悖)하여 적어심자(積於心者) 발어사(發於事)하느니 차내천정자연지리(此乃天定自然之理)라.[87]

여기서는 교리(敎理)와 정체(政體), 교회와 정치, 도/교(道/敎)와 정(政), 심(心)과 사(事)가 짝 개념으로 사용되었다. 교리, 교회, 도(혹은 교), 심 개념이 종교 영역과 관련되는 반면, 정체, 정, 사 개념은 정치 영역과 관련된다. 여기서도 종교 영역의 특성으로 교리나 교회와 같은 근대적 개념이 등장하지만 여전히 도나 교와 같은 전통적 개념이 등장한다.

위의 인용문에서 나타나듯이 최병헌은 종교와 정치의 영역을 구별하면서도 양자 사이의 밀접한 관련성을 강조한다. 종교와 정치는 규례나 직무의 측면에서는 서로 구별되지만 양자는 수레의 두 바퀴, 입술과 치아, 부인과 남편의 관계처럼[88] 서로 의지하는 내외(內外) 혹은 표리(表裏)의 관계에 있다는 것이다. 그런데 이때 종교는 어디까지나 안(內/裏)의 자리에 속하는 반면 정치는 밖(外/表)의 자리에 속한다. 종교가 마음(心)을 관장한다면 정치는 일(事)을 관장한다. 종교는 인애덕화(仁愛德化)로 완우지민(頑愚之民)을 감복시키고 정치는 정령형법(政令刑法)으로 패악지민(悖惡之民)을 징계한다는 주장도 이와 상통한다.[89]

그런데 최병헌은 안과 밖의 자리에 각각 위치한 종교와 정치의 협력을 강조했다. 그에 의하면 종교와 정치가 협력할 때 국가는 문명의 단계에 도달할 수 있다.[90] 특히 종교가 바르게 되어야 정치가 바르게 되고 종교가 쇠퇴하면 정치도 쇠퇴하기 때문에 문명국이 되고자 하는 나라는 먼저 종교를 변화시켜야 한다.[91] 최병헌은 문명론의 모티프를 가지고 종교와 정치의 관계에 접근했기 때문에 그의 종교관에도 문명론적 모티프가 작용하고 있는 셈이다.

이처럼 최병헌은 '도'로 대표되는 전통적인 용어로 종교 개념을 재구성하는 동시에 문명론적 맥락에서 종교를 바라보았다. 그리고 정치와 종교의 분리 불가능성을 강조했지만 근대적 의미의 정교분리 개념을 전적으로 부정하지는 않았다. 정치 영역과 종교 영역의 구분을 일단 전제한 뒤 양자의 협력에 의한 문명화를 강조하고 있기 때문이다. 요컨대 최병헌은 근대적 문명론의 자리에서 종교를 바라보되 전통적인 용어와 개념을 적극 활용했다.

최병헌의 종교 개념이 좀더 '급진적' 형태를 취하게 되는 것은 구체적인 비교 작업의 과정에서이다. 그는 종교 간 비교의 척도로서 다음과 같은 종교 개념을 제시했다.

> 종교의 리(理)는 삼대관념이 유(有)하니 일왈(一曰) 유신론의 관념이요 이왈(二曰) 내세론의 관념이요 삼왈(三曰) 신앙론[的]의 관념이라 모교(某敎)를 무론하고 결일어차(缺一於此)하면 완전한 도리가 되지 못할지라.[92]

어떤 종교이든지 완전한 종교가 되기 위해서는 유신론, 내세론, 신앙론이라는 세 요소를 갖추어야 한다는 것이다.[93] 그런데 세 요소는 유대교, 기독교, 이슬람교로 대변되는 서구 유일신 전통에서 가장 분명하게 나타난다. 존스가 성취신학의 입장에서 기독교와 한국종교의 접촉점으로 제시한 하느님, 예배와 기도, 영혼불멸은 이 세 요소에 정확하게 대응한다. 하느님은 유신론, 예배와 기도는 신앙론, 영혼불멸은 내세론에 각각 속하기 때문이다.

이처럼 최병헌은 유일신 종교전통의 범주를 선택하였기 때문에, 그의 비교 작업은 처음부터 이러한 개념적 틀 안에서 진행될 수밖에 없었다. 그러면 구체적으로 그 과정을 살펴보도록 하자.

(2) 기독교와 타종교

『만종일련』에 등장하는 종교전통은 20여 개로서 그 명칭을 나열하면 유교, 불교, 도교(仙敎), 이슬람교, 고대 힌두교, 신교(神敎), 천리교, 조로아스터교, 라마교, 고대 인도종교, 고대 이집트종교, 고대 그리스종교, 고대 그리스의 화신교[希臘火神敎], 백련교, 태극교, 대종교(大倧敎), 천도교, 대종교(大宗敎), 태을교(太乙敎), 경천교(敬天敎), 청림교(靑林敎), 제우교(濟愚敎), 기독교다.

최병헌은 이 종교들의 선택 이유나 배열 순서에 대해서는 특별한 언급을 하지 않았다. 당시에 문헌상으로 접근 가능한 종교전통만을 포함시킨 것으로 보인다. 순서는 한국인에게 익숙한 종교전통(유교, 불교, 도교)으로부터 시작하여 동서양의 고금 종교전통을 소개한 뒤, 한국의 신종교들을 다루고, 마지막으로 기독교를 서술했다.

앞 장에서 다룬 언더우드와 존스는 한국종교를 유교와 불교, 민간신앙으로 파악한 반면, 이 책에서는 한국종교의 범주에서 민간신앙은 제외하고 그 대신 천도교나 대종교와 같은 다양한 신종교를 포함시켰다. 뒤에서 살펴볼 박승명의 책도 『만종일련』과 비슷한 체제로 되어 있는데, 이는 한국종교의 현실을 바라보는 외국인 선교사와 한국인의 관심 차이에서 비롯된 것으로 보인다.

각 종교전통의 서술 방식은 우주(발생)론, 교조의 생애, 각 종교의 역사, 교리의 순서로 되어 있다. 물론 이러한 서술 원칙이 모든 종교에 그대로 적용된 것은 아니고, 유교·불교·도교처럼 익숙한 전통이나 이슬람교와 같은 세계종교의 경우에 한하여 적용되었다. 예들 들면 유교를 다루는 장에서는 먼저 유세계도서(儒世界圖書)라는 제목하에 태극도설(太極圖說)과 하도(河圖), 낙서(洛書), 복희팔괘방위(伏羲八卦方位)와 같은 그림을 동반한 우주발생설을 서술하고, 공자의 생애를 약술한 뒤, 마지막으로 천인관계론·상제관·심성론 등과 같은 유교의 교설을 서술했다. 불교와 도교, 이슬람교의 경우도 이와 유사한 서술 방식을 채택하였다.

그러면 유교의 서술부터 살펴보자. 최병헌은 먼저 유교의 상제와 기독교의 하느님을 비교했다.

> 유가에서 경외하는 상제는 도가에서 존상(尊尙)하는 옥황상제나 현천상제(玄天上帝)나 원시천존이 아니요 천지를 관리하시는 조화의 주재를 칭함이니 야소교회에서 독일무이하시며 전지전능하신 화화상주(華和上主)와 일(一)이시오.[94]

유교의 상제는 도교의 옥황상제나 원시천존과는 다르고 기독교의 화화상주와 같다는 것이다. 즉 우주의 주재자라는 점에서 유교의 상제와 기독교의 야훼는 같은 존재라는 주장이다. 고대 중국의 이상적 군주인 요, 순, 우, 탕, 문왕, 무왕이 상주를 경외한 것과 고대 유대왕국의 이상적 군주인 다윗과 솔로몬이 야훼를 경외한 것이 유사하다는 주장도 했다.[95] 최병헌은 이처럼 유교의 상제와 기독교의 하느님의 동일성을 말했지만,[96] 그와 동시에 유교의 부족한 점을 지적했다.

> 인신(人神)의 관계가 경외숭사(敬畏崇祀)에 불과하고 상주(上主)의 친애하신 은전과 응허(應許)의 입약(立約)이 무(無)하며… 오주(吾主) 예수의 대속구령(代贖救靈) 하신 이(理)를 부지불문(不知不問)함이라. 유서(儒書)의 종지(宗旨)가 유신론적 관념이 무(無)하다 하지 못하나 자비의 은(恩)이 무(無)하고.[97]

고석현성(古昔賢聖)의 경외상주(敬畏上主)함은 유신론의 관념이 유(有)한 듯하나 예수교의 천부(天父)라 자비하신 주(主)라 함이 무(無)하고 단이존엄(但以尊嚴)이요 불이친애(不以親愛)하였으니 상주(上主)와 밀접의 관계가 무(無)하고 차주(此主)의 성신(聖神)께서 오제(吾儕) 심중(心中)에 거하여 신체는 성전(聖殿)이 되고 매사를 인도하신다 하는 구어(句語)가 무(無)한지라.[98]

요컨대 유교에서는 상제를 존엄이나 경외의 태도로 대하지만 친애와 자비의 관념이 약하다는 것이다. 다시 말하자면 유교의 상제 개념에는 무한한 은총을 가지고 인간의 죄를 용서하면서 영혼을 구원하는 자비로운 성부(聖父)나 천부(天父)의 개념이 없으며, 사람의 마음속에 임하여 모든 것을 인도하는 성신(성령)의 개념도 결핍되어 있다는 것이다. 유교의 상제관에 대한 이러한 비판은 언더우드와 존스의 논의에서 이미 나타났다. 언더우드는 사랑의 아버지 하느님(God as a loving father) 개념을 가지고 동아시아 신관의 한계를 지적하였으며,[99] 존스는 아버지 하느님(God as the Father of men) 개념이 유교의 불가지론을 치료했다고 서술했다.[100]

유교에 대한 최병헌의 두 번째 비판은 자연숭배에 대한 것이다. 유교에서 전통적으로 행해 온 일월성신(日月星辰), 오악사독(五嶽四瀆), 풍우뇌신(風雨雷神), 분묘구릉(墳墓丘陵) 등에 지내는 제사를 비판한 것이다.[101] 잘 알려져 있다시피 유교 전통에서는 대사(大祀), 중사(中祀), 소사(小祀)로 이루어진 사전(祀典) 체제에 근거하여 자연을 제사의 대상에 포함시킨다.[102] 그런데 최병헌은 이러한 제사를 다신교적 요소로 비판하고 천(天)과 인(人)과 주(主)를 구별하지 못하기 때문에 나타난 현상으로 보았다.[103] 기독교에서는 만물의 창조주인 하느님과 피조물을 엄격하게 구분하는데, 유교에서는 양자의 경계선이 애매하여 피조물을 제사의 대상으로 삼는 '다신교로의 일탈'이 발생한다는 것이다. 이를 언더우드의 종교하강론에 의해 설명하면 유교의 원시 유일신론이 느슨한 유일신론인 택일신론을 거쳐 다신교적인 자연숭배(nature worship)로 전락한 것이다. 이는 결국 유교의 유일신 관념이 지닌 '불철저성'의 비판이다.

유교에 대한 세 번째 비판은 내세관에 대한 것이다. 최병헌에 의하면 유교에서는 '천도(天道)는 복선화음(福善禍淫)'이라는 구절을 통해 하늘은 선한 사람에게 복을 내리고 악한 사람에게 화를 내린다고 말한다. 나아가 '천도는 앙급자손(殃及子孫)'이라고 하면서 화가 자손에게까지 미친다고 한다.[104] 이는 일종의 도덕적 인과응보론이라고 할 수 있다. 그런데 이 인과응보의 논리는 현세의 당사자에게만 적용되고 기껏해야 자손에게까지 적용된다. 어느 경우이건 현세를 넘어선 '천국의 신민(臣民)'과 '영생의 리(理)'와 같은 관념이 결여되어 있다.[105] 요컨대 유교는 참종교가 갖추어야 할 '내세론'을 결여했다는 것이다.

이처럼 최병헌은 스스로 설정한 참종교의 3대 범주를 활용하여 유교를 비판했다. 유신론을 통해 상제 개념의 불완전성을 비판하고 신앙론을 통해 자연숭배를 비판하며, 내세론을 통해 현세주의적 천도 개념을 비판한 것이다. 이러한 관점에서 보면 유교는 '순전무결한 종교'[106]가 되지 못하고 무엇인가를 결여한 '결핍의 종교'가 된다.

최병헌은 불교의 교리와 역사에 많은 지면을 할애했지만 비판보다는 소개에 치중했다. 따라서 그가 유신론, 내세론, 신앙론이라는 세 범주를 가지고 불교를 어떻게 평가했는지가 유교의 경우만큼 명료하게 드러나지 않았다. 그렇지만 그는 몇 가지 측면에 걸쳐 불교와 기독교를 비교했으므로 이 부분을 중심으로 살펴보도록 하자. 그는 먼저 거시적 차원에서 기독교와 불교의 차이를 다음과 같이 지적했다.

불설(佛說)은 인아산중(人我山中)에서 번뇌광(煩惱鑛)을 파(破)하고 선남선녀가 무
주상보시(無住相布施)로 비법(非法) 비비법(非非法)에 입(入)하여 오도(悟道)를 득
(得)케 함이오 기독교는 구주의 대속하신 은혜를 몽(蒙)하며 성신의 감화로 중
생(重生)을 득(得)하고 부활진리를 신앙함으로 구령하는 것이니 어찌 불교와
동(同)하다 하느뇨.[107]

불교는 '번뇌의 용광로'를 깨뜨리고 깨달음에 이르는 길을 강조하는 종교
인 반면, 기독교는 구세주의 은혜와 성령의 감화를 통한 거듭남과 영혼 구원
을 강조하는 종교라는 것이다. 요컨대 불교가 구도수행을 통해 해탈을 추구
하는 종교라면, 기독교는 신의 은총과 믿음을 통해 구원을 추구하는 종교라
는 주장이다. 이러한 비교의 도식에 의하면 기독교는 유신론과 신앙론을 갖
춘 종교가 되는 반면, 불교는 두 측면이 결여된 종교가 된다.

여기서 우리는 싯다르타 왕자의 '출가'에 대한 최병헌의 평가에 잠시 주목
해 볼 필요가 있다. 그는 일단 왕자의 출가 행위를 높이 평가했다. 중생제도
라는 커다란 포부를 실현하기 위해 부모와 처자를 버리고 입산수도한 행위
는 보통 사람이 지닐 수 없는 탁월지기(卓越志氣)와 뇌확심성(牢確心性)[108]의 발
로라는 것이다.[109] 그렇지만 그와 관련된 천상천하유아독존(天上天下唯我獨尊)
이야기에 대해서는 황당한 사설(邪說)이라고 비판했다. "이 세상에 나밖에 없
다."고 하는 유아독존의 논리는 창조주인 유일신을 모욕하는 발언이며, 스
스로를 신으로 참칭하는 불경스러운 것으로서 우상숭배에 해당된다.[110] 이
는 종교언어를 문자적으로 해석한 평가로 보이지만, 여기서 중요한 것은 인
간의 신격화에 대한 철저한 거부의 태도이다. 다른 각도에서 보면 이러한
비판 자체가 유일신에 대한 철저한 신앙고백의 문법 즉 그가 설정한 참종교
의 요건인 '유신론'과 '신앙론'의 자리에서 행해진 것이다.

이처럼 거시적 차원에서 두 종교의 차이를 강조한 다음에는 역사상에 나타난 사례를 중심으로 불교와 기독교를 세 측면에서 비교했다. 첫째는 신앙의 자유를 위한 투쟁 의지의 비교이다. 불교는 위정자의 세력에 의존하여 일시적으로 확산되기는 하였지만 정치적 압력이 부가되면 순식간에 붕괴되는 결점이 있는 반면, 기독교는 가혹한 박해에도 굴하지 않는 순교자를 많이 배출하여 마침내 로마의 국교로 되었다.[111] 둘째는 선교 열정의 비교이다. 기독교 선교사들은 애주애인(愛主愛人)의 마음으로 전도 활동에 주력하여 우상을 섬기던 이방인을 속죄 의식을 지닌 자로 개종시켰지만, 불교의 승려들은 너무 소심하고 겁이 많아 전도에 열성이 없다.[112] 셋째는 생산 및 구호 사업과 같은 대사회적 활동의 비교이다. 기독교인들은 타인의 복지를 위하여 노동하는 반면, 불교도들은 남의 노동에 의존하여 살아가는 부류다.[113] 이처럼 최병헌은 신앙적 의지, 선교 열정, 사회적 기능의 측면에서 기독교의 우월성과 불교의 열등성을 대비했다.

이 세 측면은 각기 다른 악센트를 지니고 있지만 크게 보면 신앙론의 범주에 포함시킬 수 있다. 즉 외적 탄압과 박해로부터 신앙을 수호하기 위한 몸짓으로서의 순교, 복음 전파와 이방인의 개종을 목표로 한 전도와 선교, 이웃사랑의 실천을 위한 사회적 노동과 봉사는 모두 신앙 활동의 범주에 속한다. 따라서 세 차원의 비교 작업 속에서 기독교는 불교보다 훌륭한 신앙론을 갖춘 종교로 등장한다.

이처럼 기독교와 불교를 비교한 뒤에는 유교·불교·기독교 3자를 동시에 비교하는 작업에 들어간다. 이 작업은 이 책의 마지막 부분에서 독자들에게 참종교의 선택을 위한 기준을 제시하면서 진행된다. 먼저 두 형태의 종교를 소개한다. 한 종교는 우주만유의 주재를 존숭하기 때문에 종교로 칭하지만 실제로는 타신우상(他神偶像)을 숭배하여 다신교에 가깝고 내세적 관념도 없다. 그가 명시하고 있지 않지만 이 종교가 유교임은 쉽게 짐작할 수 있다. 다른 종교는 내세적 관념과 신앙을 가지고 있지만 유(有)의 세계로부터 나와 무(無)의 세계로 들어가 무아무인(無我無人)을 외친다. 이처럼 신묘한 진리(妙諦)나 초탈의 경지만을 강조하는 종교와는 윤상(倫常)의 이치와 이웃 사랑(愛人如己)의 의미에 대해 더불어 논할 수 없다.[114] 이 종교의 명칭도 언급하지 않았지만 이 종교가 불교임을 쉽게 짐작할 수 있다. 두 종교의 한계를 제시한 후에는 참종교의 선과(善果)가 상주권능(上主權能)과 지혜구속(智慧救贖)에 있다고 말한다. 이처럼 그는 참종교의 기준을 제시하면서도 구체적인 종교의 이름은 제시하지 않았지만 그것이 기독교임은 누구나 쉽게 짐작할 수 있다.

다음에는 유교, 불교, 기독교의 이름을 직접 드러내면서 비교했다. 이 작업은 두 부분으로 진행되었다. 첫째는 교조의 비교이다. 최병헌에 의하면 유교의 공자는 대부(大夫)의 아들이고 문도가 3천에 이르고 위품이 대성지성문선왕(大成至聖文宣王)인 반면, 불교의 석가는 왕의 아들이고 제자(비구)가 1,250인이고 위품은 '천중천 성중성(天中天 聖中聖)'이다. 그런데 예수는 비천한 신분인 목수의 수양아들로서 왕궁이 아니라 마구간에서 태어나 벽촌에서 자랐으며 천국의 진리를 전파할 때에도 제자는 12인에 불과하였고 그나마 무식한 어부들이었다.[115] 타종교의 교조에 비하면 기독교의 교조는 극히 미약하고 무력한 존재이다. 그렇지만 겨자씨가 자라서 가장 큰 식물이 된다는 천국의 비유, 그리고 어리석거나 약한 자를 택하여 지혜롭거나 강한 자를 부끄럽게 만든다는 바이블의 교훈에서 나타나듯이, 예수는 '우리의 지혜와 의와 성(聖)하심과 속죄함'이 되었다는 것이다.[116]

둘째는 종교의 선과(善果)의 비교이다. 최병헌에 의하면 기독교의 원리는 자기는 손해 보고 남을 이롭게 하는 손기리인(損己利人)과 자기를 낮추고 남을 높이는 비기존인(卑己尊人)에 있기 때문에 기독교인은 모든 사람을 형제자매로 여기고 원수까지 사랑한다. 공자나 석가의 가르침에도 인과 자비의 정신이 들어 있지만 기독교의 가르침에는 미치지 못한다. 따라서 만약 공자가 기독(基督)의 리(理)를 보았다면 반드시 그리스도를 믿고 따랐을 것이고,[117] 석가가 손기리인(損己利人)의 선과(善果)를 맛보았다면 숲속에서 6년간 고행하는 '헛된 노력'을 하지 않았을 것이다.[118]

이처럼 최병헌은 당시 한국인들에게 가장 익숙하면서도 영향력이 컸던 유교와 불교를 기독교와 비교하면서 기독교의 우월성을 논하는 신학적 비교종교론을 전개하였다. 그러나 이때 유교와 불교는 전적인 배척의 대상이 아니라 기독교를 통해 보완되어야 할 결핍의 종교로 간주되었다. 따라서 그의 기독교변증론은 앞서 다룬 감리교 선교사 존스의 성취신학과 같은 선상에 위치에 있다.[119] 자기-타자 관계의 측면에서 조망하면 이러한 작업은 위계적 포괄주의에 근거한 종교변증론이라고 할 수 있다

2) 『종교변론』에 나타난 자타인식의 구조

이 책의 저자 박승명은 한국 개신교사에서 '자유교회' 혹은 '자치교회' 운동과 관련하여 주로 언급되는 인물이다. 그는 평양신학교를 졸업하고 목사안수를 받은 후 마산문창교회에 부임하였는데 얼마 안 있어 교회 분규에 휩싸였다.[120] 그런데 이 사건은 서북계 교회 지도자와 경남 지역 교회 지도자의 대립, 더 나아가 선교사와 한국인의 갈등으로까지 비화되었으며,[121] 마침내 그가 자신의 지지자들과 함께 별도의 교회를 세워 나감으로써 일단락되었다.[122]

교회 분규가 일어나기 전에 출판된 이 책은 당시 개신교의 타종교 인식을

잘 보여주는 책이다. 최병헌과 마찬가지로 박승명도 다종교 상황 혹은 '종교적 다양성'의 문제에 대한 해답을 모색하는 차원에서 이 책을 저술했다.[123] 이 책의 추천사에도 다종교 상황의 출현으로 인한 당시 종교계의 혼란상이 잘 나타나 있다.

> 세지소위(世之所謂) 종교자(宗教者) 하기다야(何其多也)요 입론이 불일(不一)에 해설이 분운(紛紜)하야 구왈여성(俱曰予聖)이라 하니 기(其) 진위를 수(誰) 능변이며 기(其) 시비를 수(誰) 능질호(能質乎)아. 종횡다기(縱橫多岐)에 중생이 미로(迷路)하니… 여역이시(予亦以是)로 재한자구의(齊恨者久矣)러니[124]

> 금(今)에 세인(世人)이 신앙하는 종교는 기수(其數)가 불일잡다하여 매거키 난하도다. '십인십색'이란 말과 같이 각자의 주견과 관찰에 의하여 입론도 하고 주장도 하니 숙시숙비(孰是孰非)를 판정키 어렵고 진위사정(眞僞邪正)을 비평키 난(難)하야 결국은 아전인수론과 구왈여성설(俱曰予聖說)이 되었으니 누가 조(鳥)의 자웅을 알리오. 차(此) 소위 만양총중(萬樣叢中)에 어느 것이 인삼인지 모른다는 격으로 이에 인생은 복잡다단한 진리(종교) 중에서 황홀한 심정이 귀의처를 부득하며 안심입명의 지(地)를 불심(不尋)하여 회의방황하며 혹신혹의(惑信惑擬)하여 전진후퇴하며 좌고우망(左顧右望)하니 이야말로 사가리(四街里) 복판과 십자가두(十字街頭)에서 방황하는 미안정(未安定)의 병적 상태로다.[125]

여기에는 종교계의 백가쟁명 현상에 대한 당대 개신교인들의 '불안한 의식'이 잘 나타나 있다. 아전인수론(我田引水論)이나 여성설(予聖說)이라는 표현에서 잘 드러나듯이, 당시 종교들이 자기주장만을 일방적으로 내세우면서 포교 경쟁을 하기 때문에 보통 사람은 모두 '미로'에 빠져 있다는 것이다.

『종교변론』은 총 7장으로 구성되어 있는데, 종교의 필요, 원인, 정의, 권형(權衡), 종류, 변정(辨正)에 대해 순서대로 논하고, 마지막으로 '진정(眞正)의 종교'라는 제목 하에 결론을 맺는다. 그러면 먼저 종교 개념을 중심으로 『종교변론』에 나타난 자타인식의 구조를 살펴보자.

(1) 종교 개념

이 책은 종교를 인간 삶의 필수 요소라고 주장하면서 시작한다. 마치 물고기가 강호(江湖)를 떠나지 못하고 새가 궁창(穹蒼)을 버리지 못하듯이 인생과 종교는 서로 뗄 수 없는 연쇄적 관계에 있다는 것이다.[126] 그의 표현에 의하면 인간은 본래적으로 종교성을 지닌 '종교적 동물'[127]이다.

그러면 왜 인간은 종교를 필요로 하는가? 이 책에서는 종교의 필요성을 효용성의 측면에서 논하되 형이상(形而上)과 형이하(形而下)의 두 차원으로 접근한다. 전자는 개인의 내적 방면에 관한 것으로서 '심령상 이익'을 말하고, 후자는 외적 방면에 관한 것으로서 '실제적 이익'을 가리킨다. 먼저 개인적 차원에서 보면 종교는 인생에 위안을 제공하고, 도덕을 장려하고, 신념을 견고하게 하고, 희망을 제시하고, 영적 생활을 유도한다.[128] 이는 종교의 심리적 기능에 초점을 둔 심리학적 접근이다.

한편 집단적 차원에서 보면 종교는 인민의 풍화와 습관을 양성하고, 인민의 나아갈 방향을 지도하고, 국민의 자유와 원기(元氣)를 양성하고, 국민의 단합에 도움을 준다. 진정한 종교를 가진 경우에는 '문명'이 발전하지만 종교를 가지고 있지 않은 민족은 '야만'의 단계에 머물거나 사회 건설이 지연된다. 더 나아가 종교는 국가 통치의 강력한 지렛대로 간주된다.

국가의 정치와 법률은 근(僅)히 표면에 현현한 것만 주관할 뿐이로되 종교는 실로 인민의 심리(心理) 내용을 치리하니 기(其) 실력을 어찌 정치와 법률에 비교하리오. 종교는 인민의 정신이요 정치와 법률은 국가의 기강이라 정신이 없는 인민은 기강의 소용이 없고 기강이 없는 사회 국가는 인민의 정신을 수양하지 못하느니라.[129]

요컨대 정치와 법률은 국가의 기강에 해당하는 반면, 종교는 인민의 정신과 심리를 관장한다. 따라서 종교는 정치나 법률보다 더 강력한 힘을 지닌 국가의 조권치리자(助勸治理者)이며 문명개화의 통로, 인민 교화의 수단, 국가 통합의 강력한 엔진으로 간주된다. 최병헌의 정교관계론을 연상시키는 이러한 논리는 종교의 사회적 기능에 초점을 둔 사회학적 접근이다.

이와 비슷한 맥락에서 종교를 수심정기(修心正己)의 묘법이나 제가치국(齊家治國)의 지도(至道)와 같은 유교전통의 용어로도 표현한다. 이때 수심정기의 묘법은 자아실현과 개성 존중과 인격 향상의 묘체와 연결되고, 제가치국의 지도는 문화 진보와 생활선미와 예의공덕의 주인공과 연결된다. 전자가 개인적 차원의 것이라면 후자는 사회적 차원의 것이다.

이처럼 이 책에서는 종교적 동물이라는 개념을 통하여 종교의 인간학적 토대를 확보하는 동시에 종교의 개인적 사회적 차원의 효용성을 강조함으로써 공리주의적 종교관을 드러냈다. 요컨대 박승명의 종교 개념 속에는 종교적 동물이라는 명제에 근거한 '선험적 본질주의'와 효용의 논리에 근거한 '도구적 실용주의'가 결합되어 있다.

박승명은 종교의 필요성과 효용성을 논한 후, 인간의 삶과 문화에서 종교가 차지하는 독특한 위치를 규명하는 작업으로 넘어간다. 앞서 그는 종교의 기능과 정치·법률의 기능을 구별했지만, 여기서는 과학 및 철학과 구별되는 종교의 독특성에 주목한다. 먼저 과학과 철학의 성격에 대해 다음과 같이 말한다.

> 과학은 자연계 현상을 연구하는 학문이라 너무나 실증적이요 경험적이어서
> 초자연적 실재를 부지하며 우주의 대주재 인격신의 존재를 부정하였고, 철
> 학은 우주와 인생의 근본원리를 연구하는 형이상학이라 너무나 사색적이요
> 개념적이어서 절대의 신앙과 귀의의 감정이 없도다.[130]

과학은 실증적 경험적 학문이므로 객관적으로 검증될 수 없는 초자연적
인격신의 존재를 부정하는 반면, 철학은 사변적이고 개념적인 논리에 매몰
되어 있는 추상적 형이상학의 세계이므로 신앙과 귀의의 감정이 없다는 것
이다. 서로의 차이점에도 불구하고 과학과 철학은 초자연적 인격신에 대한
신앙과 감정의 결여를 공통분모로 하고 있는 셈이다. 바로 이 대목에서 과
학이나 철학과 구별되는 종교의 본질적 특성에 대한 논의가 등장한다.

> 반드시 우주에는 대진리 대의식 대생명 되는 절대불이(絶對不二) 영환상존(永
> 恒常存)의 주재진신(主宰眞神)이 존재하여 상천하지(上天下地)의 삼라만상을 통솔
> 지배하며 창조진화케 하는도다. 여차(如此)히 우주의 대주재 되고 창조주 되
> 는 신의 실재를 체인하고 숭경하며 귀의하려는 것이 이른바 종교이니라.[131]

우주의 창조주이자 만물의 주재자인 유일신의 존재를 인정, 숭배, 귀의하
는 것이 종교의 본질이라는 것이다. 이러한 종교 정의에는 신앙의 대상과
신앙의 주체가 분명하게 설정되어 있다. 신앙의 객체는 초자연성을 핵심 요
소로 하는 반면, 신앙의 주체는 초자연적 대상에 대한 귀의(의존)의 감정을
핵심으로 한다.

나아가 종교의 본질은 제유(諸有)의 본원, 만리의 연원, 사세(事勢)의 요묘(要妙), 만유화성(萬有化成)의 본체와 같은 용어로도 표현되는데,[132] 이는 『만종일련』에서 종교의 본질과 관련하여 등장한 원시존재, 만물지모, 무극지도, 진여지원 등과 통할 뿐만 아니라, 앞의 인용문에서 언급된 대진리, 대의식, 대생명 등의 개념과도 상통한다. 이처럼 이 책에서는 신앙의 대상을 유일신과 같은 인격적 표상으로만이 아니라 우주의 진리, 생명, 본원, 연원, 본체와 같은 비인격적 술어로도 표현했다. 그렇지만 이 부분에서 등장하는 궁극적 실재(ultimate reality)는 비인격적 표상보다는 인격적 표상 쪽으로 기울어져 있다. 즉 비인격적 술어들이 인격적 술어에 종속되어 있다.

종교 영역의 독특성을 좀더 부각시키기 위해 이 책에서는 '신앙'과 '욕망'을 구별한다. 유한의 생명이 무한의 생명과 '합일'하려는 시도가 욕망이라면, 불완전한 인생이 완전무결한 창조자 곧 신(하느님)께 '귀의'하려는 감정이 '신앙'이다.[133] 합일 개념은 주체와 대상 사이의 연속성을 강조하는 데 비해, 귀의 개념은 주체와 대상 사이의 불연속성을 강조한다. 즉 합일은 인간과 궁극적 실재 사이의 본질적 통일성을 전제하는 데 비해, 귀의는 양자 사이의 본질적 차이를 강조한다. 이러한 관점에 서면 힌두교나 유교에서 등장하는 범아일여나 천인합일과 같은 비이원론적 혹은 일원론적 전통은 '욕망의 몸짓'에 불과하게 된다. 즉 소우주(micro cosmos)와 대우주(macro cosmos)의 동일성의 원리에 기초하여 주객합일을 시도하는 동양의 수행전통은 '헛된 욕망'으로 간주된다.

이처럼 신앙과 욕망을 구별한 뒤에는 신앙의 세계를 다시 미신(迷信), 무신(無信), 진신(眞信)의 세계로 삼분한다. 이때 미신은 '믿어서는 안 되는 것을 믿는 행위'이며, 무신은 '믿어야 할 것을 믿지 않는 행위'이며, 진신은 '믿어야 할 것을 믿는 행위'이다. 이를 달리 표현하자면, 미신은 오류에 빠진 거짓된 믿음의 세계이며, 무신은 오만불손한 불신앙의 태도이며, 진신은 겸허하고 참된 믿음의 세계이다.

이러한 신앙의 세계들은 다시 도덕의 세계와 연관된다. 이 책에서는 도덕의 세계를 신앙의 세계와 마찬가지로 위도덕(僞道德), 부도덕(不道德), 진도덕(眞道德)으로 삼분한다. 물론 이때 위도덕은 거짓된 도덕의 세계, 부도덕은 도덕성 자체가 결핍된 세계, 진도덕은 참된 도덕의 세계이다. 이러한 도덕의 3분법을 신앙의 3분법과 연계시키면 미신=위도덕, 무신=부도덕, 진신=진도덕이라는 세 가지 등식이 산출된다.[134]

그러면 이러한 신앙과 도덕의 3분법은 어떤 의미가 있으며 구체적으로 개신교의 종교 담론에서 어떠한 효과를 초래하는가? 우리는 이러한 3분법이 당시 개신교의 종교 담론에서 중요한 이론적 도구 역할을 했을 것으로 추정한다. 구체적으로는 개신교 선교의 장에서 민간신앙과 세속 이데올로기에 대한 강력한 비판의 도구로 활용되었을 것으로 본다. 민간신앙과 세속 이데올로기는 이러한 3분법적 도식에 잘 적용될 수 있기 때문이다. 즉 이러한 3분법에 따르면 여러 신격을 상정하여 신앙의 대상으로 삼고 있는 민간신앙은 '거짓 도덕'에 근거한 '미신'으로, 유일신의 존재를 부정하는 세속 이데올로기로서의 사회주의와 공산주의는 도덕이 결여된 '무신'으로 쉽게 규정될 수 있기 때문이다. 서구 계몽주의가 산출한 미신/과학/종교의 3분법 속에서는 '신사협정'을 체결한 종교와 과학이 미신을 '공동의 적'으로 규탄하는 반면,[135] 이 책의 3분법 속에서는 '진신'과 '진도덕'을 근거로 한 종교가 민간신앙(미신)과 사회주의(세속 이데올로기) 양자를 동시에 공략한다.

이 책에서는 한 발 더 나아가 종교를 문화 영역 전체의 중심으로 설정한다. 즉 종교를 과학이나 철학과 같은 문화의 한 영역이 아니라 과학, 철학, 예술, 정치, 법률 등을 조화시키는 문화의 기저로 간주한다. 이는 종교를 문화의 실체(substance), 문화를 종교의 형식(form)으로 규정한 개신교 신학자 폴 틸리히(Paul Tillich)의 주장을 연상시킨다.[136] 박승명은 또한 종교를 문화의 기층일 뿐만 아니라 내면세계의 기층으로 설정했다. 즉 종교를 인간의 내면세계를 구성하는 세 영역인 지(知), 정(情), 의(意)를 통일하는 동시에 인간적 가치의 3대 요소인 진(眞), 선(善), 미(美)의 본원으로 간주했다. 박승명은 이처럼 종교를 지성(진), 감정(미), 의지(선) 중 어느 하나에 귀속시키지 않고 이 모든 영역을 관통하면서 통합하는 인간 삶의 가장 근원적인 영역으로 설정하였다.

지금까지 살펴본 것처럼 이 책에서는 종교적 동물이라는 개념을 통해 종교의 인간학적 토대를 마련하고, 종교의 사회심리적 기능을 통해 종교의 효용성을 부각시킨 뒤, 초자연적 인격신에 대한 귀의라는 개념을 통해 종교의 본질을 규명하였다. 그리고 종교를 정치, 법률, 과학, 철학, 예술 등과 같은 영역들과 구별하는 동시에 이 영역들을 관통하는 문화의 기저로서 규정하였다. 또한 욕망/신앙의 2분법 및 미신/무신/진신의 3분법을 통해 민간신앙과 세속 이데올로기에 대한 이론적 비판의 도구를 마련하였는데, 이러한 범주들은 기독교와 타종교의 관계를 논하는 자리에서 다시 등장하게 된다.

(2) 기독교와 타종교

박승명은 여타의 문화 영역과 구별되는 종교의 독특한 위치를 확보한 다음에는 종교의 세계로 들어가 그 내부를 다시 분류한다. 이때 주요 기준으로 등장하는 분류체계는 참된 종교/거짓 종교, 완전한 종교/불완전한 종교의 이분법이다.

조선(祖先)의 전래한 것이라고 다 선한 것이 아니요 일신의 이익만 위하여 불선(不善)한 종교를 고집할 것도 아니라. 대도(大道)는 일가와 일국에 한정함 아니요 진리는 군자와 소인을 다 조화하나니… 세상에 유행하는 종교가 다 선한 것이 아니라 혹 표면으로는 선한 듯하나 그 내용은 악한 종교도 있고 혹 이론은 심원한 듯하나 실행의 능력이 없는 종교도 있고 혹 외면으로 무능무익하게 보여도 필경은 그 잠세력(潛勢力)이 세계를 지배할 진종교(眞宗敎)도 있느니라.[137]

겉모양만 보고 참종교와 거짓 종교를 구별할 수 없다는 것이다. 따라서 그는 분별 기준을 제시한다. 그가 제시하는 참종교는 인심에 적합한 종교가 아니라 인심을 초월한 종교이며, 자연적 종교가 아니라 초자연적 종교이며, 인간의 능력(人權)에 의해 선전되는 종교가 아니라 '신의 능력'으로 선전되는 종교이다.[138] 요컨대 인간과 자연의 영역을 초월하는 초자연적 신에 근거한 종교가 참종교이다.

종교를 분류하는 또 하나의 기준은 발생 기원이다. 여기에는 세 유형이 있다. 첫째는 진신의 진리에서 나온 것으로서 참신의 계시에 근거한 종교이다. 둘째는 인간의 지식에 의해 생겨난 것으로서 현인철사(賢人哲士)들이 과학(理學), 철학, 윤리를 통해 만든 종교이다. 이 종교들은 인지 발달이 덜된 인류의 유년기(幼稚時代)에는 어느 정도 유용하였지만, 오늘날처럼 성숙한 시대(將盛時代)에는 더이상 가치가 없다. 셋째는 '마귀의 수단'으로 생겨난 것으로서 악한 힘(evil forces)의 조종을 받는 사교(邪敎)이다.[139]

이 책에서는 세 유형에 속하는 종교들이 구체적으로 어떤 것인지 거명하지는 않았지만 전체적인 맥락에서 보면 어느 정도 추정이 가능하다. 진신의 계시에 기초한 종교는 기독교, 과학과 철학과 윤리에 기초한 종교는 동서양의 고전 종교, 마귀에 기초한 종교는 당시 사회적으로 물의를 일으킨 이른바 '사이비종교들'이 해당될 것이다. 여기에서도 우리는 3분법에 근거한 위계적 분류 체계를 발견할 수 있다.

종교의 권형이라는 제목하에서는 각 종교의 가치를 평가하기 위한 더 구체적인 기준이 제시되고 그에 따라 종교들의 진위(眞僞)와 허실(虛實)이 측정되었다. 여기서 제시된 기준은 8가지(종교의 내력, 목적, 주의, 경전, 교리, 교조, 정치방법, 결과)이며, 각 기준에 가장 잘 부합하는 모범 답안이 아래와 같이 제시되었다.

종교의 권형[140]

내력(來歷)	진신에게서 기원하고 진신이 지속적으로 개입하며 시작과 중간과 끝이 분명한 종교
목적	물질계를 넘어 영혼생명을 추구하고 허황된 이적을 추구하지 않으려는 목적을 지닌 종교
주의(主義)	타락한 현재의 인생을 벗어나 지선지능한 영계를 추구하는 종교
경전	무궁한 진리를 담고 그 내용이 증명 가능하고 후인의 가감이 없는 경전
교리	천리(天理)와 인사(人事)와 마술(魔術)을 구분하고 공의와 자애와 희망을 제시하며 선악보응의 이치를 분명히 하고, 특히 유신론·내세론·신앙론을 구비한 종교
교조	지식과 품행이 완전무결하고 장생불사의 능력을 소유하고 인류의 생명을 담보할 수 있고 조물주로부터 인증을 받은 자
정치방법	교도와 직원과 상회가 서로 협력하고 상호 견제하는 시스템
결과	전파된 지 한 세대가 넘으면 반드시 덕의와 풍화가 향상되고 지식과 사업이 발전하고 신자들의 신비적 열성이 증대되는 종교

요약하면 참종교는 역사가 분명하고, 영원한 세계를 추구하며, 신적 권위를 지닌 경전을 구비하고, 유신론과 내세론과 신앙론에 입각한 교리를 갖추고, 영원한 생명을 지닌 교주가 있고, 민주적 제도를 갖추고, 가시적 성과를 보여주는 종교다. 이 책에서는 이러한 기준에 몇 가지 기준(정신, 신학론, 죄악론, 인성론, 창조론)을 추가하여 주요 종교의 평가 작업이 행해진다.

이처럼 박승명은 최병헌보다 훨씬 더 체계적이고 구체적인 비교의 기준을 제시했다. 최병헌이 참종교의 조건으로 제시한 세 범주 즉 유신론, 내세론, 신앙론이 박승명의 작업에서는 '교리'의 범주에 속할 뿐이다. 물론 최병헌도 세 범주 이외에 불교, 유교, 기독교를 중심으로 교조의 성격과 종교의 선과(善果)를 비교하기도 하였지만 박승명의 작업에 비하면 소략하다. 그렇지만 이 책에 수록된 종교는 총 25개로서 『만종일련』에 나오는 것과 거의 일치한다.[141] 그러면 유교와 기독교의 평가 작업을 예로 들어 보자.

기준 종교	유교	기독교
장점	부모에 대한 효성/ 연장자에 대한 순종	조물주가 제정하고 모든 이치를 구비한 종교/ 사람의 마음을 진신께로 인도/ 기독의 대속이 죄인에게 큰 희망/ 성신의 인도로 진리를 깨달음/ 돈독한 신앙심으로 고난 극복/ 선악보응의 이치
약점	의문(儀文)으로 인심 구속/ 실행력 결여	경전의 진리를 편식하는 교파의 존재
정신	현재와 장래의 일에 대한 무지/ 범사에 보수적이고 진보심 결여	영적 자유에 의한 진신 숭배
신학론	자애와 위무의 천부(天父)를 모름/ 속죄의 이치와 응허(應許)의 약조와 은혜의 전장(典章) 결여/ 선악보응과 천국자녀와 영생영사(永生永死)의 도리를 모름	삼위일체론
죄악론	성신의 권능으로 신인(新人)이 되는 중생(重生)의 교리 부재	부패한 본성의 유전
인성론	성선설(유전성의 원죄를 알지 못함)	인류는 모두 심병(心病)을 지님
창조론	태극론(무신론 및 진화론과 유사함)	현대 과학이 아직도 진신의 창조 이치에 미치지 못하는 점이 많음
내력	의심스러운 사적(事蹟)이 많음	진신에게서 유래한 종교임
목적과 주의	신과 인간 사이의 천륜을 알지 못하고 인륜과 인사(人事)만 숭상	영적 사형을 당한 인류가 기독의 공로로 의인이 되어 영생을 얻게 됨
경전	사서오경(인지(人智)의 철언(哲言)과 인사의 도리에 관한 것만 포함)	신구약 66권(한 글자도 가감할 수 없음/ 쉽고 심오한 도리)
교리	삼강오륜오상수제치평(현세 중심)	천리와 인사와 마술의 명확한 구별/ 선악보응의 이치에 근거한 내세관
교조	공자(인간에 불과함)	예수(지식과 품행의 완전성/장생불사/ 타인의 생명을 담보/진신으로부터 인증 받음)
정치	독자적 조직 부재(국가에 예속)	교파에 따른 다양한 정치제도

결과	효행과 장유존비의 질서(유익한 점 있지만 자선과 덕행 부족)/ 수구적이고 완고한 태도(혁신 정신의 결여)/ 신비적 열성의 부재(사적(死的) 종교)	기독교를 거부한 유대 국가의 멸망/ 구교를 채택한 국가(스페인과 러시아)의 쇠퇴/ 개신교 국가(영국, 미국, 프랑스, 독일, 네덜란드, 스위스, 덴마크, 스웨덴)의 번영
기타	유교의 제사는 참된 도리가 아님(참제사는 오직 진신께 속죄제와 보은제의 형태로 드려야 함)	핍박당할수록 흥왕/ 초인적(초자연적 종교)/ 빈궁하고 고통 받는 자의 종교

이 도표의 내용을 정리해 보면 유교는 효행과 장유유서의 측면에서는 긍정적 측면이 있지만 매우 형식적이고 과거 지향적이고 보수적이고 현세 중심적이고 인간 중심적인 종교이다. 뒤집어 말하면 유교는 실행력, 진보적 태도, 미래에 대한 전망, 심판 관념, 참신에 대한 신앙이 결여된 '죽은 종교'이다. 이에 비해 기독교는 미래지향적이고 진보적이고 심판 관념이 있고 초자연적이고 신본주의적인 '살아 있는 종교'이다. 요컨대 유교는 '결핍의 종교'이고 기독교는 '충만의 종교'이다.

이러한 결과가 나타난 것은 이 비교 작업에 채택된 비교의 기준과 그에 근거하여 작성된 '모범답안' 때문이다. 이 비교 작업에 등장하는 창조론이나 죄악론과 같은 범주는 모든 종교에 통용될 수 있는 중립적 범주처럼 보이지만 실제로는 서구 유일신 전통 속에서만 큰 의미가 있다. 또 진신, 조물주, 성신, 대속, 속죄 등의 개념도 철저하게 기독교적인 범주에 속한다. 따라서 이러한 기준들에 의해 산출될 유교와 기독교의 '성적'은 처음부터 예측 가능하다. 이는 유교의 경우에만 해당하는 것이 아니라 불교를 비롯한 여타의 종교에도 모두 해당된다. 이러한 기준과 범주들이 비교 작업에 계속 적용되는 한, 기독교는 항상 '완전의 종교'가 되고 그와 비교되는 종교는 '불완전의 종교'가 될 수밖에 없다. 즉 이러한 비교종교론은 충만/결핍의 도식에 근거한 '종교적 대차대조표'를 산출할 수밖에 없다. 따라서 거시적으로 보면『종교변론』에 나타난 비교종교론도 위계적 포괄주의와 친화성이 있다고 할 수 있다.

지금까지 살펴보았듯이 1920년대 한국 개신교의 장에서 산출된 『만종일련』과 『종교변론』은 당시 개신교의 비교종교론이 지닌 특성을 잘 드러낸 텍스트라고 할 수 있다. 감리교 목회자와 장로교 목회자에 의해 각각 생산된 두 텍스트는 종교 영역의 자율성에 근거한 종교 개념을 확보하면서 타종교 즉 '종교적 타자'에 대한 개신교의 인식을 잘 드러냈다.

당시 한국 사회는 여러 종교가 치열하게 포교경쟁을 벌이는 '백가쟁명'의 상황이었기 때문에 『만종일련』과 『종교변론』은 변증론의 성격을 띠었다. 두 변증론은 유신론, 내세론, 신앙론이라는 서구 유일신 전통의 범주를 활용하여 20여 개의 종교전통을 평가하는 작업을 수행하였다. 박승명은 여기에 몇 가지 범주를 추가하였는데, 그것들 역시 기독교적 색채가 매우 강한 범주이다. 따라서 이러한 범주들에 의해 수행된 비교 작업은 '결핍'과 '충만'의 도식에 근거한 '종교적 대차대조표'의 산출로 귀결되었다. 이러한 작업의 결과 기독교는 모든 조건을 구비한 '충만의 종교'로 떠오른 반면, 여타 종교들은 기독교와의 거리에 따라 성적을 달리 부여받는 '결핍의 종교'로 간주되었다. 미시적 차원에서 보면 『만종일련』이 『종교변론』보다 종교 영역의 타자에 대해 좀더 개방적인 태도를 취한 반면, 거시적 차원에서 보면 양자 모두 위계적 포괄주의에 근거한 '신학적 비교종교론'의 입장에 속한다.

3. 신학자의 종교변증론과 철학자의 세계종교론

이 절에서는 한국 개신교의 대표적 신학자 박형룡[142]과 개신교 평신도 철학자 한치진을 중심으로 1930년대 개신교의 타종교 인식을 검토한다. 언더우드 대 존스, 박승명 대 최병헌의 경우와 달리, 박형룡 대 한치진은 교파의 측면에서는 짝을 이루지 않는다. 신학자 박형룡은 장로교 정체성이 확고한 반면, 철학자 한치진은 교파적 배경에서 자유로운 평신도이기 때문이다. 따라서 두 인물은 교파적 측면보다는 신학적 측면의 차이에 주목하면서 접근할 필요가 있다. 해방 이전 박형룡이 근본주의에 가까운 보수 신학의 대변자라면, 한치진은 자유주의 신학과 친화성이 있는 평신도 지식인의 대변자라고 할 수 있다. 이하에서는 이 점을 염두에 두면서 종교적 타자에 대한 양자의 인식을 검토한다.

1) 박형룡의 기독교변증론

해방 이전 박형룡의 주저는 『기독교근대신학난제선평』(1935)이다. 이 책은 정통주의 신학의 입장에서 근대의 다양한 지적 사조를 비평한 저서로서 자유주의 신학의 비평에서부터 신비주의, 마르크스주의, 진화론의 비평에 이르기까지 방대한 내용을 담았다. 우리는 이 중에서 타종교 인식과 관련된 부분을 중심으로 논의할 것이다. 그리고 그가 장로교 기관지 『신학지남』에 시리즈물로 게재한 '종교론'[143]도 그의 비교종교론과 밀접한 관련이 있으므로 함께 분석한다. 종교적 타자에 대한 그의 인식은 종교본질론, 이교(異敎)론, 선교론에서 잘 나타나 있으므로 이 세 측면을 중심으로 살펴보도록 하겠다.

(1) 종교본질론

박형룡 신학의 출발과 종점은 정통주의 신학의 변호와 수호라고 할 수 있다. 따라서 그의 신학은 변증론을 특징으로 한다. 그의 변증론은 내적으로는 자유주의 신학, 외적으로는 타종교 및 세속주의 사조와의 대결 구조로 되어 있다. 그는 특히 타종교 및 세속주의의 도전에 대처하기 위해 '종교론'에 관심을 갖게 되었다. 세속주의의 도전으로부터 종교의 고유한 자리를 확보하고 그렇게 확보된 종교의 영역 안에서 기독교의 헤게모니를 확립하는 것이 그의 종교론의 과제이다.

박형룡의 종교론은 '종교의 본질'에 관한 논의로부터 시작한다. 종교의 본질이 확보되어야 기독교와 타종교의 비교가 가능하기 때문이다. 이를 위해 그는 먼저 인류학자들의 연구 성과를 끌어들여 종교의 '보편성'을 주장했다. 그가 인용하는 인류학자들에 의하면 종교가 존재하지 않는 사회나 문화는 없다. 모든 시대와 모든 지역에 종교가 존재하기 때문에 종교는 보편적 현상이라는 것이다.

이러한 종교의 보편성 주장은 종교의 '선험성' 주장으로 이어진다. 모든 시대와 지역에 걸쳐 종교가 존재한다는 사실은 종교가 특정 시기에 특정 지역에서 생겨나 다른 지역으로 확산된 것이 아니라 인간 정신에 본래부터 내재해 있음을 의미한다는 것이다. 다른 말로 하면 종교적 의식(意識)의 선험성이다. 그는 이러한 주장을 강화하기 위해 '결핍의 감'이라는 용어를 동원했다.[144] 모든 종교에는 인간의 힘을 넘어서는 '고등 권력'과 우호적 관계를 맺고자 하는 노력이 나타나는데, 이는 인간에게 잠재된 결핍의 감 때문이다. 이 결핍의 감이 종교성의 원동력이 된다는 것이다. 또한 그는 모든 종교에서 발견되는 '신념과 행습의 유사'에 주목했다. 환경의 차이에도 불구하고 관찰되는 종교적 관념과 실천의 유사성은 인간 정신 구조에 유사성이 있음을 의미하며 나아가 종교성 혹은 종교적 의식의 선천성을 증명한다.[145]

이처럼 박형룡은 종교의 보편성과 선험성을 제시한 다음, 종교적 세계의 독특성을 찾는 작업을 했다. 그에 의하면 종교는 인간 '심령'의 어느 한 기능에 국한되어 있지 않다. 종교가 자리하는 곳(座所)은 지성, 감정, 의지의 어느 하나가 아니라 세 영역 모두에 걸쳐 있다. 종교는 이지로 사유하며 감정으로 경험하며 의지로 실행한다.[146]

그의 표현에 의하면 "종교 생활에 들어가는 자는 먼저 교리와 신조의 이론에 신종(信從)하여 종교의 진리를 승인하고, 다음에 기도하고 참회하여 그 진리를 경험하고, 선사미덕(善事美德)의 실행에 의하여 그 진리를 응용한다."[147] 이처럼 종교를 지, 정, 의중 어느 하나와 관련시키지 않고 세 측면 모두와 관련시키는 것은 종교적 의식의 통일성을 강조하기 위한 것이며, 더 나아가 종교적 의식과 종교성이 인간 정신의 심층에 자리잡고 있음을 강조하기 위한 논리이다.

이처럼 종교의 보편성과 선험성 그리고 종교적 의식의 통일성과 심층성을 제시한 다음에 비로소 종교의 정의를 시도했다. 이 과정에서 두 논의를 참고했다. 하나는 영국의 심리학자 로버트 사울레(Robert H. Thouless)의 종교 정의이다. 사울레는 종교를 '초인간적인 존재 혹은 존재들로 믿어지는 것과의 감정적 실천적 관계'[148]로 정의하는데, 이 정의에는 종교의 지적 정서적 의지적 측면이 모두 포함되어 있다. 다른 하나는 초기 기독교의 호교론자 락탄티우스(Lucius C. F. Lactantius)의 어원학적 접근이다. 잘 알려져 있다시피 락탄티우스는 영어 religion의 유래가 되는 라틴어 religio의 어원을 '결속하다'의 뜻을 지닌 religare에서 찾았는데[149] 박형룡은 이 해석을 수용하였다.[150] 그는 두 논의를 결합하여 종교의 본질을 '신과 인간의 관계'로 규정했다.

이러한 본질주의적 종교 정의에 기초하여 그는 종교의 구성요소를 제시했다. 그가 종교의 구성요소로 간주하는 것은 신념, 예배, 도덕, 죄의식과 구원의 희망, 내세 신념, 실용성 등 6가지이다. 이 요소들을 갖추지 않으면 종교가 될 수 없기 때문에 그는 이것들을 본질적 구성요소라고 불렀다.

첫 번째 요소인 '신념'은 초월의 세계에 대한 믿음을 의미한다. 모든 종교는 이 세상을 넘어선 초월계에 관심이 있으며 초자연적 권력에 대한 신앙을 포함한다. 앞서 언급했듯이 인간은 '결핍의 감'을 지닌 나약한 존재이기 때문에 신이나 신적 존재에게 의존하여 자신의 한계를 극복한다. 이 과정에서 다양한 형태의 종교적 신념 즉 '신관'이 등장한다.

두 번째 요소인 '예배'는 종교적 신념의 외적 표현이다. 그런데 예배의 원동력은 '감정'이다. 따라서 예배 실천자는 신에 대한 내면의 감정을 예배를 통해 표현한다. 뒤집어 말하자면 신에 대한 '숭경과 헌심(獻心)'을 유지하고 양성하기 위해 예배가 요청되는 것이다. 예배의 형식은 가장 원시적인 것에서부터 매우 세련된 것에 이르기까지 매우 다양하지만 예배 없는 종교는 없다는 것이다.

세 번째 요소인 '도덕'은 신에 대한 인간의 의무감에서 생겨난다. 선(善)의 근원은 '초월적 권력' 즉 신에게로 소급되며 도덕의 견실성과 영원성은 신적 기원에 근거한다. 이처럼 도덕은 종교에 의존하기 때문에 종교와 도덕의 분리는 불가능하다. 따라서 도덕 없는 종교는 존재하지 않는다. 그의 분류체계에 따르면 종교적 신념은 이지적 차원에 해당하고, 예배는 종교의 감정적 차원에 해당하며, 도덕은 종교의 의지적 차원과 관련된다.

네 번째 요소는 죄의식과 구원의 희망이다. 죄의식은 인간과 신 사이의 관계가 잘못되었을 때 생겨나며, 이 상태로부터 벗어나고자 하는 것이 구원의 희망이다. 정화를 위한 목욕(淨化浴)이나 제물을 바치는 행위가 인류 문화에서 광범위하게 발견되는 것은 죄의식과 구원의 열망이 종교의 본질적 요소임을 보여준다는 것이다.

다섯 번째 요소인 내세 관념은 모든 종교에서 발견된다. 모든 종교에는 사후 세계에 대한 관념과 상선벌악에 대한 관념으로 대변되는 내세관이 존재한다. 그는 내세에 관한 다양한 사례를 들면서 마지막으로 창조주가 '사람의 마음으로 영원한 세상을 사모하게 하셨기'[151] 때문이라는 바이블의 구절을 인용했다.

여섯 번째 요소는 실용성이다. 그에 의하면 종교는 현실을 떠나서 존재하지 않으며 사회 속에 존재하면서 개인의 생활이나 사회에 지대한 영향을 미친다. 특히 문화의 체계에 활력을 제공하여 중대한 변동을 일으킨다. 문화 체계가 유기체라면 종교는 그 전체에 의미를 제공하고 지도를 하는 영감적(靈感的) 정신이다.[152] 종교가 현실 속에서 지대한 영향력을 행사하는 것이 실용성이라는 것이다.

이처럼 박형룡은 종교의 보편성과 선험성에 근거하여 종교의 자리를 확보하고 그렇게 확보된 종교적 의식을 지정의의 통일성에 근거한 '신과 인간의 관계'로 정의한 뒤, 종교의 본질적 요소 6가지를 제시하였다. 이 6가지 요소가 그의 비교종교론의 토대가 된다.

(2) 이교(異敎)의 '실패'

박형룡은 기독교와 타종교를 직접 비교하는 것이 아니라 이 여섯 가지 기준으로 타종교들을 평가하고 그 종교들의 한계를 드러내는 우회 작업을 했다. 그런데 이 과정에서 타종교 대신 '이교(異敎)'라는 용어를 사용하였다. 따라서 여기서는 이교라는 용어를 그대로 사용하면서 그의 논의를 따라가 보고자 한다.

먼저 이교(異敎)의 신관에 대한 평가를 살펴보자. 그에 의하면 모든 이교는 초월계에 대하여 관심이 있기 때문에 나름대로의 신관을 갖고 있다. 그렇지만 이교의 신관은 범신론이나 자연신론(理神論) 혹은 다신교나 만유정신교(animism)에 해당한다. 힌두교는 심오한 측면이 있지만 범신론으로 기울었고, 불교도 현묘한 측면이 있지만 다신론으로 전락했다. 이슬람교는 유일신을 믿고 조로아스터교(배화교)는 최고신을 믿지만 신의 속성이 인간의 종교적 요구에 대하여 적절한 해답을 주지 못한다. 따라서 이교 중에서는 '유일인격적 신에 초월성과 내재성을 겸비하고 모든 속성을 구비한 무한완전의 신관'을 찾을 수 없다.[153] 박형룡이 직접 언급하고 있지 않지만 여기서 말하는 무한완전의 신관은 물론 기독교의 신관이다. 그가 무한완전의 신관으로 표현한 기독교 신관의 키워드는 초월성과 내재성 그리고 '유일한 인격신'이다. 그런데 이 기준에 의해 보면 범신론은 초월성을 결여했고, 자연신론은 내재성을 결여했고, 다신교나 만유정신교는 유일신 신앙을 결여했다. 이처럼 박형룡은 기독교 신관의 속성을 척도로 하여 이교의 신관을 평가했고 그 결과는 완전한 신관과 불완전한 신관의 대비로 나타난다.

두 번째로 이교의 예배에 대한 평가를 살펴보자. 박형룡에 의하면 모든 이교는 각자 나름의 방식으로 예배를 드린다. 그렇지만 열등한 종교들은 주술적 행위나 우상숭배에 빠져 있고, 고등종교는 신비적 묵상에 빠져 있다.[154] 여기서 주술적 행위는 인간이 자신들의 특정한 목적을 달성하기 위해 신들을 조종하거나 통제하는 것을 의미하며, 우상숭배는 자연이나 인간과 같은 창조물을 신격화하고 그들의 신상을 만들어 숭배하는 것을 의미한다. 박형룡의 입장에서 보면 주술과 우상숭배는 '거짓 예배'로서 철저하게 배격되어야 하는 행위이다. 한편 신비적 묵상은 힌두교나 불교의 수행법인 요가나 참선과 같은 명상을 가리키는 것으로 보인다. 그의 입장에서 보면 이러한 종류의 명상 수행은 신에 대한 예배가 아니라 자력 수행에 지나지 않는다. 이처럼 주술, 우상숭배, 명상 등과 같은 이교의 몸짓들에서는 신과 인간 사이의 진정한 교섭이 부재하다는 것이다.

박형룡은 예배에서 감정이 지닌 중요성을 강조했다. 그렇지만 감정의 난폭한 작용이 지닌 위험성을 지적하면서 예배시 감정의 평형과 순결을 강조했다.[155] 이 맥락에서 그는 "하느님은 신(神)이신 고로 예배하는 자가 신령과 진정으로 예배할지니라"[156]라는 바이블의 구절을 인용하고 고등종교일수록 '감정의 영화(靈化)'를 추구한다고 말했다. 이는 언더우드가 기독교의 하느님은 영(Spirit)이기 때문에 '영적으로 참되게' 예배드려야 한다고 주장한 것과 같은 말이다.[157] 이처럼 박형룡은 기독교의 '영적 예배'를 참된 예배의 모델로 설정하고 이교의 예배들을 평가했다.

세 번째로 이교의 도덕에 대한 평가를 검토해 보자. 박형룡의 눈에 비친 이교의 도덕은 저열하고 비도덕적이다. 그는 이교의 도덕이 타락한 이유의 하나를 '신화'에서 찾았다. 이교도의 신화 속에 등장하는 많은 신들은 매우 비도덕적인 행위를 일삼고 있는데, 그러한 신들을 믿는 사람들은 신들의 행위를 모방하는 경향이 있다. 따라서 이교도의 신화에 젖어 있는 사람들의 행위가 매우 비도덕적이라는 것이다. 오늘날 학계에서는 '신화'라는 용어를 중립적 의미로 사용하지만, 보수 개신교에서는 아직도 부정적 의미로 사용하는 경향이 있는데 이러한 맥락과 관련된 것으로 보인다.[158] 박형룡은 또한 '자연의 종교들'이 인신제의와 생식기숭배와 신당음행(神堂淫行)과 같은 참혹한 부도덕적 행위를 예배의 일부로 삼았다고 비판하는데, 이때 '자연의 종교'는 이교의 범주에 속한다. 물론 그는 고등종교 중에는 고상한 사상을 갖춘 경우도 있음을 인정했다. 그렇지만 거시적으로 보면 그 종교들의 이론체계가 불완전하거나 모순으로 가득 차 있고 신도의 생활에 실제적 효과를 미치지 못한다고 주장했다.[159]

박형룡은 "신이 어떠하면 그 백성도 그러하다."는 말을 인용했는데 이 말이야말로 도덕의 암묵적 평가 기준인 셈이다. 그가 이 부분에서 직접 언급하지는 않았지만 그의 논리를 밀고 나가면 이 대목에서 "내가 거룩하니 너희도 거룩하라."[160]는 말을 덧붙여야 한다. 그렇게 되면 '거룩한 신'을 숭배하는 기독교는 '거룩한 종교'가 되고 기독교인은 거룩한 생활의 실천자가 되기 때문이다. 결국 박형룡은 기독교 신의 핵심적 특성으로 간주되는 '거룩성'을 도덕의 기준으로 설정하고 이교를 평가한 것이다.

네 번째로 이교의 죄의식과 구원관에 대한 평가를 살펴보자. 박형룡은 힌두교와 불교, 이슬람교의 죄 및 구원관을 주로 논했다. 그에 의하면 힌두교나 불교의 경우 인과응보의 이치를 말하지만 범신론이나 무신론으로 인해 죄의식이 심각하지 못하다.[161] 죄를 극복하려는 노력이 없지 않지만 성공하지 못하고 사죄(赦罪)의 방법도 제시하지 못한다. 고행과 난행, 염불과 명상으로는 죄가 해소되지 않고 죄의 문제를 극복할 수도 없다. 그들의 구원은 죄와 영적 사망으로부터의 해탈이 아니라 단지 인간 고통으로부터의 해방이다. 특히 석가는 기도와 속죄의 사상을 부정하였기 때문에 불교에서는 죄와 구원의 문제가 진지하게 다루어질 수 없다는 것이다.

그러면 이슬람교에 대해서는 어떻게 평가하는가? 그에 의하면 이슬람교에는 신법(神法)에 대한 고의적인 범죄만 있고 인간의 선천적 악성(惡性)은 없다. 기독교 언어로 표현하면 '자범죄'만 있고 '원죄' 개념은 없다는 것이다. 교조 자신의 삶에도 추악한 점이 많다고 말했다. 이는 무하마드가 여러 명의 아내를 두고 전쟁을 통해 이슬람교를 확산시켰다는 점을 염두에 두고 말한 것으로 보인다. 그리고 이슬람교는 구원의 방법으로 신애(神愛)나 신사(神赦)에 대한 언급이 전혀 없고, 5가지 행위를 구원의 조건으로 삼을 뿐이다.[162] 즉 기독교에서 강조하는 신의 은총과 사랑, 신에 의한 용서와 같은 개념이 없고 단지 율법적인 행위만이 구원의 조건으로 강조된다는 비판이다. 그러면서 그는 어떠한 이교도 죄와 구원의 문제를 정확하게 이해한 종교는 없다고 단언했다.[163]

박형룡의 이러한 논의는 기독교 구원론의 핵심을 구성하는 '영혼-죄-회개-구원/저주(soul-guilt-repentance-salvation/damnation)'[164]라는 개념의 연쇄가 이교들에서는 발견되지 않음을 지적한 것이다. 이처럼 그는 원죄와 대속 개념에 근거한 기독교의 고유한 구원론을 척도로 하여 이교의 죄 및 구원관을 평가했다.

다섯 번째로 이교의 내세관에 대한 평가를 검토해 보자. 박형룡에 의하면 힌두교에서는 사람의 영혼이 윤회전생을 따라 브라만에 흡수되므로 인격적 존재가 유실되고, 불교에서는 수행을 통해 열반의 완전한 절멸을 취한다. 이러한 내세관은 염세주의로 충만한 인도인의 심리에는 환영을 받았지만 생의 영속을 동경하는 일반 인류에게는 설득력이 없다는 것이다. 반면 천당을 '쾌락의 수렵지'로 보는 북미 선주민이나 천당을 '육욕의 방종소'로 보는 이슬람교의 내세관은 인간의 영적 요구에 역행한다.[165] 요컨대 힌두교와 불교의 내세관은 영혼의 소멸을 지향하는 염세주의에 빠진 반면, 북미 선주민과 이슬람교의 내세관은 사후의 쾌락을 좇는 쾌락주의에 빠져 있다는 것이다. 이러한 양 극단의 내세관 속에서는 순결하고 고상하고 신령한 내세관은 찾아볼 수 없다. 이 대목에서 박형룡은 더이상 언급하지 않았지만 그가 말하는 순결, 고상, 신령이라는 용어로 표현되는 내세관은 물론 기독교의 내세관을 가리키는 것이다.

마지막으로 이교의 실용성에 대한 평가를 살펴보자. 박형룡은 실용성이 종교의 진위를 판가름하는 중요한 표준인데 지금까지 이 기준을 통과한 이교는 없다고 말한다. 그에 의하면 힌두교는 인도에 유익보다는 손해를 더 많이 끼쳤고, 유교도 동아시아에서 사회적 감화를 준 때도 있었지만 이제는 노후하여 제 역할을 하지 못한다. 이슬람교는 서아시아와 같은 '미개인'의 지역에서 사회적 지도력을 발휘했지만, 세계문화의 추진자가 되기에는 너무 유치하고 무능하다. 요컨대 세계가 요구하는 고등문화의 선한 열매를 맺

어 그 자체가 선한 나무임을 스스로 증명할 종교는 이교 중에 없다는 것이다.[166]

이처럼 박형룡은 여섯 측면에 걸쳐 이교를 평가하고 나서 이교 중에 '종교의 본질'을 완벽하게 갖춘 종교가 하나도 없다고 결론을 내렸다. 그러면서 이교는 일반적 실패 즉 총체적 실패로 끝났다고 선언한다. 즉 '인력(人力)에 의한 종교'는 인간 고유의 종교성에 의해 종교의 본질적 요소들이 존재한다는 사실을 보여주는 증거로는 의미가 있지만, 그 요소들의 이상적 실현에는 역부족이라는 것이다. 바로 이 때문에 '신계천래(神啓 天來)의 종교' 즉 신의 계시에 근거한 종교가 긴급히 요청된다는 것이다.[167]

지금까지 살펴본 것처럼 박형룡은 타종교와 기독교를 본격적으로 비교하기보다는 자신이 제시한 6가지 종교의 본질적 요소를 중심으로 타종교들을 평가하였다. 그런데 이때 비교의 척도로 사용된 6가지 종교의 요소는 중립적인 것으로 보이지만, 기독교적 종교성을 암묵적 모델로 한 것이다. 따라서 박형룡의 비교종교 작업에는 기독교가 '무언의 전제'로 작동하였다. 박형룡은 비교종교학을 다음과 같이 정의했다.

> 종교사가 발견한 제 종교의 내용 현상을 비교하여 종교 간의 이(異)와 동(同)을 발견하며 우(優)와 열(劣)을 지적함으로 정연한 분석을 행하고 마침내 최고형을 제시함을 본령으로 삼는다.[168]

요컨대 종교 간의 우열을 판단하여 '최고의 종교'를 제시하는 것이 비교종교학의 목적이라는 것이다. 그런데 이러한 문제의식하에 그가 종교 간 비교 작업을 본격적으로 수행한 것은 해방 이후이다.[169] 따라서 다음에는 타종교 인식과 밀접한 관련이 있는 '선교' 문제에 대해 그가 어떠한 인식과 태도를 갖고 있었는가를 해방 이전 그의 글을 통해 살펴보도록 보자.

(3) 선교와 개종 문제

박형룡은 『기독교근대신학난제선평』에서 '비교종교신학'을 검토하면서 기독교 선교와 관련한 문제를 함께 다루었다. 특히 당시 새롭게 등장한 선교 패러다임을 타협주의로 비판하면서 논의를 전개하였다. 그는 4가지 선교관을 차례대로 비판한 뒤 마지막으로 자신의 선교관을 제시했다.

첫 번째 비판의 대상이 되는 것은 타종교를 공존의 대상으로 여기는 선교관이다. 이 선교관에 의하면 타종교는 자매종교 혹은 친연종교(親緣宗敎)이다. 따라서 기독교는 타종교인을 개종의 대상으로 여길 것이 아니라 그들이 '더 우수한 이교도'가 되도록 도와야 한다. 그가 힌두교도라면 더 좋은 힌두교도(a better Hindu)가 되게 하고 그가 불교도라면 더 훌륭한 불교도(a better Buddhist)가 될 수 있도록 도와주는 것이 기독교인이 취해야 할 태도이다. 이러한 선교관은 '수직적 개종(vertical conversion)' 개념과 관련되어 있다. 알빈드 샤르마(Arvind Sharma)에 의하면 자신의 종교를 한 종교에서 다른 종교로 바꾸는 것이 '수평적 개종(horizontal conversion)'이고 자신의 종교전통 안에 머물러 있으면서 자신의 신앙을 더욱 심화시키는 것이 '수직적 개종'이다.[170]

이처럼 수직적 개종 개념과 관련되어 있으면서 타종교를 공존의 대상으로 간주하는 새로운 선교 패러다임은 3가지 논리에 의해 지지를 받는다. 첫 번째 논리에 의하면 이교도를 기독교로 개종시키는 것은 '이교 민족의 인도적 관념과 도덕적 사상을 교란하는 일종의 부도덕한 행위'이다. 박형룡도 인용하고 있듯이 이러한 논리의 대변자는 모한다스 간디(Mohandas Gandhi)이다. 간디에 의하면 모든 종교는 그 자체의 진리를 지니고 있기 때문에 타인이나 타민족을 개종시키려는 태도는 바람직하지 않다. 따라서 그는 서구 기독교인이 인도에 와서 개종을 목표로 선교 활동을 하는 것에 반대하였다.[171] 그러나 박형룡은 기독교로의 개종을 반대하는 견해야말로 '인류의 진보를 차단시키는 배리 불가해(背理 不可解)의 사상'이라고 주장했다. 그에 의하면 개종과 관련하여 불순한 방법과 동기가 따를 수 있지만[172] 개종 자체는 아무런 문제점도 없다. 오류에서 진리로 이끄는 것은 각 종교의 명백한 의무라는 것이다.[173]

두 번째 논리에 의하면 개종은 심리적 모순을 수반하는 불합리한 행위이다. 특정 개인이 개종을 할 경우 그가 자라 온 종교적 도덕적 문화적 배경으로부터 전적으로 분리되기 때문에 심리적으로 심각한 문제가 발생한다는 것이다. 유대인이 특히 그러한 경우에 해당한다고 하면서 유대인을 기독교로 개종시키기보다 그들이 전통적 신앙을 그대로 준수하도록 격려하는 것이 더 가치 있는 일이라는 것이다.[174] 박형룡에 의하면 이러한 견해는 '신약적 견해'가 아니며 유대인도 개종의 대상이 되어야 한다.[175]

세 번째 논리에 의하면 개인의 회심과 개종보다 선교 지역의 사상, 관념, 감정, 성향, 행위 등을 점진적으로 기독교화시키는 작업 즉 '기독교문화사업'이 우선되어야 한다. 그런데 박형룡은 기독교의 본령은 개인을 '신앙고백'으로 이끌고 '교회의 성원'으로 만드는 것이라고 하면서 이러한 입장에 반대했다. 이처럼 박형룡은 타종교를 공존의 대상으로 여기면서 타종교인을 개종 프로젝트의 대상에서 제외하는 선교 패러다임에 대해서는 전적으로 반대했다.

지금까지 살펴본 박형룡의 비판이 '종교다원주의'를 향한 비판이라면, 두 번째는 '종교혼합주의'에 대한 비판으로 이어진다. 박형룡에 의하면 종교 혼합주의는 이교와 기독교를 혼합하여 일종의 종합종교를 만들려는 시도이다. 그는 이러한 시도는 도저히 불가능하며 불합리한 행위라고 비판하면서 인도와 중국의 예를 든다. 인도인은 범신론적 경향이 강하고 중국인은 다신론적 성향이 강한데, 만일 기독교가 혼합주의 패러다임을 채택한다면 인도에서는 '범신론적 기독교,' 중국에서는 '다신론적 기독교'가 탄생할 것이라고 주장했다. 그는 기독교의 핵심을 도덕적 유일신주의라고 부르면서 이 특수불역(特殊不易)의 본질적 교의를 포기하고 이교와 타협하는 것은 '기독교의 자살'이라고 말했다. 기독교 선교는 결코 '어중간한 태도'를 취해서는 안 된다는 것이다.[176]

이 대목에서 우리는 1937년 재조선북장로선교회에서 『신학지남』에 발표한 '종교변호선언서'에 주목할 필요가 있다. 이 선언서의 내용 중 제8항은 '그리스도교와 다른 종교'라는 제목의 글인데 그 내용은 다음과 같다.

> 불교나 일반 다른 종교의 교훈 중에 혹 선미한 점이 없지 아니하나 그리스도교는 초자연적 종교인 고로 천상천하에 유일한 것이라. 그런고로 그리스도 종교만 현세에서나 영원한 세계에서 사람을 변화시키는 능력을 가졌으니 다른 종교와 연합하거나 새 종교를 희망할 생각은 하지 아니하는 것이다.[177]

요컨대 이 선언서는 기독교의 유일성을 강조하면서 타종교와의 연합이나 혼합을 적극 반대한다. 이는 종교혼합주의에 대한 반대 논리로서 박형룡의 선교관과 궤를 같이하고 있음을 알 수 있다.

세 번째는 성취(Fulfill)와 완성(Complete)이라는 용어에 대한 비판적 문제제기이다. 이는 1910년 에든버러 선교대회를 계기로 등장한 새로운 선교 패러다임인 '성취신학'에 대한 비판이다. 존스 선교사를 다룰 때 보았듯이 성취신학은 이교도 신앙의 파괴나 정복이 아니라 기독교에 의한 이교 신앙의 성취와 완성을 목표로 한다. 성취신학은 예수가 율법의 폐기가 아니라 완성을 위해 왔다는 성서 구절을 신학적 근거로 삼는다.[178] 그런데 박형룡은 이 문구를 정확하게 해석해야 한다고 주장하면서, 그리스도의 사업에서 '완성'은 '폐기'를 제외하지 않으며 완성을 위해서는 폐기가 불가피함을 강조했다. 즉 그리스도가 완성할 이교의 선과 진리도 반드시 '세례'와 '중생'의 과정을 거쳐야 한다는 것이다. 어떤 종교의 선도 그리스도의 휘황한 광명과 성결 앞에는 감히 설 수 없기 때문이다. 따라서 기독교는 이교와 접촉할 때 한발도 양보할 수 없으며 이교의 굴복과 회심을 요구할 뿐이다. 이교에 대한 기독교의 이러한 태도는 기독교 자체의 야망을 드러내는 것이 아니라 절대 불변의 진리에 근거한 것이므로 '기독교의 군국주의'는 아니라고 덧붙였다.[179] 요컨대 박형룡은 성취신학이 기독교 진리와 이교 사이의 타협을 초래할 수 있다고 보고 '포괄주의' 선교 패러다임을 거부한 것이다.

네 번째는 분참(分參, Sharing)이라는 용어에 대한 비판적 문제 제기이다. 박형룡은 이 용어에 양면적 의미가 있다고 보았다. 첫 번째는 그리스도를 온 세계에 전파하여 모든 사람이 그리스도를 경험하고 그 은혜에 동참한다는 의미이고, 두 번째는 종교가 다른 사람들이 만나서 서로의 종교 경험을 함께 나눈다는 의미이다. 그런데 두 번째 의미가 대세를 차지하고 있다는 것이다. 즉 기독교가 절대적이고 최종적이며 최선의 종교라는 우월주의적 태도를 완화하고 종교평등 의식을 고양하기 위해서 두 번째 의미로 이 용어가 통용되고 있다고 보았다. 따라서 박형룡은 두 번째 의미로 사용되는 '분참'의 태도는 용납할 수 없다고 말했다.[180] 요컨대 '종교적 평등주의'의 분위기를 풍기는 '분참'이라는 용어의 유통과 그러한 분위기에 편승하는 선교 패러다임을 거부하였다.

박형룡은 4가지 선교관을 차례로 비판한 뒤 자신의 입장을 내세웠다. 그에 의하면 기독교와 이교의 관계는 '정복'이라는 말로 가장 잘 표현될 수 있다. 그는 윌리엄 클라크(William Newton Clark)의 말을 인용하여 기독교의 태도는 타협이 아니라 충돌이며 정복이라고 주장한다. 그리고 기독교 선교와 관련된 여러 인사의 말을 인용하여 선교를 전투, 선교사를 전위부대라고 불렀다. 나아가 기독교는 처음부터 승리를 목표로 출발하였기 때문에 정복은 복음의 특징이라고 하면서 '승리주의'를 고취했다.[181]

지금까지 박형룡이 기독교 선교와 관련하여 비판한 공존, 혼합, 성취, 분참 모델은 종교다원주의, 종교혼합주의, 종교적 포괄주의, 종교적 병행(平行)주의라는 용어로 각각 바꾸어 쓸 수 있다. 그에 의하면 네 패러다임은 정도의 차이는 있지만 모두 기독교의 '복음'을 선포하고 기독교의 '진리'를 수호하는 데 소극적이거나 타협적인 태도를 취한다. 따라서 기독교가 수용할 수 없는 선교 패러다임이다. 그에 의하면 선교 현장에서 기독교가 취해야 할 가장 올바른 패러다임은 타종교와의 대결을 통한 '정복' 즉 정복주의 선교이다. 이는 개종을 목표로 한 선교 즉 개종주의(proselytism)를 의미한다.

박형룡의 이러한 비타협적 정복주의 선교관은 20세기 선교 패러다임의 변천에 대한 위기의식의 산물이다. 앞서 언급했듯이 1910년 에든버러 선교대회를 전후하여 포괄주의에 근거한 성취신학이 등장했고, 1930년대에 접어들면 『선교 재고(Re-thinking Missions)』(1932)와 같은 선교보고서가 등장하면서 종교다원주의에 가까운 선교 패러다임이 등장하였기 때문이다.[182] 정통주의 신학의 수호를 사명으로 하는 박형룡으로서는 근대 자유주의 신학과 궤를 같이하는 것으로 보이는 이러한 선교 패러다임들에 대해 강력한 견제를 하지 않을 수 없었다. 자기-타자의 관계 구도에서 보면 박형룡의 이러한 정복주의적 선교관은 이항대립 구도에 근거한 배타주의의 전형이라고 할 수 있다. 그러면 이제 박형룡과 대조되는 신학적 경향을 지닌 한치진의 입장을 살펴보도록 하자.

2) 한치진의 세계종교론[183]

일제하 개신교 지식인의 하나였던 한치진은 한국 기독교사보다는 한국 근현대 철학사에서 더 알려진 인물이지만[184] 개신교의 타종교 인식과 관련하여 주목할 필요가 있다. 그는 해방 이전에 『조선지광』과 같은 일반 잡지만이 아니라 『신학세계』, 『신생』, 『청년』과 같은 개신교계 잡지에 상당수의 종교 관련 글을 기고하였다.[185] 특히 그가 『종교철학대계』의 일환으로 저술한 『종교철학개론』(1934)과 『기독교인생관』(1934)은 그의 종교관을 잘 보여준다.[186] 종교적 타자에 대한 그의 인식은 종교본질론, 비교종교론, 세계종교론을 통해 나타나므로 이 세 측면을 중심으로 살펴본다.

(1) 종교의 본질

한치진은 종교의 세계를 인간의 존재론적 조건과 관련지어 파악했다. 그에 의하면 인간은 본래적으로 종교의 세계를 추구하는 존재이고, 인간이 존재하는 한 종교는 필연적으로 존재할 수밖에 없다. 그는 다음과 같이 비유적으로 말했다.

> 종교 없이 사는 생활은 궁창(穹蒼)이 없는 지상(地上) 곧 근본이 없는 데서 사는 것과 같은 것이다.… 지상의 인(人)이 궁창을 매일 생각하고 살든지 생각지 않고 살든지 하여간 궁창의 기체와 습기는 그의 생활을 포위하고 지지하는 것과 같이 종교의 대상…은 그 생활의 근본이요 내재적 목적이 되는 것이다.[187]

요컨대 대기 중의 공기와 습기가 대지를 에워싸고 거기에 숨결을 불어넣
듯이, 종교는 인간의 삶을 에워싸고 인간에게 삶의 토대를 제공한다는 것이
다. 따라서 종교는 삶의 근본이요 내재적 목적이다. 이는 박승명이 말한 '종
교적 동물'로서의 인간과 박형룡이 말한 '종교적 의식의 선험성'과 같은 의미
이다. 그러면 그는 인간의 존재론적 조건으로 간주되는 종교의 세계를 어떠
한 언어와 문법으로 특징짓고 있는가?

> 종교는 초현실적이니만큼 형이상학적이요 이상적이다. 이런 고로 경제 정
> 치 과학 예술 기타 어떠한 방면에 있어서든지 초현실적이요 초감각적으로
> 생각하고 활동한다 하면 거기에는 종교가 있다.[188]

일단 그는 종교의 세계를 '초현실적' '초감각적' '형이상학적' 등과 같은 용
어로 특징지었다. 종교의 세계는 현실적이고 감각적이고 형이하학적인 영
역을 넘어선 초현실적 세계라는 것이다. 박형룡이 '초월계'라고 표현한 것
과 정확히 일치한다. 실제로 그의 『종교철학개론』은 기적, 영혼, 부활, 영생,
신, 죽음 등과 같은 주제에 상당한 지면을 할애했는데, 이런 것들은 초현실
적 세계와 직접 관련된 형이상학적 주제이기 때문이다.
　종교의 세계를 특징짓는 또 하나의 중요한 언어로 등장하는 것은 '이상(理
想)의 추구'이다. 그가 볼 때 인간은 결코 현실에 안주하는 존재가 아니다. 인
간은 끊임없이 현실에 이의를 제기하며 일상의 현실을 넘어서고자 한다.

> 자아의 부족을 느낄 때에 곧 정신생활이 시작하는 것이다. 다시 말하면 자아
> 가 현실적 자아와 이상적 자아로 분열하여 대립하는 때에 정신적 투쟁이 일
> 어난다. 이상적 자아를 실현하려고 분발하는 것이 종교심의 발현이다.[189]

요컨대 '현실적 자아'와 대결하면서 '이상적 자아'를 실현하려고 하는 과정에서 종교심이 시작된다는 것이다. 박형룡이 '결핍의 감'과 이것을 채우기 위한 시도에서 종교성의 원동력을 찾은 것과 유사하다. 한치진은 한발 더 나아가 종교를 인생의 '최고 이상'이자 '진선미의 통일적 이상'으로 정의했다.[190] 이 역시 박형룡이 종교를 지성, 감정, 의지의 어느 하나가 아니라 세 영역 모두에 걸쳐 있다고 주장한 것과 통한다. 종교의 세계를 특징짓는 세 번째 용어로 등장하는 것은 '구원' 혹은 '구제(救濟)'이다.

> 어떠한 종교든지 인생 구제에 대한 취미를 갖지 아니하면 진정한 종교라고 할 수 없게 되었다. 이러한 종교의 목적은 어떠한 것으로 증명되든지 우리가 그것을 아는 때에 그 안 지식은 우리에게 구제의 도를 지시하는 것이다. 이런 고로 종교의 일반적 근본 가정은 인생은 구제를 요구한다는 것이다.[191]

인간은 그 자신이 분명한 한계를 지닌 존재임을 자각하고 있으므로 누구나 인생의 구원과 구제를 요청할 수밖에 없다는 것이다. 종교는 바로 이러한 인간 조건에서 발생하는 것이며, 종교적 의식(意識)은 인생의 구원과 구제의 '직각(直覺)'이다.[192] 바로 이 맥락에서 '신(神)의 묵시(默示)'라는 용어가 중요한 의미를 갖고 등장한다. 인간은 스스로의 힘으로는 구원의 세계에 도달할 수 없다고 보기 때문이다. 따라서 그의 '종교철학'에서는 신의 존재가 종교의 본질로 상정된다. '신'과 그 존재로부터 오는 '묵시'가 전제되지 않으면 종교가 성립될 수 없다고 보는 것이다.[193] 박형룡이 종교의 본질을 '신과 인간의 관계'로 규정한 것과 동일한 논리이다.

이처럼 한치진의 '종교철학'은 종교의 세계를 다양한 언어로 특징지었다. 초현실적, 초감각적, 형이상학적, 이상적 자아의 추구, 구원과 구제의 도, 신의 묵시 등과 같은 용어가 종교의 세계를 특징짓는 핵심 언어이다. 따라서 종교는 자신과 세계의 불완전한 현실을 깨닫고 '신의 묵시(구원과 구제)'를 통해 이상적 자아와 세계를 실현하려는 인간의 몸짓으로 정의된다.

(2) 비교의 시각을 통해 본 기독교

한치진은 종교 세계의 성격과 특성을 이렇게 규정한 후, 다양한 종교전통을 서술했다. 그가 두 권으로 된 『종교철학대계』에 포함시킨 주요 종교는 유교, 조로아스터교, 이슬람교, 힌두교, 불교, 기독교이다. 이 책은 서구 학계의 종교사 연구에 기초하여 이 종교들의 역사와 사상을 개괄적으로 소개했지만 그 자신의 독특한 이해와 평가는 잘 나타나지 않았다. 그렇지만 불교와 기독교의 비교에서는 그의 종교관이 비교적 뚜렷이 나타났다. 따라서 여기서는 불교와 기독교의 비교 작업을 중심으로 그의 종교관을 살펴보도록 한다.

한치진은 불교에 대해 먼저 서술한다. 그에 의하면 불교는 나름대로의 '도덕적 가치'를 지닌 종교이다. 석가의 본래적 가르침은 욕망의 절제를 강조함으로써 사람들의 교양을 제고하기 때문이다. 그러나 그는 불교의 '종교적 가치'에 대해서는 날카로운 비판을 가했다. 불교는 중생 제도를 표방하지만 실제로는 현실도피와 몰아적 청정의 열반경만을 추구하는 '개인주의'이며,[194] 인생의 비애만을 강조하는 '낙심의 종교'[195]이기 때문이다. 더구나 무지한 신앙대중은 석가의 본래적 교훈에서 벗어나 개인의 현세행복을 위해 불신(佛神)들에게 구걸하는 이기적 우상 숭배자에 불과하다.[196] 요컨대 불교는 염세적 개인주의와 우상숭배에 빠져 있다는 것이다.

그는 불교의 이러한 종교적 '약점'을 기독교와의 비교를 통해 부각시키는 전략을 구사하는데, 크게 다섯 측면으로 나누어 비교작업을 수행했다. 첫째는 자아관의 비교이다. 불교의 중요한 글자는 몰아(沒我)이고 기독교의 중요한 글자는 성아(聖我)다. 전자에 의하면 사람은 다만 무욕적(無慾的) 또는 몰아적 존재로 되어야 하지만, 기독교의 성아론(聖我論)은 사람이 하느님의 진리대로 거룩하게 되어야 한다.[197] 요컨대 불교는 모든 것을 버리는 '몰아의 종교'인 반면, 기독교는 자아를 하느님의 진리대로 거룩하게 만드는 '성아의 종교'라는 것이다.

둘째는 진리관의 비교이다. 불교는 참(眞)과 거짓(僞)을 분별하지 않고 모든 분별과 차이를 부인하는 소극적 진리관을 지닌 반면, 기독교는 진리에 대해 적극적 태도를 취하는 적극적 진리관을 지니고 있다.[198]

셋째는 열반설과 영생설의 비교이다. 불교에서는 욕구와 환상으로부터의 '이탈'을 강조하는 반면, 기독교에서는 '회심'을 중시한다. 열반설은 생존의 고통으로부터의 이탈을 강조하는 도피적 태도인 반면, 기독교는 사망의 처지로부터 생명의 길로 향하는 회심을 강조한다. 따라서 개성의 완성을 통해 영생을 적극적으로 추구하는 기독교의 영생설이 불교의 열반설보다 우월하다.[199]

넷째는 도덕관의 비교이다. 불교에서는 도덕을 '적멸적 열반'에 도달하는 하나의 수단으로 간주하는 반면, 기독교에서는 도덕을 신성한 생활의 수단일 뿐 아니라 생존의 목적 즉 신성한 생활의 중요한 요소로 본다. 따라서 불교에서는 사람이 사멸 상태에 이를수록 고상하다고 보지만, 기독교에서는 사멸 상태에서 멀리 떠나 영생하는 곳으로 갈수록 완전하고 고귀해진다고 본다.[200]

마지막은 염세주의와 수도주의의 비교이다. 불교는 염세주의를 태생적으로 지니고 있으나, 기독교의 수도주의는 기독교의 발전 과정에서 등장한 하나의 '경향'에 불과하다. 따라서 불교는 승려가 없으면 존재할 수 없지만, 기

독교는 제사장이 없이도 존재할 수 있는 종교이다.[201]

요컨대 불교는 소극적 몰아적 적멸적 종교로서 지상천국을 건설하려는 의지가 결여되어 있는 반면, 기독교는 사람들에게 위안과 희망을 주는 동시에 '살아 있는 신'과 협동하여 지상천국을 실현하려는 적극적 의지를 지니고 있다. 기독교는 생명을 버림으로써 '새로운 생명'을 얻는 종교인 반면, 불교는 생명을 버리는 것 자체를 목적으로 하고 있는 종교이다.[202] 이를 도표화하면 다음과 같다.

불교와 기독교의 비교

	불교(-)	기독교(+)
자아관	몰아의 종교(자아 버리기)	성아의 종교(거룩한 자아 만들기)
진리관	소극적(참과 거짓의 무분별)	적극적(참과 거짓의 분별)
삶의 목표	열반설 (고통으로부터의 이탈 강조)	영생설 (생명의 길로의 회심 강조)
도덕관	열반에 도달하기 위한 수단으로서의 도덕	신성한 삶의 수단이자 요소로서의 도덕
세상에 대한 태도	태생적 염세주의	방편적 수도주의
지상천국관	건설 의지의 결여	건설을 위한 적극적 의지

이러한 불교와 기독교 비교 작업은 전형적인 이항대립 구도에 근거한 것으로서 일종의 '종교적 대차대조표'이다. 이 도표에서 좌변에 있는 불교 항목(몰아/무분별/열반/염세주의)은 마이너스(-)의 가치를 부여받는 반면, 우변에 있는 기독교의 항목(성아/분별/영생/수도주의)은 플러스(+)의 가치를 부여받는다. 이는 비교의 기준이 중립적인 것처럼 보이지만 기독교적 관점에 근거하고 있기 때문이다.

(3) 세계종교론

한치진은 비교 작업을 통하여 기독교와 타종교 사이의 '차이'를 부각시켰
지만 종교들 사이의 '공통 기반'도 인정하였다.

> 인류의 역사가 하나인 것 같이 신도 하나이다. 세계의 각종 종교는 우주적
> 신을 파악하는 데 여러 가지 노력을 의미한 것에 불과하다.… 금일의 다수한
> 식자들은 우주의 신을 오직 하나로 보는 이상, 세계의 종교들은 결국 하나가
> 될 것을 간파한 것이다.[203]

그의 입장에서 볼 때, 우주의 신은 하나이며 각 종교는 그것을 각기 다른
방식으로 파악하고 있을 뿐이다. 그리고 어떤 종교이든지 각 민족에게 나름
대로 유익한 공헌을 한다. 따라서 서로 간에 편협한 교리 주장이나 '종교적
파쟁'을 하는 것은 지나간 시대의 '우행(愚行)'을 반복하는 것에 지나지 않는
다.[204]

그러므로 앞으로 종교인들이 힘써야 할 중심 과제는 어느 한 종교를 내세
워 다른 종교들과의 싸움에서 승리하는 것이 아니라 '세계 각 민족의 종교를
동정적으로 연구하여 각자의 장점을 선택하고 수집하여서 우주의 유일한
신을 찾고 숭배할 수 있는 종교를 수립하는 그 사업'이라는 것이다.[205] 물론
이때 '진선미의 실재'이자 '살아 계신 하느님'으로 존재하는 이 우주의 신은
어느 한 민족이나 종교에 국한되지 않고 모든 합리적 종교행위와 자연과 인
류 역사에 나타나며, 더 나아가서는 장차 형성될 모든 것의 근본이 된다.[206]

그는 '성경의 통일'을 통한 '종합성경'의 편찬, 우주창조론의 통일을 통한
'세계 지식의 통일', 그리고 의식(儀式)제도의 통일 등도 제안했다.[207] 세계 모
든 종교의 경전과 우주론과 의식의 통일을 통한 세계종교의 창조는 '종교적

에스페란토' 창설 제안과 유사한 성격이 있다. 이는 실현 가능성 여부는 차치하고 매우 혁명적인 발상이다.

그런데 그는 이러한 '세계종교'를 형성하는 데 기독교가 '골자'가 되고 지도적 역할을 할 수 있다고 확신했다.[208] 세계종교론에서 핵심적 의미를 지닌 '우주의 유일한 신'의 위대한 속성을 예수 그리스도처럼 충분히 표현한 자가 없기 때문이다. 물론 그렇다고 해서 다른 종교에는 신에 대한 참지식이 없다거나 종교가 될 자격이 없다고 단언해서는 안된다는 단서 조항을 달았다.[209] 이처럼 한치진은 종교들 사이의 공통 기반을 강조하면서도 기독교 신앙의 우월성을 암묵적으로 견지했다.

지금까지 살펴본 바와 같이 한치진의 종교 담론은 세 축을 중심으로 선회했다. 첫째는 철학, 과학, 예술, 도덕 등의 타 영역과 구별되는 종교 세계의 독특성을 초월성(초현실적, 초감각적), 신의 묵시, 이상(理想)의 추구 등으로 파악하는 '종교본질론'이고, 둘째는 불교나 이슬람교 등과 같은 세계종교와 구별되는 기독교의 독특성과 우월성을 논의하는 '비교종교론'이고, 셋째는 기독교를 중심으로 하는 '세계종교론'이다.

이 세 가지 종교 담론은 한치진의 사유 구조 속에서 상호 독립적으로 존재하는 것이 아니라 서로 밀접한 관련을 맺으면서 존재한다. '신의 묵시'를 종교의 본질로 파악하는 관점은 기독교를 종교의 모델로 삼는 암묵적인 종교 정의이며, 불교와 기독교를 소극적 진리/적극적 진리, 지상천국의 건설 의지 결여/지상천국의 건설 의지 충만의 이분법으로 파악하는 것은 기독교를 중심으로 한 비교종교론이고, 기독교의 신관을 골자로 한 세계종교론 역시 기독교 중심의 사고이다. 요컨대 한치진의 종교본질론, 비교종교론, 세계종교론은 '기독교적 종교철학'의 장 속에서 서로 연결되어 있다. 자기-타자의 관계 구도에서 보면 그의 종교 담론은 위계적 포괄주의에 서 있다고 할수 있다.

박형룡과 한치진을 비교하면 신학적 배경에서 뚜렷한 차이가 발견된다. 박형룡은 성서무오설의 입장에서 성서비평을 거부하고 진화론을 배척한 근본주의 계열의 신학자인 반면, 한치진은 성서비평과 진화론을 적극 수용한 자유주의 신학 계열의 철학자이기 때문이다. 이처럼 상이한 신학적 배경을 갖고 있지만 불교와 같은 타종교의 인식에서는 커다란 차이가 발견되지 않는다. 이는 한치진의 지식 체계가 오리엔탈리즘의 수로에서 벗어나지 못했기 때문이다. 한치진이 활동하던 20세기 전반에는 아무리 진보적인 서구 지식인이라 할지라도 동양 문화를 보는 시각에서 서구 중심주의 즉 오리엔탈리즘에서 벗어나기 어려웠다. 이러한 오리엔탈리즘이 종교 영역에 적용될 경우 '기독교 오리엔탈리즘'[210]으로 나타나는데, 서양의 종교철학을 공부한 한치진의 시각은 여기에서 자유롭지 못했던 것이다.

지금까지 우리는 장로교 선교사 언더우드와 감리교 선교사 존스, 감리교 목사 최병헌과 장로교 목사 박승명, 그리고 장로교 신학자 박형룡과 평신도 철학자 한치진의 종교 담론에 나타난 비교종교론을 중심으로 해방 이전 개신교의 타종교 인식을 살펴보았다. 이들의 비교종교론에 나타난 공통점은 기독교와 타종교의 비교에서 비교의 기준을 각자 나름대로 설정했다는 것이다.

언더우드는 신관의 여섯 측면(유일신 신앙의 엄격성, 계시의 명료성, 신의 네 속성[영성, 거룩성, 사랑, 삼위일체]), 존스는 기독교와 한국종교의 다섯 가지 접촉점(하느님, 도덕, 예배, 기도, 영혼불멸), 최병헌은 종교의 세 요소(유신론, 신앙론, 내세론), 박승명은 종교의 열세 가지 권형(종교의 내력, 목적, 주의, 경전, 교리, 교조, 정치 방법, 결과, 정신, 신학론, 죄악론, 인성론, 창조론 등), 박형룡은 종교의 여섯 가지 구성요소(신념, 예배, 도덕, 죄의식과 구원에 대한 희망, 내세관, 실용성), 한치진은 여섯 가지 비교 기준

(자아관, 진리관, 삶의 목표, 도덕관, 세상에 대한 태도, 지상천국관)을 제시하였다.

우리가 앞에서 제시한 자기-타자 관계의 유형론에 입각하여 평가하자면 박형룡의 비교종교론은 '이교의 총체적 실패'를 선언하고 정복주의 선교를 제창하고 있기 때문에 이분법에 근거한 배타주의에 속한다. 한치진의 세계종교론은 기독교를 중심으로 한 세계종교의 통합을 지향하기 때문에 위계적 포괄주의에 가깝다. 존스와 최병헌은 타종교 속에서 기독교와의 접촉점을 모색하고 타종교의 불완전함을 기독교를 통해 완성시키려고 한다는 점에서 위계적 포괄주의에 속한다. 언더우드와 박승명의 비교종교론은 기독교와 타종교의 차이를 강조하면서 궁극적으로는 기독교에 의한 타종교의 완성을 지향하는 것으로 보이기 때문에 이분법적 배타주의보다는 위계적 포괄주의에 가깝게 서 있다.

이처럼 여섯 비교종교론은 타종교에 대한 인식과 태도에서 일정한 편차를 보이지만 큰 틀에서 보면 기독교를 종교의 모델로 설정하고 비교작업을 했기 때문에 '신학적 비교종교론' 내지 '호교론적 비교종교론'의 범주에 속한다고 할 수 있다.

V

어느 것이
'참세계관'인가?

3·1운동 이후 식민지 한국 사회에서는 세속, 세속적 사조, 세속적 세계관 등의 용어가 급격히 확산되면서 과거와는 다른 새로운 시대적 분위기가 조성되었다. 세속주의로 지칭되는 새로운 시대적 사조는 기독교의 내적 타자인 천주교나 종교 영역의 타자인 한국종교들과는 다른 성격을 지닌 '세속의 타자'로서 개신교에 도전하였다. 특히 청년 지식층 사이에서 새로운 민족운동의 대안으로 등장한 사회주의는 개신교에 심각한 위협으로 다가왔다.

　사회주의는 과학적 합리성을 전면에 내세우면서 종교비판론을 넘어 종교소멸론까지 제창하였기 때문에 개신교는 종교의 존재 이유와 종교 영역의 자율성을 확보해야만 했다. 따라서 개신교는 종교와 과학의 양립 가능성을 모색하는 한편 진화론의 도전에 대해서도 다양한 형태의 반응을 보였다. 나아가 사회주의 자체에 대해서도 유물론이나 무신론으로 간주하여 강력하게 비판하거나 기독교와 사회주의의 접점을 모색하였다. 세계관 차원에서 보면 기독교와 사회주의의 대립은 종교적 세계관과 세속적 세계관의 대결로서 어느 것이 '참세계관'인가를 둘러싼 세계관 투쟁이었다.

　이 장에서는 개신교가 사회주의의 도전에 대응하는 과정에서 보여준 '세속적 타자'의 인식을 종교와 과학, 창조와 진화, 기독교와 사회주의의 관계를 중심으로 검토한다. 이 세 담론을 분석하기 전에 먼저 그 배경이 되는 사회주의의 반종교운동을 살펴본다.

1. 사회주의의 반종교운동

1) 계몽주의의 종교 비판

19세기 말 동아시아의 지식인 사회에서 가장 빈번하게 등장한 구호는 부국강병과 문명개화였다. 이 시기에는 외세의 침략으로부터 살아남기 위해 막강한 부(富)와 군사력(兵)을 갖춘 강력한 국가의 건설이 절박하게 요청되었고, 이를 가장 효과적으로 달성하기 위한 방편으로 서구 근대(western modernity)를 모방하는 문명개화의 길이 선택되었기 때문이다. 문명개화와 부국강병은 위기에 처한 동아시아 근대 지식인의 집단적 화두이자 과제였다.

부국강병과 문명개화의 구호 속에서 가장 주목받은 것은 서구의 근대과학이다. 당시 정부 관료와 개화 지식인은 서구 열강의 막강한 군사력과 경제력에 압도되어 처음에는 외형적 기술에 주된 관심을 보였지만, 기술의 배후에 과학이 자리잡고 있음을 간파하면서 과학의 수용에 주력하게 되었다.

과학의 가치를 강조하는 사조는 합리주의(rationalism)였다. 합리주의는 이성(reason)을 인간의 최고 능력이자 성취로 보면서 초자연적 설명을 거부한다. 그리고 종교의 시대는 과학의 시대에 의해 밀려나고 있다고 본다. 이러한 관점은 고대 그리스철학에서 나타난 적이 있지만 근대 계몽주의 시대 이후 더욱 강하게 나타났다.[1] 개항기의 여러 문헌에도 이러한 관점이 나타나고 있다.

유럽은 천지의 이치를 궁리하고 만물의 성질을 탐구하고 망탄부회한 말은 단절하고 정확하고 진실한 논(論)만이 흥행하는 데 비해… 아시아는 물리는 깨치지 못하고 사설이 유행하며… 유럽 사람들은 사물을 쉽게 믿지 않고 근

원을 탐구하는 데 비해 아시아 사람들은 사물을 너무 쉽게 믿는다.[2]

이 글에서는 유럽의 부강과 아시아의 빈곤을 대조하면서 그러한 현상을 초래한 원인을 물리와 이치를 중시하는 유럽적 풍토와 사설(邪說)이 난무하는 아시아적 풍토의 차이에서 찾았다. 물론 여기서 물리와 이치는 과학적 태도를 의미하며 사설은 미신을 가리킨다.

이 시기의 문헌에는 과학이 허문(虛文)에 대립하는 실학(實學)으로 지칭되거나 격치학(格致學) 혹은 격물학(格物學)이라는 용어로 표현되는 경우가 많다.[3] 더 구체적으로는 계통적 학리(學理)를 지닌 학문 혹은 해당 사실을 정확히 관찰하고 검증하여 원인과 결과의 관계를 연구하여 통일적인 설명을 제공하는 지식[4]으로 정의되기도 한다. 그리고 과학의 영역을 세부적으로 분류하면서 과학 범주의 특성을 드러내는 작업이 많이 등장했다.[5]

미신은 '망탄부회(妄誕府會)한 말' 혹은 '이단곡학(異端曲學)'이라는 말로 표현되고, 목우(木偶), 옥황(玉皇), 관제(關帝), 삼청(三淸), 남무(南巫), 불족(佛足), 축복(祝福) 등과 같은 민간신앙의 요소를 주로 지칭한다.[6] 특히 귀신이라는 것은 당초에 없는 것이요, 귀신이 있는 줄 알고 마음을 먹으면 귀신이 생기는데 그것은 그 사람의 마음속에 있는 귀신이라거나 학문이 없을수록 허한 것을 믿고 이치 없는 일을 바라는 것이라고 하면서 전통적인 귀신 신앙을 대표적인 미신으로 간주한다.[7]

그런데 합리주의 관점에서 행한 이러한 종류의 미신 비판은 이 시기의 기독교가 선교의 장에서 전개한 미신 타파 담론과 그 내용이 사실상 일치한다. 당시 기독교는 앞서 언급한 것과 같은 다양한 형태의 민간신앙을 미신의 범주로 분류하고 이를 구습 타파 혹은 미신 타파의 기치하에 철저하게 배격하였기 때문이다. 이처럼 미신은 근대 합리주의와 기독교의 '공동의 적'

이다.

이 시기의 합리주의와 기독교는 미신 타파 담론을 공유하지만 비판의 근거는 다소 다르다. 합리주의가 과학/미신의 이분법에 근거하여 미신을 비판한다면, 기독교는 종교/미신의 이분법에 근거하여 미신을 비판하기 때문이다. 합리주의는 미신의 비합리성에 초점을 두는 반면, 기독교는 미신의 '거짓 종교성'에 초점을 둔다.

미신에 대한 접근 방식의 차이는 합리주의와 기독교 사이의 중요한 인식론적 단절을 보여준다. 기독교의 시각에서는 종교와 미신의 차이가 매우 중요하지만, 합리주의의 시선에서는 양자의 차이가 그리 중요하지 않기 때문이다. 합리주의자의 눈으로 볼 때 종교와 미신은 정도의 차이에 불과하다. 따라서 기독교와 민간신앙의 불연속성이 인정되지 않는다. 하나는 더 세련된 '고등종교'이고 다른 하나는 덜 세련된 '하등종교'일 뿐이다. 합리주의의 자리에서 보면 종교라고 불리건 미신이라고 불리건 양자 모두 과학적 합리성을 결여한다.

> 예수가 아비 없이 출생하였다는 말이나 떡 다섯 개, 생선 두 마리로 수천 명을 먹였다는 이야기, 물을 가리키니 술로 변했다는 이야기, 십자가에 못 박혀 죽은 후 3일 만에 부활하고 40일 만에 승천했다는 이야기 등은… 근거 없고 거짓된 것.[8]

이처럼 극단적 합리주의의 관점에서는 기독교도 '면책특권'을 지닐 수 없기에 기독교의 전통적 신앙과 교리가 모두 근거 없는 허구적 이야기로 간주된다.

인세(人世)는 천국과 지옥의 본가(本家)요 천국과 지옥은 인세의 분점 같은 것이라. 고(故)로 천국이니 지옥이니 하는 것이 객관적으로 존재하는 것이 아니오. 단(單)히 오인(吾人)이 정신상 쾌락과 고통을 구체적으로 형유(形喩)한 것이라.[9]

천국과 지옥을 객관적 세계가 아니라 정신적 쾌락과 고통의 투사로 파악하는 이러한 관점은 일종의 투사론(projection theory)으로서 합리주의의 산물이다. 이처럼 초자연의 세계를 철저하게 배제하는 합리주의의 시선 속에서는 종교와 미신이 차지할 자리가 없다.

그러나 합리주의적 종교관은 이 시기의 지적 담론의 장에서 반기독교적 담론을 적극적으로 생산하지는 않았다. 민간신앙에 대해서는 미신 타파의 기치 아래 수많은 비판 담론을 산출하였지만,[10] 기독교에 대해서는 비판의 칼날을 별로 휘두르지 않았다. 여기에는 문명개화론과 사회진화론의 입김이 큰 역할을 하였다.

당시 계몽 지식인 사회에 널리 확산된 문명개화론과 사회진화론은 기독교를 문명의 종교로 간주하면서 적극적 가치를 부여하였다. 적자생존과 우승열패의 논리가 휩쓰는 치열한 경쟁의 시대에 기독교는 실력 양성과 자강운동의 논리에 도움을 주는 유용한 종교로 호명되었던 것이다.[11] 이러한 시대적 상황 속에서는 합리주의에 내재한 반종교적/반기독교적 성향이 수면 위로 올라오기 어려웠다. 반종교적/반기독교적 성향이 수면 위로 분출하기 위해서는 계몽주의의 후예로서 더욱 급진적 성격을 지닌 사회주의를 기다려야 했다.

2) 사회주의의 반종교 담론

사회주의의 반종교운동은 세계 제1차 대전과 3·1운동을 계기로 급격히 확산되었다. 3·1운동 이후 사회주의가 청년 지식층을 중심으로 급격하게 확산되면서 개신교의 위상은 크게 흔들리게 되었다. 미국 선교부의 한 보고서는 당시 상황을 다음과 같이 묘사했다.

> 지금 이데올로기의 격류가 홍수처럼, 일본이나 중국, 아니면 서구 소비에트에서 직접 밀려들고 있다.··· 특별히 공산주의와 볼셰비즘이 폭넓게 침투하고 있다. 청년사회주의동맹이라든가 무신론자동맹과 같은 단체에는 교회에서 떨어져 나간 청년들이 지도력을 발휘하고 있는 실정이다.[12]

사회주의의 급격한 확산은 세계 제1차 대전 이후의 상황과 관련되어 있다. 미국 윌슨(Thomas W. Wilson) 대통령의 민족자결주의는 식민지 사회의 해방에 실질적 도움을 주지 못하는 것으로 판명된 반면, 1917년 볼셰비키 혁명에 성공한 레닌 정부는 식민지 민족 해방에 실질적 도움을 주는 것으로 비쳤다. 따라서 3·1운동을 통해 정치적 독립을 달성하는 데 실패한 민족주의자들은 독립운동의 새로운 방법으로 사회주의에 접근했다. 전 세계의 적화를 궁극 목표로 식민지 민족해방운동을 활용하려는 소비에트의 전략과 민족 해방을 위해 코민테른의 지원을 얻으려는 민족주의자들의 이해관계가 맞아떨어진 것이다.

이러한 시대적 흐름 속에서 청년 지식층을 중심으로 한 사회주의 단체들이 조직되기 시작했는데, 이들이 전개한 운동의 하나가 반기독교운동이다. 1925년 좌익단체 한양청년연맹은 개신교계의 조선주일학교대회를 방해하기 위해 반기독교강연회를 개최하려고 하였고, 1926년에는 사회주의 청년 단체 '청총'이 성탄절(12월 25일)을 '반기독데이'로 제정하였다. 사회주의 진영의 '반기독교강연회'는 일제의 간여로 무산되었지만, 그 강연회에서 발표하기로 한 원고의 내용이 『개벽』에 실렸다.[13] 여기에 실린 사회주의자 배성룡(裵成龍)의 글이 당시 반종교운동의 논리를 가장 잘 보여주고 있기 때문에 그 글을 중심으로 반종교운동의 논리를 살펴보도록 하자.

배성룡에 의하면 종교는 가상의 대상에 대한 존숭과 찬미의 신념이며 행복을 가상적으로 탐구하는 사람의 노고(徒勞)이다. 즉 종교는 미래세계를 동경하고 영생의 천당을 갈망하는 일종의 공상이고 환영(幻影)이다.[14] 따라서 종교는 현실의 사회문제에 도피적 태도를 취한다. 그런데 종교의 현실도피적 성격은 권력가와 세력가의 이용물이 된다. 특히 현대의 종교 조직은 자본주의 사회를 변호하는 제도이며 자본주의의 호위병으로서 자본주의 사회 자체와 운명을 같이한다. 따라서 종교는 사회의 진보와 인간의 발전에 큰 장애물이다. 종교에 대한 그의 비판은 아래의 글에 압축되어 있다.

> 그(기성종교)는 너무나 마취적이요 미혹적이며 너무나 침략적이요 너무나 정복적…이다. 계급의 정복, 민중의 마취가 이 종교에 말미암지 아니한 것이 없고 성(性)의 정복과 이민족의 지배가 이 종교에 말미암지 아니한 것이 없다.[15]

요컨대 종교는 마취의 수단이자 지배의 도구라는 것이다. 나아가 그는 종교가 인간에게 해를 끼치는 마력이 검이나 철포(鐵砲) 심지어 독가스(毒瓦斯)보다도 더 강하다고 주장했다.[16] 따라서 기성 종교와 인간 해방은 공존할 수 없는 불상용물(不相容物)의 관계에 있다.[17] 이처럼 배성룡은 종교를 민중을 기만하는 허위의식이자 기존 체제를 옹호하는 지배 이데올로기로 규정했다.

일제하 사회주의 진영은 이러한 종교관을 기초로 하여 당시의 주요 종교인 개신교와 천도교에 대하여 집중적인 비판을 가하였다. 먼저 개신교에 대해서는 '유교에 대한 반동으로 밀수입한 신종교'라고 규정하면서 초기 개신교는 어느 정도 진보한 부르주아적 관념과 자유주의적 색채를 가지고 있었음을 인정했다. 그러나 개신교는 봉건제를 타파하는 자본주의 혁명의 끈 역할은 하였지만 이제는 제국주의의 옹호자이고 노동계급의 발흥을 막는 방어자이고 정신적 마취를 가져오는 아편장시(阿片場市)라고 혹독한 비판을 했다.[18]

천도교에 대해서는 민족개량주의의 마전(魔殿) 혹은 정녀(貞女)의 탈을 쓴 매춘부 등의 용어를 통해 비판했다. 특히 천도교의 물심병행론(物心並行論)에 대해서는 사람의 몸뚱이에다 귀신의 대가리를 붙인 낮도깨비라고 냉소하였다.[19] 이는 천도교가 유심(唯心)과 유물(唯物)을 넘어선 독자적 세계관이라고 주장하는 물심병행론을 마르크스주의적 유물론의 입장에서 비판한 것이다. 그리고 당시 번성하던 시천교, 청림교, 보천교, 수운교 등의 신종교들에 대해서도 모두 민중을 착취하는 종교라고 비판하였다.

이처럼 일제하 사회주의 진영의 반종교운동은 종교의 본질에 대한 이론적 비판과 제도종교의 사회적 기능에 대한 비판으로 이루어져 있다. 한 가지 주목할 것은 당시 사회주의 진영의 종교 비판이 민족개량주의 노선과의 관계 여하에 따라 일정한 변화를 보였다는 점이다. 신간회(1927-1931) 운동을 통하여 통일전선 전술을 구사할 때에는 민족개량주의 노선의 일부를 구성하는 천도교 및 개신교와 같은 제도종교에 대한 비판이 약화되었지만, 민족개량주의와 결별을 선언한 이후에는 비판의 강도가 매우 높아졌다. 그러나 종교의 본질에 대한 비판은 시기를 불문하고 지속되었다. 마르크스와 레닌의 반종교 이론을 문자 그대로 수용한 당시 사회주의 진영으로서는 '종교적 세계관'을 수용할 수 없었기 때문이다.

2. 종교와 과학[20]

이 절에서는 사회주의 진영의 반기독교운동에 대하여 개신교가 '종교와 과학' 담론을 통해 대응하는 양상을 살핀다. 즉 개신교가 종교와 과학의 관계를 어떻게 설정하여 사회주의의 공격을 방어하려고 했는가를 중점적으로 살핀다.

동아시아 근대사의 흐름에서 보면 서구 과학의 전파 및 수용 과정에서 개신교는 상당히 중요한 위치를 차지한다. 특히 한국 사회에서는 개신교계 학교가 근대 교육에서 차지하는 비중이 매우 높았기 때문에, 일본이나 중국에 비해 과학의 전파 및 수용에서 차지하는 개신교의 위상이 더욱 높았다. 당시 개신교는 학교만이 아니라 병원이나 교회와 같은 다양한 제도적 장치를 통해 근대과학을 적극적으로 소개하였을 뿐만 아니라 선교의 방편으로도 적극 활용하였다.[21] 따라서 당시 한국 사회는 근대과학과 개신교를 동일시하는 경향이 있었으며, 개신교가 '문명의 종교'로 간주된 것은 이러한 맥락에서였다.

그러나 시간이 흐르면서 개신교와 근대과학이 같은 것이 아니라는 사실이 점차 인지되었다. 앞서 언급하였듯이 세계 제1차 대전과 3·1운동 이후 서구의 다양한 지적 사조가 청년 지식층에 급격하게 확산되면서 양자의 차이에 대한 인식이 더욱 명료해졌다. 특히 과학적 합리성을 강조하는 사회주의는 종교와 과학을 날카롭게 대립시키면서 과학의 이름으로 종교를 비판하였다. 계몽주의의 후예인 사회주의는 초자연/자연의 이분법에 근거하여 초자연의 세계를 비합리성의 영역으로 간주하고 궁극적으로는 배제해야 할 영역으로 간주했다. 따라서 초자연의 세계에 속하는 것으로 간주한 종교는 과학의 타자이자 타파해야 할 적이었다.

사회주의 진영의 반종교 담론이 종교와 과학의 관계에 대한 개신교 진영의 본격적 관심을 촉발시켰지만, 그 이전부터 개신교는 종교와 과학의 관계에 대해 나름의 지적 담론을 전개해 왔다. 따라서 여기서는 종교와 과학의 관계를 축으로 전개되는 개신교의 과학 담론을 크게 4가지, 즉 기독교적 문명개화론, 신학적 자유주의, 신학적 근본주의, 두 언어 이론으로 나누어 검토한다.

1) 기독교적 문명개화론: 문명화의 두 바퀴로서 과학과 종교

개항 이후 지배 담론으로 자리를 잡아 온 문명개화론은 식민지 시대에도 실력양성론의 형태로 지속되었다. 실력양성론은 기독교 밖에서도 전개되었지만 개신교 진영에서도 그 모습을 드러내었다. 그리고 실력양성론의 중요한 축으로 종교와 과학이 등장했다. 개신교 지식인의 한 사람이었던 김창세(金昌世)[22]는 다음과 같이 말했다.

> 대관절 서양과 우리나라를 그다지도… 정반대의 양극으로 보이게 할 것이 무슨 까닭인가.… 모든 대답보다도 근본적이요 통괄적인 기본 답이 있다고 봅니다. 그것은 저 사람들은 과학적이거늘 우리네는 비과학적이요 저 사람은 종교적이거늘 우리네는 비종교적이라 함이외다. 이것이, 이 차이가 저 나라를 천국같이 보이게 하고 우리나라를 지옥같이 보이게 하는 근본적 이유가 되는 것이라고 나는 보겠습니다.[23]

요컨대 서양 사람은 과학적이고 종교적인 데 비해서 우리나라 사람은 비과학적이고 비종교적이기 때문에 서양은 '천국'이 되고 우리나라는 '지옥'이 되었다는 것이다. 그는 과학이 인류를 생산의 고역에서 해방하고 질병과 고통에서 해방하고 나아가 여러 가지 자연의 속박에서 해방하여 안전하고 한가한 또는 컬처(culture) 있는 생활[24]을 가능하게 한다고 하면서 과학의 '실용'에 주목하였다.

그렇지만 한국 사회에 더욱 필요한 것은 과학의 실용보다는 과학적 정신이라고 역설했다. 그는 과학적 정신의 특징을 진리를 사랑하고 허위와 미신을 배척하는 진리감, 인과의 법칙을 믿는 것, 과학적 진리의 신뢰라고 주장했다.[25] 여기서는 과학과 미신이 날카롭게 대립한다.

이와 함께 종교의 힘을 강조했다. 김창세에 의하면 종교적 정신은 최고의 선과 애와 최고의 진리인 하느님에 대한 신앙 그리고 그를 본받고 따라가려 하는 인생의 애와 선과 희망에 대한 신앙이다. 서양인의 경우에는 종교적 정신이 혈과 육으로 되어 있기 때문에 일신의 쾌락을 위하여 살지 않고 항상 타자(후손, 민족, 국가, 단체, 인류)를 위해 살며,[26] 문명인의 특색인 정의감에 불타기 때문에 언제나 자기희생과 봉사의 생활을 한다.[27] 이와 반대로 우리나라 사람은 무신앙과 무봉사의 생활을 하기 때문에 언제나 자기 중심, 자기 가족 중심, 구복(口腹) 중심, 현재 중심의 생활을 한다는 것이다. 이처럼 과학과 종교의 힘을 각각 설명한 다음에는 종교와 과학의 관계를 아래와 같이 규정했다.

종교와 과학, 과학과 종교 이것이 현대인의 맘에, 그중에도 마르크스의 유물론을 문자대로 존숭하는 이들의 생각에는 전혀 서로 배치되는, 마치 불가입성(不可入性)의 지배를 받는 양성(兩性)인 것 같이 생각되는 모양이나, 나는 과

학과 종교가 일차(一車)의 양륜(兩輪)처럼 우리 인류를 행복되게 하고 구제해
내는 상즉불가리(相卽不可離), 서로 붙어서 떨어지지 못할 것으로 압니다.[28]

요컨대 종교와 과학은 차의 두 바퀴처럼 서로 떨어질 수 없는 관계에 있으
며 양자는 인류에게 행복과 구제를 제공한다는 것이다. 따라서 우리는 지옥
의 나라를 천국의 나라로 새롭게 개조하기 위해 과학적 정신과 종교적 정신
을 동시적으로 가져야 하며, 스승인 서양인처럼 "과학적으로 알고 종교적으
로 행하자."고 역설했다.[29] 이처럼 김창세의 의식 구조 속에서는 종교와 과
학이 문명화의 두 바퀴로 설정되어 있으며 양자에 대해 동등한 관심과 가치
가 부여되어 있다.

이와 비슷한 문제의식을 가지고 종교와 과학의 관계를 논한 또 한 사람
의 개신교 지식인은 동초(東樵)라는 필명의 소유자이다. 그는 조선중앙기독
교청년회(YMCA) 기관지 『중앙청년회보』에 실린 '종교와 과학'이라는 제목의
짧은 글에서 양자의 관계를 다음과 같이 규정하였다.

만근 이래로 종교를 신앙하는 자가 과학을 반대하는 자도 유(有)하고 과학을
강구하는 자가 종교를 저배(抵排)하는 자도 유하니 시기(是豈) 본의의 위연(爲
然)함이리오 과학의 원인이 종교에서 생하며 종교의 지류가 과학을 성(成)함
이니 일이이(一而二)요 이이일(二而一)이 되는 자가 아닌가.[30]

과학은 종교의 지류에서 생겨난 것이므로 양자는 하나이면서 둘이고 둘
이면서 하나라는 것이다. 그러면서 먼저 종교의 힘을 강조했다. 그에 의하
면 종교적 신앙은 단결, 외도(畏悼), 용분(勇奮), 극기의 힘을 키우는 능력이 있
다.[31] 그렇다고 해서 사공(事功)에 능한 종교만 중시하고 재지(才智)에 능한 과

학을 하찮은 것으로 보아서는 안 된다. 즉 종교사상만 있고 과학사상이 없으면 미신에 빠져 세상이 진보하지 못하기 때문에 이는 천하의 공도(公道)[32]가 아니라고 하면서 과학의 협력을 강조하였다.

이처럼 그는 종교와 과학이 각자의 역할을 다할 때 이상사회가 건설된다고 역설했다.

> 오인(吾人)의 품격을 완전케 하며 사회의 질서를 이정(整正)케 하는 대공덕(大功德) 대사업을 성(成)함에는 필야(必也) 종교를 신앙하야 근본을 확립하고 과학을 강구하야 재기(材器)를 배양한 연후에 진미진선(眞美眞善)한 역(域)에 달(達)할까 하노라.[33]

다시 말해, 인격의 완성과 올바른 사회질서의 확립이라는 대사업을 이룩하기 위해서는 종교와 과학의 역할 분담이 있어야 한다는 주장이다. 요컨대 문명화를 위해서는 종교적 신앙과 과학적 기술이 필수적이라는 것이다.

이처럼 김창세와 동초의 글은 모두 문명화의 견인차로서 종교와 과학의 역할을 강조했다. 그런데 이때의 종교는 사실상 기독교를 가리킨다. 김창세의 글에서는 종교적 정신을 '최고의 선과 애와 최고의 진리인 하느님에 대한 신앙'이라고 표현했고, 동초의 글에서는 '무상(無上)의 진신(眞神)을 신뢰하야 무한의 완전을 기도(企圖)하고 요우(擾擾)한 세계를 증구(拯救)함은 기독교가 지차진의(至且盡矣)라'[34]고 말했듯이, 두 사람에게 이상적 종교는 기독교이다. 이처럼 기독교적 문명개화론(실력양성론)에서는 종교(기독교)와 과학의 관계를 충돌이나 모순 관계가 아니라 서로를 필요로 하는 동반자의 관계로 보았다.

2) 신학적 자유주의: 종교의 과학화

1918년 '조선기독교회'를 세워 선교사 중심의 기성 교회로부터 분립한 김장호(金庄鎬) 목사는 교회 재건설의 첫 번째 과제를 '종교의 과학화'에 두었다. 그는 과학과 등진 종교는 미신의 암굴 속으로 도피한다고 비판하면서 기독교는 무엇보다도 우선 과학적 종교가 되어야 한다고 주장하였다.[35] 그러면서 종교와 과학의 관계에 대해 다음과 같이 말했다.

> 과학과 종교는 상극하는가? 아니다. 과학은 세상의 물리를 연구 개척하는 것이요, 종교는 기존의 모든 현상에다가 다시 과학이 발굴 개척한 것과 또 미래에 발굴 개척할 모든 것을 통합 정리하는 것이다.[36]

과학은 세상의 물리를 연구하는 학문이고 종교는 모든 현상을 통합하는 것이기 때문에 서로 충돌할 필요가 없다는 것이다. 그런데 최근에 종교는 과학을 향해 '외람'하다고 비난하는가 하면, 과학은 종교를 '몽매'하다고 비난하면서 서로 충돌하는 일이 있다.[37] 그는 이러한 충돌의 원인 제공자를 과학이 아니라 종교로 보았다.

> 첫째, 우리는 종교가(물론 여기서는 기독교인을 논함)의 완미를 들지 않을 수 없으니 성경은 천당에서 나려온 책이요 그 안에 있는 말씀은 전부가 다 하느님 친필로 쓰신 것이니 일점 일획이라도 변개할 수 없는 것으로 알기 때문에 성경에 없는 진화론을 부인하고 성경에 없는 비행기와 라디오와 텔레비전의 출현에 당황하여 억지로 말세가 왔다고 말하고 재림의 날이 가까이 왔다 설명하는 것이다.[38]

요컨대 최근의 종교와 과학의 충돌은 종교인 특히 기독교인의 '완미'에서 기인한다는 것이다. 과학은 나날이 발전하는 데 비해 종교는 '고색창연한 옛 시대의 이야기'만 반복하기 때문에 양자의 상극은 불가피하다는 것이 그의 진단이다. 그는 특히 성서에 대한 문자적이고 축자적인 해석이 과학과 종교 사이의 충돌을 일으키는 주요 원인이라고 보았다. 축자적 해석은 신자들에게 온갖 미신과 허황된 교리와 모순을 강요하기 때문이다. 따라서 그는 이러한 태도에서 벗어나 성서를 '지고한 문학적 수법으로 기록 서술된'[39] 책으로 볼 것을 요구하였다. 이는 성서에 대한 근대주의적 비평 즉 고등비평의 수용을 의미한다. 그가 볼 때 과학은 결코 종교의 적이 아니라 종교에 큰 도움이 될 수 있는 학문이다.

> 우리는 기성의 종교인에게 과학이 우리와 용납되는 것은 물론 과학이야말로 신의 섭리를 증명하고 종교의 견실성과 발전성을 조장하는 유일한 영양소인 것을 고조하여 저들의 가진바 온갖 미신 온갖 허황한 교리와 및 모순의 중하(重荷)를 버릴 것을 권하고.[40]

즉 과학은 신의 섭리를 증명하고 종교의 견실성과 발전성을 조장하는 유일한 영양소임을 기성 종교인들은 깨달아야 한다는 것이다. 이와 비슷한 맥락의 글이 자유주의 신학을 수용한 잡지에서는 자주 등장하였다.

> 과학은 비판적이요 회의적이다. 이 비판적 방법을 도덕과 종교에 적용한 즉 무려(無慮)히 채용하는 신앙의 경동(輕動)을 반대하게 되는 것이다.… 신앙도 합리에 근거하여야 한다는 것이다. 비판적 정신은 도덕상으로 인생의 근본적 경험의 요구를 인정하며 종교신앙에서는 알맹이와 쭉정이, 필요한 것과

불필요한 것, 진과 위를 분간하는 것이다. 성경연구에서 과학적 방법은 구신약에 대한 다소 오해를 제거하여 성경의 의의를 더 밝히며 성경학자로 하여금 난관을 면케 하였다.… 과학의 비판적 정신은 도덕과 종교계에 들어가서 오류를 발견하고 제거할 때에 누구나 환희하지 아니할 수 없다. 과학은 이 방면에 많은 공헌이 있었고 이후에도 계속 공헌함이 있을 것이다.[41]

이 글의 논지는 과학의 비판적·회의적 방법을 종교와 도덕과 성서해석의 영역에 적극 수용하자는 것이다. 그래야 더 건강하고 건전한 신앙과 신학이 형성될 수 있다는 것이다. 여기서 한발 더 나아가면 성서적 창조론과 과학적 진화론 사이의 적극적 대화도 요청하게 된다. 실제로 자유주의 신학 진영에서는 창조론과 진화론을 접목시키려는 다양한 시도가 이루어졌는데 이에 관해서는 다음 장에서 논할 것이다.

이처럼 자유주의 혹은 근대주의 신학은 과학적 태도의 적극적 수용을 요구하지만 과학에 대해서 일정한 주문을 한다. 즉 과학이 종교와 일정한 관련을 맺을 것을 요구한다. '종교의 수양이 없는 과학은 방탕한 대로 기울어지기 쉽고',[42] '기독교와 성경이야말로 그대들에게 좋은 반려와 지침이 될 것'[43]이며, '우리들의 과학은 예수의 세례로써 유종의 미를 맺어야 할 것이다'와 같은 말은 바로 이러한 맥락에서 등장한다.

그렇지만 신학적 자유주의의 주안점은 어디까지나 근대적 과학 정신의 수용에 있었다. 이는 기성 교회의 신학이 축자적 성서해석을 통하여 근대과학과 불필요한 갈등을 초래함으로써 오히려 기독교의 존립 기반을 위협한다고 보았기 때문이다. 그리고 여기에는 신학적 보수주의나 근본주의에 대한 적대감이 반영되어 있다고 볼 수 있다.

3) 신학적 근본주의: 과학 제국주의에 대한 반격

신학적 자유주의가 근대과학을 적극 수용하여 근대주의적 종교로 나아가려고 한 반면, 신학적 근본주의는 근대과학의 위험성에 주목하였다. 근대과학에는 기독교의 정체성을 뒤흔들 수 있는 파괴적 요소가 있다고 보았기 때문이다. 더구나 이 시기는 격동과 혼란의 시기로 비쳤다.

> 근대에 지(至)하야 조선뿐 아니라 전 세계 교회가 여러 가지로 곤란을 당하게
> 되었는바 이 곤란은 각국을 통하여 동일함이 다(多)한 중 주요한 자는 과학과
> 종교의 충돌로 인함이라 할 수 있습니다. 보통으로 현대는 과학시대라 하니
> 차(此) 역시 인(認)할 바외다. 과거 백 년 이래에 과학은 전고(前古) 미증유의 현
> 저한 발달로써 인간의 일상생활에 비상한 편의가 유(有)하게 되었으며 종(從)
> 하야 인간의 사상도 종래에 비하여 막대한 변동이 기(起)하였습니다.[44]

요컨대 과거 백 년 동안 과학은 미증유의 발전을 거듭하여 사상계에 커다란 혼란을 초래하였으며 종교와 과학의 충돌 현상이 나타났다는 진단이다. 그리고 이러한 상황을 반영이나 하듯이, 청년 지식인들은 '절대복종'과 같은 '명사'에 대해서는 일종의 악담으로 간주하면서 각종 권위에 저항하는 것으로 보였다. 따라서 이 시기는 혁명의 시대[45] 혹은 자유의 소리만이 요란한 회의시대[46]로 불렸다.

이 시기의 개신교는 특히 마르크스주의의 종교소멸론을 '가장 기괴한 예언'으로 규정하면서 경계의 태세를 늦추지 않았다.[47] 그리고 유물론과 무신론의 확산을 '마군의 천국 습격'으로 규정하면서 '그리스도의 정병의 총출동'을 요구했다.[48] 더 구체적으로는 신앙의 용기, 열성적 선교, 변증신학의 연

구와 활용을 대안으로 제시하였다.[49]

이러한 지적 위기 상황을 타개하기 위해 변증신학에 주력한 대표적인 개신교 신학자가 박형룡이다.[50] 그는 변증신학을 전공하게 된 이유를 자신의 박사학위 논문 서문에서 다음과 같이 고백하였다.

> 미국으로 유학을 가던 중 태평양 배 안에서 재일본 유학생들이 발간하는 한 잡지에 실린 '어느 무종교인의 종교관(An Irreligionists' View of Religion)'이라는 글을 읽고 참을 수 없는 모멸감을 느꼈다. 그들은 반기독교적 감정을 가지고 있었으며 근대 과학에 대한 단편적이고 불완전한 지식을 가지고 기독교와 과학을 갈등 관계로 파악하고 있었다. 나는 청년 지식인들이 기독교에 대한 잘못된 이해를 가지고 있음을 알고 이를 교정하기 위해 변증학을 공부하기로 결심했고, 결국 미국에서의 박사학위 논문 제목도 「Anti-Christian Inferences from Natural Sciences」로 잡았다.[51]

요컨대 당시 청년 지식인들이 과학과 종교에 대해 지닌 잘못된 관념을 교정하기 위해 변증학을 공부하기로 결심했다는 내용이다. 그는 먼저 당시의 상황을 과학과 종교의 전쟁으로 규정하면서 그 전쟁의 발발 원인을 찾았다.

> 과학과 종교의 전쟁은 종교에 대한 과학의 공격이지 그 반대는 아니다. 과학적 추론이 공격을 하고 종교는 방어하는 상황이다. 상호 공격으로 보는 것은 잘못된 추론이다. 종교는 과학의 영역에 침공하는 것을 중지했다. 양자 사이의 평화가 달성되기 위해 먼저 공격 무기를 내려놓아야 하는 것은 과학자이다. 반종교적 추론을 만든 사람들이 현재의 불행에 책임이 있는 것이다.[52]

한마디로 이 전쟁은 과학의 선제공격에 의해서 일어난 것이고 종교는 단지 방어하는 상황이므로 양자의 평화를 위해서는 먼저 과학이 공격 무기를 내려놓아야 한다는 주장이다. 앞서 언급한 신학적 자유주의와는 정반대의 자리에서 종교와 과학의 충돌 원인을 찾았다.

그러면 왜 과학이 선제공격을 하고 있다고 믿는가? 그는 과학의 오만한 태도에서 해답을 찾았다. 자연의 정복을 통해 자연과학이 현대 사회의 놀라운 물질문명을 산출하자, 사람들은 과학을 '전능한 신'으로 찬미하고 대중적 숭배의 대상으로 삼게 되었다.[53] 그러자 오만해진 과학은 자신의 고유한 영역을 넘어 다른 분야까지 개입하게 되고 그 과정에서 지금과 같은 과학과 종교의 충돌 현상이 나타나게 되었다는 것이다.

그러면 이 전쟁을 어떻게 중지시켜 양자 사이의 평화를 이룩할 것인가? 그는 먼저 과학의 영역과 한계를 분명히 하는 작업을 한다. 박형룡에 의하면 과학은 관찰과 실험, 기록과 측정에 의해 획득되는 한 종류의 지식이며, '비인격적 자료에 대한 반성에 의해 획득되는 체계화되고 검증가능하고 소통 가능한 모든 지식'이다.[54] 그리고 자연과학은 설명이 아니라 기술(description)의 학문이며, 본질적으로 귀납적 방법에 의존한다.[55] 그가 강조하는 것은 과학은 만능 지식이 아니라 여러 가지 지식 중의 하나라는 점이다. 이 세상에는 다양한 지식이 존재하며 과학은 그중에 한 부분을 이루고 있을 뿐이라는 것이다.

이와 동시에 그는 인간의 과학 활동의 근거에 주목하여 과학의 한계를 제시했다. 그에 의하면 과학 활동을 가능하게 하는 것은 인간의 이성 혹은 지성이다. 그런데 인간의 정신은 지성, 감정, 의지의 세 측면으로 이루어져 있고, 과학은 이 중에서 단지 이성의 작용일 뿐이다. 그리고 이성은 매우 불완전하다.

그들은 이성이 전지한 줄로 존경하여 최고 권위를 헌(獻)함이나 이성이 전지
할 것이면 하고(何故)로 진리를 해설함에 자상(自相) 모순 충돌하는가? 철학에
유신론과 무신론이 호상모순하고 유심론과 유물론이 호상충돌하지 않는가?
이성으로써 묵시를 해득하는 기계를 가작(可作)이나 기(其) 이상(以上)에 최고
권위를 탐함은 무리한 일이다.[56]

이성은 전지한 능력을 가지고 있는 것이 아니므로 지식의 장에서 최고의
권위를 주장해서는 안 된다는 것이다. 더구나 이성의 활동에 근거한 자연과
학은 지금까지 수많은 시행착오를 거듭해 왔으며 불확실한 궤도와 위험한
길을 계속 따르고 있으며, 가장 완전한 상태에 도달했을 때에도 그것은 단지
실재(reality)에 근접한 불완전하고 일시적인 지식에 불과하다.[57] 이처럼 과학
은 뚜렷한 자기 한계를 지니고 있다는 것이다.

박형룡은 이처럼 과학의 한계를 폭로함으로써 종교와 과학의 충돌을 방
지하고 양자의 관계를 재설정하고자 했다. 그러면 과학과 대비되는 종교의
영역을 어떻게 규정하는가? 먼저 종교의 기반을 인간의 정신적 능력과 관련
시켜 파악했다. 과학이 인간의 지성에만 관련된 반면, 종교는 지성만이 아
니라 감정과 의지에도 동시적으로 관련되는 인간 활동이다.[58] 따라서 종교
는 과학보다 더 넓은 정신적 기반을 가지고 있다는 것이다.

그리고 과학이 현상세계를 대상으로 하여 법칙을 탐구하는 데 비하여 종
교는 더 심층적인 세계를 다룬다. 종교는 현상계를 넘어 본체계, '근접한 사
실'을 넘어 '궁극적 실재'로 들어가려고 한다.[59] 다시 말해 과학이 멈추는 곳
에서 종교가 발언하기 시작한다는 것이다. 이처럼 종교는 과학보다 더 광
범위한 정신적 기반을 가지고 있는 동시에 더 심층적인 세계와 관련을 맺고
있다. 박형룡은 종교의 특성을 다음과 같이 표현하기도 했다.

종교의 신앙은 초자연적 초과학적 초인식적으로 인생에게 계시되는 것이라고 생각한다. 초인이란 것은 범인의 하는 일을 할 수 있는 동시에 범인의 못하는 일까지 할 수 있는 것과 같이 종교는 자연과 과학에 초월하면서도 자연과 과학으로 하여금 자연과 과학이 되게 하는 것을 취급하는 것이다.[60]

즉 종교는 과학에 대립하는 비과학적인 것이라기보다는 과학을 넘어서는 '초과학적' 세계이다. 따라서 종교와 과학은 서로 충돌할 수 없다. 그런데 현실 사회 속에서 과학과 종교의 충돌이 끊임없이 일어나는 것은 과학이 들어가서는 안되는 세계인 종교의 세계로 들어와 자기의 목소리를 높이기 때문이라는 것이다.

과학자가 자신의 영역을 넘어 종교의 영역으로 들어가는 것은 정당하다. 하나의 인간으로서 그도 삶의 철학적 종교적 측면과 실제로 관련을 맺고 있기 때문이다. 그는 본체적 실재와 신학적 문제에 대해 나름대로 발언할 수 있다. 문제는 그가 종교의 영역에서 그 자신의 원리들을 가지고 발언할 때이다. 그는 자신이 신학과 종교의 영역으로 들어갔을 때에는 과학자가 아니라 하나의 종교인이라는 사실을 의식해야 한다. 이 특별한 영역에서는 보다 높은 고차적 원리들을 무시해서는 안 된다. 종교에는 과학이 분석하고 분류할 수 없는 것이 있음을 인정해야만 한다.[61]

요컨대 과학자가 개인적 차원에서 종교의 영역으로 들어갈 수 있지만 그 경우에는 그 자신이 하나의 종교인이라는 사실을 염두에 두어야 한다는 것이다. 종교의 세계에서는 과학의 논리를 들이대서는 안 되고 어디까지나 종교의 고유한 논리를 존중해야 하기 때문이다. 그럼에도 불구하고 현실 속에서는 이러한 규칙이 자주 무너진다. 박형룡은 그 이유를 '과학'과 '추론'의 혼동에서 찾았다.

> '우주에는 법칙과 질서가 있다.'는 것은 과학 자체의 발언인 반면, '우주에는 법칙과 질서가 있기 때문에 신의 존재는 불가능하다.'라는 것은 과학으로부터의 단순한 추론이다. 전자는 현재의 과학 체계가 지속되는 한 논박될 수 없는 반면 후자는 논박될 수 있다. 왜냐하면 우주 안에서 법칙과 질서가 발견되기 때문에 우주 안과 너머에는 위대한 설계자가 있음에 틀림없다는 유신론자의 추론도 가능하기 때문이다.[62]

요컨대 '우주 안의 법칙과 질서'라는 과학적 사실로부터 무신론적 추론과 유신론적 추론이 모두 가능한데, 여기서 무신론적 추론만을 끌어내는 것이 문제라는 것이다. 이는 과학과 추론을 엄격하게 구별하지 못하고 양자를 혼동함으로써 나타나는 현상이다. 따라서 그는 '잘못된 추론'을 반박하고 '올바른 추론'을 제공하는 것을 자신의 변증신학의 핵심 과제로 삼았다.

그러므로 그에게 종교와 과학의 전쟁은 '종교와 잘못된 추론' 사이의 전쟁이다. 여기서 '잘못된 추론'은 유물론이나 무신론과 같은 세속주의 세계관을 가리킨다. 그리고 이러한 세속주의 세계관은 과학의 이름으로 포장된 또 하나의 종교일 따름이다. 즉 그것은 '과학교(the Religion of Science)'[63]이다. 따라서 종교와 과학의 전쟁에는 종교와 종교의 전쟁이 숨어 있다. 유신론적 종교와 무신론적 종교 사이의 투쟁이 오늘날 종교와 과학의 충돌로 표상되고 있을 뿐이라는 것이다.

물론 그는 이러한 '종교전쟁'에서 분명히 한쪽에 서 있다. 유신론적 종교 진영에 서서 무신론적 종교 진영과의 전투에 참여한 것이다. 그런데 전세(戰

勢)가 불리하다. 현대인의 마음을 사로잡는 과학이 무신론과 동일시되고 있기 때문이다. 그렇지만 과학은 결코 무신론과 동일시될 수 없는 하나의 중립적인 지식 체계임을 그는 잘 알고 있다.

박형룡에 의하면 과학과 종교는 합리성과 비합리성의 관계가 아니라 자연과 초자연의 관계에 조응한다. 초자연의 세계가 자연의 세계를 배제하지 않고 포용하되 그것을 넘어서듯이, 종교의 세계는 과학을 부정하지 않으면서 그것을 넘어선다. 요컨대 종교의 세계는 과학보다 상위의 질서에 속한다.[64] 그런데 과학이 유물론적·무신론적 세계관에 포섭되어 과학 제국주의라는 지적 폭력의 형태를 띠고 종교를 공격하는 것이다. 따라서 그는 이러한 과학 제국주의에 반격을 가하면서 그것의 지적 폭력성을 고발하는 것을 자신의 '순교자적 사명'으로 삼았다.

4) 두 언어 모델: 분리를 통한 영구평화

지금까지 검토한 세 유형과 중첩되는 점이 있지만 종교와 과학의 차이를 더 강조하는 또 다른 흐름이 발견된다. 앞에서 다루었던 입장들도 모두 종교 언어와 과학 언어의 차이를 인정하고 있지만, 이 입장에서는 두 언어 사이의 넘을 수 없는 장벽을 더욱 강조한다. 즉 과학 언어와 종교 언어는 구별 정도가 아니라 아예 분리되어야 한다는 입장이다.

> 과학의 도구는 오인(吾人)의 지각과 그 지각을 결합시키는 관계의 고찰임에 대하야 종교의 도구는 아등(我等)의 표현적 정신인 것이다.… 과학의 취급하는 바는 사실이요 종교의 취급하는 것은 표현이다.[65]

과학은 보편적 사실을 취급하는 학문이요 차(此)에 반(反)하여 종교는 개인적 경험을 취급하는 것이라 한다. 과학이 '자연'을 독(讀)하는 학문이라 하면 종교는 '인생'을 독(讀)하는 학문이다.[66]

요약하면 과학과 종교는 사실/표현, 보편적 사실/개인적 경험, 자연/인생의 이분법적 질서 속에서 각자의 고유한 자리가 있다. 과학과 종교의 이러한 양분법은 다음의 글에서 더욱 세련되게 표현되었다.

자연과학은 자연 문제를 취급하고 종교는 정신 문제를 취급한다. 자연과학은 하(何)와 여하(如何) 문제 곧 'What과 How' 문제를 취급하니 대관절 이것이 무엇이냐 이것과 또 어떻게 이렇게 되느냐 하는 것을 궁구하고, 종교는 하고(何故)와 수위주(誰爲主) 문제 곧 'Why와 Who' 문제를 취급하니 대관절 왜 이렇게 하는가 또 누가 무슨 목적으로 이렇게 하는가 하는 것을 구명하려는 것이다.[67]

요컨대 과학이 무엇(what)과 어떻게(how)의 세계를 다룬다면 종교는 왜(why)와 누구(who)의 문제를 취급한다는 것이다. 과학에 뉴턴의 만유인력이 있고 종교에 기독의 구원이 있다[68]는 주장도 이러한 맥락에서 나온다. 뉴턴의 만유인력과 그리스도의 구원 사이에 아무런 관련이 없듯이 과학 언어와 종교 언어도 전혀 다른 문법을 가진 언어로 파악되어야 한다는 것이다.

이 네 번째 입장은 과학 언어와 종교 언어를 철저하게 분리하는 방식으로 양자 사이의 충돌을 봉쇄하려는 담론이다. 이러한 담론 속에서는 종교와 과학이 전혀 다른 질서에 속한 것으로 간주되기 때문에 서로 간섭할 수 없으며 둘 사이에 충돌이 일어날 수 없다. 그래서 오히려 과학과 종교는 양립 가능하게 된다. 그런데 현실 속에서는 때로 종교와 과학의 충돌이 일어나는데 이는 종교가 과학인체할 때나 과학이 종교의 영역에 침입할 때 발생한다.[69] 따라서 이러한 문제를 근본적으로 해결하기 위해 사실/의미(fact/meaning)의 양분법이 동원된다.

사실/의미의 양분법은 존재(sein)/당위(sollen)의 이분법에 상응한 것으로서 신학적 근본주의가 전제하는 초자연/자연의 이분법과는 다른 맥락에 있다. 사실/의미의 양분법에서는 초자연의 세계를 직접적으로 언급하지 않으면서 종교의 세계를 특징짓는 것이 가능하다. 즉 여기서는 초자연적 계시를 전제하지 않는 종교의 정의가 가능하다. 인간이 살아가면서 끊임없이 직조하는 '의미의 그물망(web of meaning)'이 종교의 본질로 정의될 수 있기 때문이다. 따라서 이러한 사실/의미의 이분법에 근거하여 과학과 종교의 관계를 바라보는 관점은 초자연/자연의 이분법에 서 있는 신학적 근본주의에게는 매우 위험한 시도로 보인다.[70] 이러한 입장은 종교와 과학의 영역을 엄격하게 분리함으로써 양자의 충돌을 예방하는 데 성공했을지는 모르지만 종교의 초자연적 기반 자체를 붕괴시키는 것으로 보이기 때문이다.

그러나 네 번째 입장은 종교와 과학 사이에 '비무장지대(DMZ)'를 설치하여 서로의 영역을 침투하지 못하게 함으로써 양자 간의 '영구평화'를 달성하는데 성공한 것으로 보인다. 이처럼 과학 언어와 종교 언어의 소통 불가능성을 전제하면서 양자 사이의 관계를 설정하는 전략은 서구 기독교 지성사에서 등장하는 '두 책 이론(Two Books Theory)'과 대비되는 '두 언어 이론(Two Languages theory)'에 해당한다고 볼 수 있다.[71] 그리고 종교와 과학의 관계에 대한 이러한 시각은 세속적 근대주의와 신학적 근대주의 양 진영에 의해 수용되었다.

지금까지 살펴보았듯이 과학과 종교의 관계를 둘러싸고 전개된 한국 개신교의 지적 담론은 근대 합리주의와 사회주의의 도전에 대한 응답 형식으로 이루어졌다. 서구 근대 계몽주의의 두 후예로서 개항 이후 순차적으로 수용된 합리주의와 사회주의는 그 자체 내에 반종교적 성향을 내포하였다. 양자는 초자연의 세계를 거부하는 자연주의적 인식론을 공유했기 때문에 미신만이 아니라 초자연적 세계를 전제하는 종교로서의 개신교에 대해 부정적 태도를 지닐 수밖에 없었던 것이다.

그런데 개항기에는 문명개화론과 사회진화론에 의해 문명의 종교로 부상한 개신교의 효용성이 일정 부분 인정되었으므로 개신교는 계몽주의의 반종교적 화살로부터 한발 벗어나 있었다. 그렇지만 3·1운동 이후 개신교가 그동안 누려 왔던 '문명의 종교'로서의 위상이 급격히 추락하고 더 급진적인 형태의 합리주의를 내장한 사회주의가 출현하면서 개신교는 심각한 지적 위기에 직면하였다. 사회주의 진영의 반종교운동이 반기독교운동의 형태를 취하면서 개신교를 주된 목표물로 설정했기 때문이다. 이러한 지적 위기를 반영하면서 등장한 것이 바로 '종교와 과학' 담론이다.

종교와 과학의 관계를 둘러싸고 전개된 담론은 크게 보면 네 유형으로 나눌 수 있다. 첫째는 기독교적 문명개화론의 자리에서 등장한 것으로서 종교와 과학을 문명화의 두 바퀴로 설정한다. 여기서는 종교 언어와 과학 언어를 구별하지만 초점은 양자의 협력에 의한 문명화에 있다.

둘째는 신학적 자유주의의 자리에서 전개된 담론이다. 여기서는 종교와 과학의 충돌 원인을 과학이 아니라 기성 종교의 비합리성과 미신성에서 찾는다. 따라서 당시에 등장한 고등비평이나 진화론과 같은 과학적 성과의 적극적 수용을 주장한다. 즉 종교의 과학화를 해법으로 제시한다. 그런데 선교사 중심의 기존 교회를 미신적 집단으로 규정하고 자신의 신생 교회를 과학적 진영으로 규정하는 이러한 담론 속에는 개신교지형 내에서의 헤게모

니를 둘러싼 투쟁의 정치학이 함께 작동한다

셋째는 신학적 근본주의의 자리에서 등장한 담론이다. 신학적 근본주의는 신학적 자유주의와 달리 종교와 과학의 충돌 원인을 과학주의에서 찾는다. 과학 자체에 책임을 묻는 것이 아니라 근대과학의 후광을 빌려 스스로를 과학적 세계관으로 선전하는 유물론과 무신론에 책임을 돌리는 것이다. 요컨대 유물론과 무신론에 기초한 과학주의가 초자연적 계시에 근거한 종교의 세계를 박멸하려고 하기 때문에 종교와 과학의 충돌이 일어난다고 주장한다. 따라서 신학적 근본주의는 과학 제국주의의 침략으로부터 종교 영역을 수호하기 위해 과학과 과학주의를 구별하는 전략을 구사한다. 그러면서 자연의 세계를 탐구하는 과학은 적극 수용할 수 있지만 초자연의 세계를 거부하는 과학주의는 수용할 수 없다고 주장한다. 이러한 신학적 근본주의의 인식론적 구조 속에서는 종교와 과학이 각각 초자연과 자연의 영역에 할당되는 동시에 자연(과학)에 대한 초자연(종교/신학)의 우월적 지위가 암묵적으로 전제된다. 따라서 이러한 인식론적 관점과 대립하는 것으로 보이는 자유주의 신학과 사회주의에 대해 투쟁적 태도를 보이게 된다.

마지막은 '두 언어 이론'으로 이름 붙일 수 있는 담론이다. 종교 언어와 과학 언어의 차이를 전제한다는 점에서는 앞의 세 담론과 중첩되지만, 종교 언어와 과학 언어의 급진적 분리를 주장한다는 점에 그 특징이 있다. 종교 언어와 과학 언어는 단지 구별되는 것이 아니라 두 언어 사이의 의사소통 자체가 불가능할 정도로 분리되어 있음을 또 분리되어야 함을 강조한다. 박형룡의 신학이 종교 언어와 과학 언어의 차이를 인정하면서도 궁극적으로 두 세계의 수렴을 인정하는 '두 책 이론'에 가깝다면, 이 관점은 양자의 영원한 평행선을 전제하는 '두 언어 이론'이다. 이러한 관점은 기독교 밖의 근대적 자유주의 지식인과 신학적 근대주의 진영에서 주로 나타난다.

이처럼 개항 이후 해방 이전까지 전개된 한국 개신교의 과학 담론 지형에서는 네 유형이 발견된다. 분석의 편의를 위하여 엄격하게 분리하여 서술하였지만 구체적 현실 속에서는 네 유형이 서로 중첩되어 있는 경우가 많으며 서로 간에 일정한 영향을 미치기도 한다. 해방 이후 개신교에서는 네 유형 중 '두 책 이론'과 '두 언어 이론'으로 범주화 할 수 있는 세 번째와 네 번째 유형이 지배적 위치를 점한다고 볼 수 있다. 일반 지식인과 자유주의 개신교 진영에서는 '두 언어 이론'이 지배적 위치를 점하는 반면, 근본주의 진영에서는 '두 책 이론'이 지배적 힘을 발휘한다.

자기-타자 관계의 모델을 종교-과학 담론에 적용하면 어떠한 결과가 나오는가? 네 유형의 종교-과학 담론 중 어느 것도 과학을 전적으로 배제하는 경우는 없다. 따라서 이분법적 배타주의는 등장하지 않는다. 종교와 과학을 '문명의 두 바퀴'로 보는 담론과 '두 언어 이론'은 종교와 과학의 양립에 초점을 두기 때문에 '다원적 공존주의'와 친화성을 보이는 반면, '두 책 이론'과 '신학의 과학화' 담론은 종교와 과학을 구별하면서도 양자의 연결과 수렴을 지향하므로 '위계적 포괄주의'에 속한다고 볼 수 있다.

그런데 종교와 과학 담론의 일부분으로 존재하면서 개신교 내에서 중요한 쟁점이 되었던 것이 진화론이다. 근대과학에서 핵심적 위치를 차지하는 진화론을 둘러싸고 개신교 내부가 분열된 것이다. 따라서 다음 절에서는 진화론에 대한 개신교의 인식을 검토한다.

3. 창조와 진화[72]

19세기 말 동아시아 각국은 서구 근대성 수용의 일환으로 진화론을 적극적으로 받아들였다. 그러나 다윈의 생물진화론보다는 사회진화론이 지식인들로부터 더욱 환영을 받았고 그들의 세계관에 지대한 영향을 미쳤다. 중국에서는 엄복(嚴復)에 의해 스펜서의 『Evolution and Ethics』가 『천연론(天然論)』(1901)이라는 이름으로 번역되면서 사회진화론이 널리 알려졌으며, 강유위(康有爲)나 양계초(梁啓超)와 같은 근대 지식인에 의해 급속히 확산되었다. 일본에서도 다윈 이론은 생존경쟁과 적자생존이라는 단순한 공식으로 이해되면서 사회진화론이 빠른 속도로 확산되었다.

한국의 경우에는 계몽사상가 유길준에 의해 '진화' 개념이 처음 소개된 것으로 알려져 있지만, 20세기 초 애국계몽기에 들어와서 본격적으로 확산되었다. 1906년 창립한 서우학회(西友學會)의 취지문에는 '생존경쟁은 천연(天然)이요 우승열패는 공례(公例)'라는 표현이 등장할 정도로 사회진화론이 한말 사회를 휩쓸었다.[73] 그러나 생물진화론에 대한 관심은 거의 없었는데, 다윈의 『종의 기원』이 한글로 번역된 것이 1950년대였다는 사실이 이를 증명한다.[74]

이처럼 근대 동아시아에서는 사회진화론이 적극적으로 수용된 반면, 생물진화론의 수용과 논의는 매우 피상적인 차원에 머물렀다. 생물진화론은 별다른 논의 없이 과학이론의 하나로 그대로 수용되었기 때문일 것이다. 그러나 기독교 특히 개신교에서는 생물진화론이 유일신 신앙에 근거한 창조론과 갈등을 일으킬 수 있으므로 종교 정체성과 관련하여 매우 중요한 관심사였다. 미국 개신교가 진화론을 둘러싸고 서로 다른 입장을 보여주었듯이 한국 개신교도 진화론 수용 여부를 둘러싸고 다양한 입장을 보였다. 이하에서는 주류 교파에 해당하는 장로교와 감리교, 비주류 진영에 속하는 무교회주의와 안식교를 중심으로 살펴본다.

1) 반진화론

기독교 신앙의 자리에서 진화론을 전면적으로 배척한 반진화론은 보수 신학을 지닌 장로교 선교사나 신학자들에게서 주로 등장하였다. 따라서 여기서는 진화론에 대해 가장 적극적인 논의를 전개한 미국인 선교사 플로이드 해밀턴(Floyd E. Hamilton, 咸日頓)과 한국인 신학자 박형룡을 중심으로 살펴본다. 두 인물은 목회자 양성 기관인 평양신학교에서 성서학이나 조직신학을 가르쳤기 때문에 진화론에 예민한 관심이 있었다.

보수 근본주의 신학의 대표 주자였던 해밀턴은 먼저 과학의 측면에서 진화론을 비판하였다.[75] 그에 의하면 당시까지 생물학이나 지질학과 같은 과학 분야에서 발견된 증거 중 진화론을 지지하는 것은 전혀 없다. 따라서 진화론은 과학 이론으로 성립할 수 없다.[76] 반면 과학에 의해 원자의 구조와 우주의 구조의 유사성이 발견되었는데 이는 '하느님의 능력'을 보여주는 증거이다. 미시 세계의 구조와 거시 세계 구조 사이의 유사성은 지력(智力)이 있는 전능한 하느님에 의한 창조를 증명하기 때문이다. 따라서 진화론은 과학적 증거가 없는 허설(虛說)인 반면 직접창조설(special creation)은 과학적 증거에 기초한 참된 진리다.[77] 일종의 '증거주의'라고 할 수 있는 이러한 논리에는 증거와 관련하여 선택과 배제의 메커니즘이 작동한다. 진화론자들이 진화의 증거로 제시하는 화석이나 지층은 증거자료로 채택되지 않는 반면, 만물의 구조적 유사성은 하느님에 의한 창조의 증거로 선택되기 때문이다.

해밀턴은 진화론 비판을 넘어 기독교계 일각에서 수용되는 '간접창조설'도 비판했다. 하느님이 진화의 방식으로 세상만물을 창조한다고 주장하는 입장이 간접창조설이다. 이 입장에 의하면 창조의 형식과 내용이 진화이므로 창조와 진화는 사실상 같다. 창조론의 자리에서 보면 '진화론적 창조론'

이고, 진화론의 자리에서 보면 '창조론적 진화론'이다. 그런데 해밀턴에 의하면 이성의 하느님이라면 장구한 진행을 통하여 간접적으로 창조하는 것보다 '일타(一打)'에 생명의 세계를 창조하는 것이 더 용이하다.[78] 오랜 시간이 필요한 진화의 방식으로 생명의 세계를 창조하는 것은 전능한 하느님에게는 시간 낭비일 뿐 아니라 합리적 하느님의 속성에도 위배된다. 따라서 해밀턴은 진화론을 수용한 간접창조설을 비판한다.

이처럼 해밀턴은 기독교의 유일신이 세상을 직접 창조했다는 직접창조설(특별창조설)이 진화론보다 더 과학적이라고 주장하는 동시에 진화론을 수용한 간접창조설(기독교적 진화론)을 거부했다. 이러한 입장은 진화와 창조의 이분법을 토대로 진화론을 '거짓 과학'으로 배격하고 기독교의 창조론을 '참된 과학'으로 주장한다는 점에서 1960년대 미국에서 등장한 창조과학(Creation Science)을 연상시킨다.

한국 장로교 보수 신학의 정초자로 간주되는 박형룡은 앞서 언급한 바 있는 『기독교근대신학난제선평』에서 진화론을 다루었다.[79] 그는 당시 교계나 학계에 유입된 진화론이 신자들의 신앙을 위협한다고 보면서 진화론의 문제점을 폭로하고 그에 대항하는 '반진화론'을 소개하는 것이 자신의 임무라고 여겼다.[80]

그는 진화론의 본격적인 비판 이전에 먼저 과학자들의 태도에 문제를 제기했다. 그가 볼 때 과학자들의 지식은 '부분적 지식'에 지나지 않고 그들의 전문적 지식도 많은 오류를 포함한다. 그런데 과학자들은 자신들만이 과학 분야에 대해 논평할 자격이 있다고 주장하는 배타적 태도 즉 일종의 '과학적 귀족주의'에 빠져 있다. 따라서 그는 맹종적 태도를 취하는 과학자보다는 과학에 진지하게 임하는 평범한 시민이 더 훌륭한 성과를 낼 수 있다고 주장했다.[81] 이는 과학자가 아닌 신학자로서 진화론을 논하는 자신의 입지를 구축하기 위한 전략적 논리로 보인다.

이처럼 자신의 문제의식과 입지를 밝힌 후에 박형룡은 진화론의 문제점을 지적했다. 그에 의하면 진화론은 순수한 과학이 아니라 철학적 사변에 지나지 않는다. 그런데 이러한 진화론이 종교의 영역까지 침입하여 '영계사(靈界事)'[82]를 멋대로 농단한다. 성경의 이적과 신비를 신화와 미신으로 간주하고 신성한 교리를 배척하는 한편 죄와 구속(救贖)의 교리에 대수술을 가한다. 심지어 그리스도의 품위에 관한 것까지 진화의 산물로 보면서 기독교 신앙을 손상시키고 도덕적 타락을 유발한다.[83] 요컨대 진화론은 기독교 신앙의 토대가 되는 성서, 교리, 도덕의 근간을 뒤흔드는 주범이다. 따라서 박형룡은 이 문제를 묵과할 수 없는 중대한 사안으로 간주하고 진화론의 주요 형태들에 대하여 본격적 비판을 시도했다.

첫 번째 비판의 대상은 생명의 기원과 관련된 유기진화론이다. 그는 진화의 과정에서 가장 현저한 틈과 간극을 보이는 곳은 '생명 기원의 개소(個所)'라고 하면서 진화론이 생명 기원의 문제를 해결하지 못한다고 주장했다.[84]

> 생명 기원의 문제는 결코 화학과 물리학의 법칙에 의하여서만은 필경 해결될 것이 아니다. 거기에는 필히 그것들을 적당히 배합하여 조화시켜 생명을 있게 하는 대지(大智)를 소유하신 심(心)(神)의 지도와 관할을 필요로 하게 되는 것이다. 생명은 결코 우연히 발생되었을 것이 아니다. 그렇게도 복잡한 활력 과정이 물리적 화학적 세력들의 우연적 동작에 의하여 창시되었다고는 상상할 수 없는 일이다.[85]

요컨대 복잡한 생명의 발생 과정은 단순한 물리적 화학적 작용에 의한 우연의 산물일 수 없고, 거기에는 자연계의 운동과는 근본적으로 다른 어떤 특별한 요인이 작용했다는 것이다. 따라서 그는 자연론적 원리로써 생명의 기원을 설명하는 유기진화론자들의 시도는 실패했다고 주장하면서, 유기적 생명의 탄생에는 '신(神)의 지도와 개입'이 있었다고 결론지었다.[86] 자연주의적 접근에 대한 초자연주의적 비판인 셈이다.

두 번째 비판의 대상은 인간의 영혼 혹은 정신과 관련한 정신진화론이다. 박형룡에 의하면 인간 마음의 동물적 기원을 증명하려고 하는 정신진화론은 공연한 시도에 지나지 않는다. 하느님이 자기 형상(Imago Dei)대로 사람을 창조하였다고 성경에 분명히 나와 있기 때문이다. 요컨대 성경이 영혼의 신적 기원과 신에 의한 영혼의 직접창조를 분명히 보여주고 있기 때문에 인간의 영혼(정신)에 대한 진화론적 설명은 오류다.[87] 이는 바이블의 절대적 권위에 입각한 논리이다.

마지막 비판의 대상은 기독교와 진화론을 결합한 기독교진화론이다.

> 기독교도 중에서 진화론을 반대할 시기는 이미 지나갔다고 사유하고, 진화론을 승인할 뿐 아니라 이것을 기독교와 조화시키려고 노력하는 학자들이 없지 않아 있다. 그들 중에는 진화론을 믿는 과학자들도 섞여 있다. 이 조화적 노력의 공작하에 어느덧 진화론은 기독교화하고 기독교는 진화론화하여 양자는 공히 기본 색을 그대로 유지하지 못하게 되었다. 여사히 절충되고 혼동되어 나온 중간적 존재가 소위 기독교진화론이라는 것이다.[88]

요컨대 기독교계 일각에서 진화론과 기독교의 절충을 시도한 이른바 기독교진화론이 등장했다는 것이다. 그런데 그가 볼 때 기독교진화론은 '변이적 잡색 체계'에 지나지 않기 때문에 철저한 진화론자와 철저한 기독교도 양자로부터 배격을 당한다.[89] 따라서 명백한 원인과 증거가 없고 불완전한 가설에 불과한 진화론을 경솔하게 끌어들인 기독교진화론은 '다난무익(多難無益)한 논(論)'에 지나지 않는다.[90] 기독교와 진화론 사이의 불연속성을 강조하는 이러한 비타협적 논리에는 순수와 오염의 이분법이 엿보인다.

이처럼 박형룡은 생명의 기원을 설명하는 유기진화론, 영혼(정신, 마음)의 기원을 설명하는 정신진화론, 그리고 진화론과 기독교를 결합시킨 기독교진화론을 모두 비판하였다. 이는 성서에 대한 고등비평을 거부하고 성서에 대한 문자적 해석을 선호하는 박형룡의 보수 근본주의 신학이 낳은 자연스러운 산물로 보인다.

지금까지 살펴본 두 인물의 주장에서 나타나듯이 일제하 한국 장로교는 진화론과 기독교의 양립 가능성 모색보다는 진화론 비판과 배척에 주력하였음을 알 수 있다.[91] 물론 일제시대의 모든 장로교인이 진화론을 배척한 것은 아니다. 보수 근본주의 신학과 일정한 거리를 두었던 장로교 인사들은 진화론에 개방적 태도를 취했을 것이다. 특히 캐나다장로교 선교부의 진보적 신학이나 해외에서 진보적 신학의 세례를 받고 귀국한 인사들은 진화론에 우호적 입장을 취했을 가능성이 높다. 그렇지만 이들은 주류가 아니라 소수파에 속했다. 그러면 이제 장로교와 함께 해방 이전 한국 개신교의 쌍벽을 이룬 감리교의 진화론 인식을 살펴보도록 하자.

2) 유신진화론

감리교는 장로교와 동시에 선교 활동을 시작하였지만, 두 교파는 처음부터 신학적 측면에서 상당히 다른 성격을 보여주었다. 장로교가 칼뱅주의 신학을 토대로 한 반면, 감리교는 웨슬리 신학을 근간으로 하고 있기 때문이다. 웨슬리 신학은 엄격한 교리의 준수보다는 '종교경험'을 중시한다. 따라서 초기부터 한국 감리교는 장로교에 비해 신학적 측면에서 개방성과 유연성을 보였고 이는 진화론에 대한 태도에 일정한 영향을 미친 것으로 보인다. 해방 이전 진화론과 관련하여 적극적인 논의를 편 감리교의 대표적 인물은 선교사 반버스커크(James Dale van Buskirk, 潘福基)와 신학자 정경옥이다.

세브란스의전 교수로 활동한 선교사 반버스커크는 『과학과 종교』라는 책을 저술하였는데 과학 탐구와 종교 활동의 조화가 이 책의 집필 의도라고 서두에서 밝혔다.[92] 그에 의하면 과학과 종교는 조물주가 인간의 사명을 가르쳐 주는 '이체동성(異體同性)의 진리'이며, 진화론은 하느님과 기독의 구속(救贖) 및 성경에 배치되지 않는다.[93] 요컨대 과학과 종교, 진화론과 기독교 신앙은 양립 가능하며 특히 진화론은 신의 창조의 진행 및 그 방법을 명료하게 해준다.[94]

이처럼 반버스커크는 진화론에 긍정적 태도를 보이지만, 모든 형태의 진화론을 수용하지는 않았다. 그에 의하면 진화론에는 세 형태가 있다. 첫째는 '기계적 진화론'으로서 진화의 원인 및 능력을 물질의 본성에서 찾고 모든 생명체의 기원도 물질에서 찾는다. 유물론에 근거한 진화론인 셈이다. 그런데 이러한 진화론은 "생명체는 무생물에서 나올 수 없다."는 과학의 기본 원칙에 위배되기 때문에 '허설'이다.[95]

두 번째는 '범신론적 진화론'이다. 범신론은 신의 존재를 인정하지만 그 신은 자연계를 초월하지 않는다. 그의 표현에 의하면 범신론의 신은 '성격이 무(無)한 세력 혹은 원칙'에 지나지 않는다.[96] 따라서 사실상 자연계를 신으로 간주하는 이러한 범신론적 진화론은 성경과 동시에 수용할 수 없다.

세 번째는 '유신론적 진화론'으로서 진화를 지혜와 성격을 구유한 신의 관할에 의한 것으로 본다. 즉 진화는 신의 역사(役事)하시는 방법의 하나이며, 신은 '자연계에 내재하고 당신의 의사대로 진화의 진행을 관할'한다.[97] 따라서 이러한 진화론은 기독교와 부합한다.

이처럼 반버스커크는 유물론이나 범신론에 근거한 진화론은 거부하고 유신론에 근거한 진화론만을 타당한 것으로 받아들였다. 그렇지만 인간 창조의 구체적 방법에 대해서는 유연한 태도를 취했다.

> 신께서 직접으로 사람을 창조하셨다 함과 혹은 진화함으로 사람을 형성케 하였다 하는 차(此) 이(二) 방법 중에 여하한 법으로 하였던지 신께 대하여는 동일한 사업이니 고(故) 차(此)에 대하여 오인(吾人)의 부족한 지식으로 가부(可否)를 판단키 불능하니라.[98]

요컨대 인간이 직접창조(특별창조)의 산물인지 간접창조(진화에 의한 창조)의 산물인지 알 수 없지만 어느 경우든 신이 주관한 것은 분명하므로 문제가 되지 않는다. 이러한 태도는 간접창조설을 강하게 부정하고 직접창조설을 주장하는 장로교 인사들의 입장과 뚜렷한 대조를 이룬다.

반버스커크는 유신진화론을 통해 진화론과 기독교의 조화를 추구할 뿐만 아니라 양자 사이에 존재하는 '원리'의 동일성도 강조했다. 이는 사회진화론의 비판과 관련되어 있다. 그에 의하면 세계 제1차 대전은 진화론에 대한 오해에서 기인한 전쟁이다. 독일을 비롯한 몇몇 국가가 '이기심에서 나온 약탈'과 '강자가 약자를 멸함'을 진화 발전의 원리로 오해하여 인류사회에 극심한 고통을 초래했는데, 사실 진화의 원리는 '상호 투쟁'과 '약탈'이 아니라 '봉사와 희생과 애정'이다. 따라서 진화의 원리와 기독교의 원리는 일치한다는 것이다.[99]

진화론의 이러한 해석은 1925년 미국 테네시 주에서 열린 스코프스 재판(Scopes Trial)에서 반진화론의 입장을 대변한 장로교 신자 윌리엄 브라이언

(William Jennings Bryan)의 관점과 대조된다.[100] 브라이언은 세계 제1차 대전 당시 독일이 침략국이 된 주된 이유를 진화론의 수용에서 찾았으며, '힘이 정의(might make right)'라는 다윈주의 철학이 독일의 침공과 잔인성에 영감을 주었다고 확신했다.[101] 그리고 적자생존 이론이 영토 정복과 무한한 부의 축적을 옹호하는 '증오의 법칙'이라고 주장하면서 어떤 사회가 진화론을 수용하게 되면 전쟁과 폭력의 사회가 된다고 경고했다. 이처럼 브라이언은 전쟁과 침략의 원인을 진화론에 대한 '오해'가 아니라 진화론의 '본질'에서 찾은 반면, 반버스커크는 사회진화론자들을 통해 약육강식과 우승열패의 이데올로기로 '전용된' 진화론을 기독교적 희생과 봉사의 원리에 근거한 새로운 사회진화론으로 '재전용'하였다.

일제하의 대표적인 감리교 신학자 정경옥은 진화론을 논하기 전에 기독교가 진화론을 경계하게 된 이유를 먼저 제시했다. 그에 의하면 점진적 진화의 과정, 초자연적 세계의 부인, 인간의 존엄성 훼손 등이 기독교인들이 진화론을 경계해 온 주요 이유이다. 그는 실제로 진화론자들이 자연에서 얻은 규범으로 도덕과 종교의 영역까지 침범하는 '과중단순화(過重單純化)'나 '신의 섭리와 능력을 무시하는 과오'에 빠진 경우가 있음을 인정했다.[102]

그러나 정경옥의 기본 입장은 진화론과 기독교의 조화이다. 그는 먼저 진화의 개념을 명확히 했다.

이는 우주적 실체에 대한 구경적(究竟的) 의의나 원리를 제시하려는 것이 아니요 자연 세계의 제현상의 생성 과정을 좀더 질서와 계통이 있게 이해하려는 방법에 지나지 아니한다. 먼저 모든 자연현상이 유동(流動)하고 변천하고 있는 것을 관찰하고 그다음에 이러한 변천무궁한 잡다한 사실들은 역사적으로 서로 연락(連絡)이 있는 계통적 관계를 지을 수 있다는 것과 이러한 역

사적 계통 안에서 어떠한 질서 있는 세력이 움직이는 것은 찾을 수 있다는
것이다.[103]

요컨대 진화는 우주의 궁극적 원리와 관련된 것이 아니라 자연현상의 변
화 및 계통 규명과 관련될 뿐이기 때문에 진화의 사실이나 원리가 종교 생
활이나 신 개념과 충돌하지 않는다는 것이다. 나아가 그는 인류의 기원과
발달이 유구한 진화계단을 밟아왔다고 가정한다 해도 하느님의 창조를 배
제할 필요가 없다고 주장했다.[104] 인간의 진화와 하느님의 창조가 모순되지
않는다는 것이다. 이는 하느님이 진화의 방식으로 인간을 창조했다는 간접
창조설 혹은 기독교진화론으로 이어지는 주장이다.

정경옥은 기독교 신앙의 틀 안에서 진화론을 수용하려고 했을 뿐만 아니
라 진화의 개념이 신앙생활에 도움을 줄 수 있음을 강조했다. 그러면서 현
대의 진화론이 제공하는 '종교적 가치'에 주목했다. 그에 의하면 진화론은
신의 창조 능력과 섭리의 목적을 자연과 역사의 과정을 통하여 좀더 분명하
게 깨닫게 해 준다. 즉 자연, 생명, 의식(意識), 가치의 모든 단계에 나타나는
창조적 목적의 현존과 어떠한 능동적 의지의 활동이 신의 계속적 지지와 섭
리에 대한 신념에 구체적인 예를 제공한다는 것이다. 나아가 진화의 사실은
하느님이 생장과 발달의 법칙으로 이 세계와 인간을 다스리고 있음을 가르
쳐 준다. 즉 세계는 부단히 발전하고 종교와 종교경험도 진보하는데, 이는
하느님이 점진적인 교육과 훈련을 통해 인간의 품격을 향상시키고 사회를
정화하는 방식이다.[105] 이처럼 정경옥은 진화론과 기독교의 양립 가능성을
찾는 단순한 작업을 넘어 진화를 신의 주재하에 자연과 역사, 인격의 장에서
일어나는 다양한 변화와 발전, 진보와 성장, 향상과 정화 등을 설명하는 유
용한 개념으로 활용했다.[106]

지금까지 살펴보았듯이 감리교의 반버스커크와 정경옥은, 장로교의 해밀턴이나 박형룡의 반진화론적 입장과 달리, 기독교와 진화론의 조화를 추구하는 유신진화론의 입장을 보여주었다. 이는 문자적 성서해석이나 엄격한 교리의 준수보다는 성서비평을 수용하고 종교경험을 중시하는 감리교의 신학적 특성에서 연유한 것으로 보인다. 다음은 무교회주의자들이 진화론을 어떻게 인식했는가를 살펴보도록 하자.

3) 종교 언어와 과학 언어의 분리 혹은 융합

일제하 무교회주의자들은 장로교나 감리교와 같은 교파교회에 속하지 않고 독자적인 활동을 전개한 소수의 기독교인들이다. 이들은 특정한 신조나 예배, 교직자, 세례 등과 같은 제도교회의 요소를 인정하지 않기 때문에 주류 교회로부터 이단시되었지만,[107] 한국 기독교사의 한 흐름을 이룬다. 여기서는 대표적 무교회주의자였던 김교신과 함석헌을 중심으로 진화론에 대한 무교회주의의 태도를 살핀다.

일제시대에 교사로 활동했던 김교신은 『지질학상으로 본 하느님의 창조』(1928)라는 글을 통해 창조-진화 문제를 다루었다. 이 글에서 김교신은 성서의 내용과 지질학적 성과가 모순되어 보이는 점을 크게 둘로 보고 나름의 해결을 시도했다. 첫 번째는 창세기의 6일간 창조와 지질학적 시간의 차이에서 생기는 문제이고, 두 번째는 창세기에서는 식물이 먼저 창조되고 동물이 나중에 창조되는데, 동물 화석과 식물 화석이 함께 발견되는 문제이다. 요컨대 창조의 시간과 순서에 관한 문제이다. 이 문제를 해결하기 위해 그는 먼저 창세기를 보는 태도에 대해 말했다.

우리가 모세의 기사(記事)를 읽을 때 주의하여야 할 것은 창세기는 학생이 교실에서 필기하거나 기자가 의장(議場)에서 속기한 것처럼 하여 된 것이 아닌 것을 알아야 할 것이다. 묵시 혹은 계시는 일언일구식(一言一句式)을 청취한다기보다도 환영(幻影)을 통하여 일폭(一幅)의 회화를 직관(直觀)함과 방불하니 모세의 육일창조기(六日創造記)는 육막물(六幕物)의 연극을 보고 기록한 것인 줄로 보면 해석에 대단 유조(有助)할 것이오.[108]

요컨대 성서는 신의 계시를 한 자 한 자 받아쓴 것이라기보다는 한 폭의 그림이나 6막으로 된 연극을 보고 난 뒤의 느낌을 기록한 것으로 보아야 한다는 것이다. 성서비평학적 용어로 하면 축자영감설(verbal inspiration)이 아니라 개념적 영감설(conceptual inspiration)의 입장에서 접근해야 한다는 말이다. 이처럼 김교신은 성서해석에 유연성을 보이면서 첫 번째 문제인 지구의 연대 문제를 다루었다. 그는 원생대, 고생대, 중생대, 신생대로 이어지는 지질학적 시대 구분에 근거하여 지구의 연대가 매우 오래되고 인류의 출현도 매우 오래되었음을 인정하면서 다음과 같이 덧붙였다.

모세가 일생대(一生代)의 연수(年數)가 수왈(雖曰) 수만 년 식(式)이었다 할지라도 기일(其一) 기간에 현시(現示)되는 일폭(一幅)의 화(畵), 연출되는 일장(一場)의 극(劇)을 '일일(一日)'이라는 시간의 용어로 표시하였다 한들, 계시(revelation)란 하(何)임을 짐작하는 자(者)에게 이십사(二十四) 시간이란 개념이 하등의 장애가 될까?[109]

모세는 신에 의한 창조 과정을 '한 폭의 그림'이나 '한 마당의 극'으로 보고 '하루'라는 용어를 사용한 것이므로 계시의 의미를 아는 사람에게는 하등 문제가 될 수 없다는 것이다. 이는 창세기에 등장하는 하루를 24시간이 아니라 지질학적 시기로 간주하는 날-시기 이론(Day-Age theory)[110]과 성서 본문의 은유적 해석에 근거한 해결책으로 보인다. 두 번째 문제인 동물과 식물의 출현 순서에 대해서는 다음과 같이 해결했다.

> 지질학상으로라도 대체를 관찰하는 때에 생물 발현에 삼대(三大) 시기(時期)
> (Three Great Epoch)가 유(有)하였음을 시인치 않을 수 없나니 제일(第一)은 석탄기
> 의 식물 전성기, 제이(第二)는 양서류의 전성기, 제삼(第三)에 포유동물의 발생
> 에 지(至)하였으니 대체의 광경으로 보아서 식물이 동물적 생물보다 앞서서
> 전성(全盛)을 향락(享樂)하였다 함은 오히려 지질학이 쾌락(快諾)하는 바라.[111]

미시적으로 보면 지질학과 창세기 사이에 모순이 있음을 부인할 수 없지만 거시적으로 보면 일치한다는 것이다. 이외에도 창세기 1장에 나오는 몇 가지 기사를 근대과학의 성과에 비추어 해명했다. 예를 들면 식물의 출현 이후에 태양이 등장하는 기사는 근대과학의 눈으로 보면 모순으로 보이지만 모순이 아니다. 천지창조 첫날에 존재한 빛이 식물의 성장에 필요한 광선을 태양광선보다 더 많이 포함하였고 이 빛에 의해 식물이 성장할 수 있었기 때문이다. 그러면서도 김교신은 '모세는 기원전 십오(十五)세기의 인(人)이고 오인(吾人)은 기원후 이십(二十) 세기 인(人)'[112]이라고 덧붙였는데, 이는 자신의 해석이 지닐 수 있는 문제점을 완화하기 위한 시도로 보인다.

또한 그는 인류의 시작을 아담과 하와 부부에서 찾는 창세기의 기사가 오래전부터 많은 과학자들에 의해 인종의 단일성을 전제하는 '독단'으로 공격받아 왔지만, 오늘날에는 과학에 의해 오히려 이 사실이 증명되었다고 주장했다. 즉 오늘날 과학자들에 의해 동식물계와 인류를 포함한 모든 생명체가

하나의 유기체 세포, 유기적 생명의 근원으로부터 발생하였음이 증명되었다는 것이다.[113] 그런데 그는 끝부분에서 현대의 진화론과 배치되는 주장을 하였다.

> 창세기 기자(記者)는 제칠일(第七日) 만에 신(神)의 안식일을 명언(明言)하였다. 즉 제칠일에 지(至)하여서는 신의 창조적 능력이 전혀 중지되었다 한다. 일방(一方)에 지질학은 인류의 현출(現出) 이래로 모든 신종(新種, New Species)의 중지를 사실에 거(據)하여 증명한다. 인류의 출현으로서 완결을 획(劃)한 후 대안식(大安息)에 입(入)한 신의 창조의 경륜에 어찌 우연을 허(許)하랴? 이에 모든 자연은 다시 신종(新種)의 출생을 불요(不要)하고 창조의 목적물인 전인류(全人類)는 안식시대에 거(居)하여 순전히 도덕적 수련에 무(務)할지며 조물주를 찾아 그의 품을 향하여 귀향의 달음질을 시작할 것이다.[114]

이는 안식일을 통한 신의 창조 능력 중지라는 종교 언어와 인류의 등장 이후 신종(新種)의 출현 중지라는 지질학적 이론을 연결시킨 것인데, 이러한 주장은 종의 진화에 대한 현대 진화론의 관점과는 배치된다. 나아가 그는 지질학을 비롯한 근대과학의 성과가 계시의 산물인 성경의 내용과 일치하는 방향으로 나아가고 있다고 말하기도 했는데[115] 이는 '두 책 이론'을 연상시킨다.

이처럼 김교신은 창세기에 나타난 창조의 과정을 당대의 지질학적 연구와 관련시켰다는 점에서 종교와 과학의 분리보다는 '융합'의 관점을 취하고 있다. 그 과정에서 현대과학의 성과와 배치되는 해석이 나오기도 하지만, 문자적 성서해석에 매몰되지 않기 때문에 창조과학과 같은 '강한 융합'이 아니라 '약한 융합'에 가깝다고 할 수 있다.[116]

한편 식민지 치하에서 김교신의 신앙적 동지로서 활동했던 함석헌은 성서적 사관에 입각한 세계사를 서술하는 과정에서 진화론을 다루었다. 그는 먼저 진화론과 성서의 차이에 주목했는데, 진화론은 이성의 요구에 의하여 생물계의 변천 과정을 설명하려는 시도인 반면, 성서는 사람의 영혼을 향하여 이 세계의 정신적 의미를 말해 주는 책이다. 즉 진화론은 생명의 역사에 대하여 '지식적'으로 접근하는 반면, 창세기는 '인격적'으로 접근한다. 따라서 성서를 과학서로 취급하는 것도 잘못이고, 진화론을 가치의 측면에서 취급하는 것도 잘못이다.[117] 성서와 진화론을 혼동하지 말고 엄격하게 구분하는 것이 무엇보다 중요하다는 말이다.

이러한 구분에 기초하여 함석헌은 생물계의 진화를 '사실'로 받아들였다. 따라서 창세기의 기사를 문자 그대로 해석하여 '특수창조설'을 주장하기보다는 모든 생물은 동일 근원에서 파생한 것으로 보았다.[118] 그렇지만 이 대목에서 진화론의 한계를 분명히 지적했다. 진화론은 변천의 과정을 끝없이 밟아 올라갈 뿐 '근본 원인'을 말하지 못하기 때문에 사물의 근본 원인을 알기 위해서는 사물의 '근본 의미와 목적'을 알아야 한다는 것이다.[119] 이러한 주장은 '목적론적 세계관'에 근거한 것이다.

그의 목적론적 세계관에 의하면 우주는 단지 '물질의 바다'가 아니라 '일개 자아(一個自我)'를 가진다. 그 '우주적 자아'를 무시하고는 우주의 가장 복잡한 현상인 생명의 과정을 설명할 수 없다. 이러한 논리에 따르면 "태초에 하느님이 천지와 만물을 창조하시었다"는 창세기 기사는 진화의 원인은 하느님에 있음을 가리킨다. 하느님의 아가페가 식물을 만들고 동물을 만들고 원숭이를 만들고 사람을 만들었다는 것이다.[120] 따라서 창세기는 단순한 과학서나 역사서가 아니라 계시에 의한 우주사(宇宙史)이다. 물론 여기서 계시는 인과율과 논리법칙에 국한된 과학의 세계에 근거한 것이 아니라 영계로부터 오는 근본정신과 근본진리이다.[121] 이는 창세기에만 해당하는 것이 아니라 성서 전체에 해당한다. 따라서 성서의 진리는 '영계 진리의 인사적(人事的) 표현'이다.[122]

함석헌에 의하면 진리는 항상 그 시대의 최고 지식을 '표현의 의상'으로 삼는다. 따라서 창세기는 당시의 인류가 가지는 과학을 빌려 우주의 정신적 역사를 쓴 것이며, 만일 창세기 기자가 오늘날에 산다면 진화론을 빌려 썼을 것이다.[123] 그러면서 그는 창세기가 가르치는 근본 진리와 정신을 인격신의 존재, 그의 자유의지로 창조된 우주, 사랑의 하느님, 도덕적 역사, 자유선택으로 역사의 방향을 결정하는 인류 등의 용어로 표현했다.[124]

따라서 진화론과 관련하여 함석헌에게 문제가 되는 것은 "종(種)이 변하느냐 변하지 않느냐, 원숭이의 자손이냐 아니냐."하는 것이 아니라 이 우주가 "의지소산이냐 우연소산이냐.", 역사의 동인이 "애(愛)냐 자연(自然)이냐." 하는 데 있다.[125] 이와 관련하여 함석헌은 선택과 배제의 태도를 취했다. 만일 진화론이 생물변화라는 사실의 설명에 머물 때에는 신앙에 배치되지 않는 것으로 간주하여 수용했다. 그러나 진화론이 사실 소개의 차원을 넘어 의미의 세계에 침입하고 "생명은 자연히 발생한 것이요 신은 없다."는 등의 말을 하면서 '정신은 물질적 변화가 점차 복잡화한 것'에 지나지 않는 것이므로 '도덕종교는 무용'이라는 등의 말을 할 때는 단호히 배척했다.[126] 요컨대 함석헌은 세계관의 측면에서는 유물론, 자연주의, 무신론을 철저히 거부하는 태도를 취했다.

함석헌은 진화론의 위험성을 경계하면서도 진화론이 신앙에 매우 유익한 역할을 할 수 있음을 강조했다. 진화론은 우주에 정연한 질서인 자연법칙과 정신법칙이 있음을 알려 줌으로써 이 세계가 '일개자아'를 가진 것임을 믿게 해 줄 뿐만 아니라, 만물이 동일 근거에서 나왔다는 성서의 진리를 증명해 주기 때문이다. 따라서 진화론을 잘만 받아들이면 무신론에 빠지기보다는 도리어 하느님에 대한 경이와 외경, 영적 생명에 대한 확신을 지닐 수 있게 된다. 이러한 해석은 진화론이 기독교 신앙에 커다란 유익을 줄 수 있다고 주장한 정경옥의 주장을 떠올리게 한다. 이처럼 함석헌은 과학과 진화론을 선용(善用)하는 것이 중요하다고 주장하는 동시에 과학의 열매를 담대히 소화함으로써 더욱 깊은 세계사의 이해에 도달할 수 있다고 말했다.[127]

무교회주의자인 김교신과 함석헌은 진화론을 배척하기보다는 긍정적으로 수용한다는 점에서 공통점을 보였지만 관심사의 차이도 발견된다. 김교신은 문자적 성서해석에서 벗어나 있으면서도 창조의 과정과 과학의 성과를 연결(융합)시키는 데 관심을 보인 반면, 함석헌은 성서적 사관에 의한 세계사 서술 과정에서 진화 개념을 활용하는 데 관심을 보였다. 이제 마지막으로 안식교의 진화론 인식을 살펴보자.

4) 진화론의 악마화

해방 이전 안식교는 군소 교파에 속하였을 뿐만 아니라 장로교나 감리교 등과 같은 주류 교파에 의해 '이단'으로 지목되었다. 일요일 주일성수를 강조하는 기성 교회와 달리 토요 안식일 제도를 고수하는 신앙적 특성이 이단으로 지목되는 주요 요인의 하나였다. 성서의 문자적 해석과 임박한 종말 신앙도 안식교의 특징이었는데,[128] 이러한 신학적 신앙적 성격이 진화론 인식에 중요한 영향을 끼쳤다. 그러면 일제하 안식교의 기관지였던 『시조』를 중심으로 진화론에 대한 안식교의 태도를 살펴보도록 하자.

안식교는 성경에서 모든 진리를 찾아낼 수 있다고 주장한다. 따라서 무엇을 알려고 하면 먼저 성경에 물어보아야 한다고 하면서 '세상에 둘도 없는 기이한 책'이 성경이라고 말한다.[129] 나아가 아주 오래전에 쓰인 성경의 기록이 최근의 과학적 발견과 일치한다고 주장하면서 성경을 '과학의 교과서'라고 부르기도 한다. 그러면서 다음과 같이 성경과 과학의 관계를 묘사한다.

창조주는 이대(二大) 저작의 저술자시니 하나는 자연이라는 위대한 저작이요 또 하나는 성경이라는 훌륭한 저작이다. 이들은 서로 완전한 조화를 이루고 있나니 같지 않은 방법과 같지 않은 언어로 동일한 진리를 증거하며 초자연적 존재의 자취를 드러낸다. 인간의 탐색욕은 경이로운 과학을 건설하였으나 하늘로부터 오는 계시와 반대되는 사실은 아무것도 발견하지 못하였다.[130]

요컨대 '자연'이라는 책과 '성경'이라는 책은 모두 창조주 하느님을 저자로 하고 있으며 동일한 진리를 서로 다른 언어와 방법으로 사용하고 있다는 것이다. 이때 과학은 '실제사물에 대한 계통적 학문'이고 성경은 '우주만물을 창조하신 하느님이 인류에게 주신 교훈'이다.[131] 따라서 과학과 성경은 모순되지 않는다. 이러한 입장은 앞서 언급한 바 있는 '두책 이론'에 해당한다.

그러면 성경과 과학이 충돌하는 경우는 어떻게 할 것인가? 안식교에 의하면 이 경우 충돌의 원인 제공자는 성경이 아니라 과학이다. 과학처럼 보이지만 정당한 과학이 아닌 허구의 학설 혹은 조물주 알기를 싫어하고 만유현상을 잘못 이해하는 자들의 '착오된 학설' 때문에 충돌이 일어난다.[132] 진화론이 바로 이러한 '사이비과학'에 속한다.

따라서 안식교는 진화론과 기독교의 양립 불가능성을 강조한다. "진화를 믿으면서도 하느님을 믿을 수 있을까?" 혹은 "하느님이냐? 진화냐? 제위(諸位)는 어떠한 도리를 믿겠는가?"라고 하면서 '여호와와 바알의 대결'을 연상시키는 양자택일의 물음을 제기한다.[133] 그러면서 개미가 건축물의 기초를 허물듯이 기독교 교리의 기초를 위협하는 것이 진화론이라고 답한다.

안식교가 진화론을 비판하기 위해 사용하는 첫 번째 무기는 '자연신학'이다. 눈(眼)의 구조와 작용, 가금류에서 발견되는 모래주머니(砂囊), 꿀벌 사회의 계급제도와 같은 경이로운 현상은 창조주의 존재를 입증하면서 진화론을 궁지에 몰아넣는다는 것이다.[134] 19세기 윌리엄 페일리(William Paley)의 자연신학을 그대로 활용한 것이다. 두 번째 무기는 '젊은지구창조론'이다.

약 육천 년 전에 '말씀'이 계시사 우리가 사는 이 세계를 형성하여 놓으시었다. 그가 육일 간에 날마다 여러 가지 물질과 생물의 각 부류를 있으라고 명령하였다. 이것이 곧 우리가 사는 이 세계와 이 세계가 속한 성계(星界)가 창조된 간단한 역사이다.[135]

인류의 죄악으로 인하여 그 수려하든 낙원적 세계가 노아 시대의 대홍수로 몰매멸망(歿埋滅亡)한 사실은 어디든지 크게 기록되었다. 우리는 가장 높은 산봉에서나 가장 낮은 협곡에서나 인류의 반역에 대한 하느님의 분노의 증표(證票)인 해서(海棲)생물과 열대림의 화석을 볼 수 있는 것이다.[136]

요컨대 지구의 나이는 6천 년이며 지구상의 화석은 인류의 죄악에 대한 하느님의 심판인 노아홍수 시에 매몰된 것이라는 주장이다. 따라서 암석이나 석탄 속에 포함되어 있는 어류, 수류(獸類), 산호, 패류(貝類), 수목 등이 오랜 기간에 걸쳐 화석화된 것으로 보는 것은 잘못된 해석이라는 것이다.[137]

진화론에 대한 안식교의 주요 공격 대상의 하나는 이른바 진화론의 '빠진고리(missing link)'이다. 진화론은 무생명에서 생명이 탄생했다는 증거나 종의

변화를 보여주는 증거를 제시하지 못한다는 것이다.[138]

　이처럼 진화론을 비판한 뒤, 성경의 위대성을 강조한다. 성경은 진화론이 설명하지 못하는 세상의 근원과 모든 현상의 원인을 잘 설명할 수 있다는 것이다.[139] "오늘날 암석들이 소리를 질러 성경역사의 진실함과 그것의 신성함을 증거한다."고 하면서 성경을 진실한 것으로 받아들여야 한다고 목소리를 높인다.[140] 나아가 진화론 주창자들이 진화의 증거를 찾으려고 하면 할수록 하느님의 창조를 증명할 뿐이라고 말한다.[141] 심지어는 성서에서 악마의 표상으로 등장하는 '바벨론'에서 진화론이 기원했다고 주장하기도 한다.

　　고대 바벨론의 문헌을 보면 진화론을 신봉한 흔적이 있다. 바벨론 사람들은 만물의 근원은 물이요 물 가운데서 신이 처음으로 생겼다고 믿었다. 진화로 말미암은 변화는 신들 사이에 있는 투쟁으로 되었다는 기록이 바벨론 문헌에 있다. 이런 생각은 진화 사상을 배태하였다고 할 수 있다.[142]

　이처럼 안식교는 진화론을 오류에 근거한 과학 이론으로 비판하는 차원을 넘어 기독교의 근간을 뒤흔드는 '악마의 과학'으로까지 표상한다. 이때 주요 무기로 사용하는 것은 지구6천년설로 대변되는 젊은지구론, 그리고 화석과 지층을 노아홍수로 인한 대격변에서 찾는 홍수지질학이다. 요컨대 안식교는 '두 책 이론'을 내세우지만 실제로는 성서를 과학교과서로 간주하고 성서의 문자적 해석에 근거하여 진화론에 대항하는 일종의 '창조과학'을 만들어 낸 것이다. 과학사가 넘버스(Ronald L. Numbers)가 창조과학의 뿌리를 안식교에서 찾은 것은 이때문이다.[143]

　지금까지 살펴보았듯이 한국 개신교의 과학 담론에서는 진화론 논의가 핵심을 차지한다. 문명개화의 열풍이 불던 개항기에는 기독교문명론과 사회진화론이 득세하면서 기독교와 과학, 특히 기독교의 창조론과 진화론 사이의 긴장이 수면 위로 부상하지 않았다. 그러나 1920~1930년대에 들어서 사회주의 진영의 반종교운동이 확산되면서 종교와 과학, 기독교와 과학 사이에 긴장과 갈등이 발생할 수 있는 분위기가 형성되었다. 실제로 근대과학의 후광을 입은 진화론이 기독교에 대한 강력한 위협으로 다가왔다.

이러한 상황에서 개신교계는 다양한 반응을 보였다. 개신교 교파 중 가장 교세가 컸던 장로교는 기독교의 창조론과 진화론의 양립 불가능을 내세우면서 진화론을 배격하였다. 해밀턴 선교사와 박형룡으로 대변되는 장로교 신학자들에 의하면 진화론은 과학적 증거를 지니지 못한 '가짜 과학'인 반면, 기독교의 창조론은 과학적 증거에 근거한 '진짜 과학'이다. 따라서 이들은 '참과학'의 이름으로 '거짓 과학'을 거부한 것이다. 그러나 이러한 주장의 배후에는 특정한 성서관이 있다. 성서의 문자적 무오류성을 전제하는 성서무오설과 성서를 문자 그대로 해석하는 성서적 문자주의가 그것이다. 이들의 성서무오설과 문자주의적 성서해석이 진화론을 배척하도록 한 것이다. 성서무오설과 성서적 문자주의는 미국 개신교 근본주의의 주요 무기인데 미국 선교사들을 통해 한국 장로교에 그대로 수용된 것이다.

장로교에 비해 신학적으로 개방적인 태도를 취했던 감리교는 창조론과 진화론의 양립 가능성을 주장하면서 진화론을 수용하였다. 물론 이때 감리교가 수용한 진화론은 유물론적 진화론이나 범신론적 진화론이 아니라 유일신 신앙을 전제하는 '유신론적 진화론'이다. 유신론적 진화론이기는 하지만 감리교가 진화론을 수용할 수 있었던 데에도 성서관이 중요한 역할을 하였다. 장로교와 달리 감리교는 성서비평을 적극 수용했던 것이다. 감리교의 이러한 성서관은 1930년대 한국 개신교계에서 논란이 되었던 '아빙돈단권 (單券)성경주석사건'에서 잘 나타난다. 당시 미국 아빙돈출판사(Abingdon Press)

에서 성서비평학을 수용한 바이블 주석서를 출판하였는데, 한국감리교는 선교 50주년 기념사업의 일환으로 신학자들을 대거 동원하여 이 책을 번역하였다. 그런데 당시 장로교 총회는 이 책이 성서비평학을 수용했기 때문에 구독치 않기로 결의하는 한편 이 책의 번역에 참여한 장로교 인사들에게 경고 조치를 하였다.[144] 이 사건은 감리교와 장로교의 성서관이 어떻게 다른지를 잘 보여준다.

당시 제도교회에서 이단시하던 무교회주의자들은 감리교와 마찬가지로 유신진화론의 형태로 진화론을 수용하였다. 앞서 언급하였듯이 이들은 세례, 성만찬, 예배, 교회당, 교직자 등과 같은 제도교회의 요소들을 일체 인정하지 않고 오로지 성서 공부만을 신앙생활의 축으로 삼았다. 이들이 발간하는 『성서조선』이라는 동인지 이름에서 이들이 성서를 얼마나 중시하였는가가 잘 나타난다. 그런데 이들은 성서무오설이나 성서적 문자주의가 아니라 성서비평을 수용하면서 성서 공부를 했다. 따라서 김교신과 함석헌으로 대변되는 무교회주의자들은 진화론을 적극 수용할 수 있었던 것이다.

주류 개신교 교파들이 이단으로 지목하였던 안식교는 진화론에 가장 강력한 배척의 태도를 보여주었다. 안식교의 이러한 태도에도 성서관이 지대한 역할을 하였다. 안식교는 장로교처럼 성서무오설을 신봉하였을 뿐만 아니라, 성서를 과학 교과서로 주장할 만큼 철저한 문자주의적 성서해석을 지향하였다. 그리고 이러한 성서관에 근거하여 안식교는 '홍수지질학'과 그에 근거한 '젊은지구창조론'을 만들어 진화론에 대항하였다. 안식교의 반진화론은 기관지 『시조』를 통해 주로 발표되었는데 한국인보다는 선교사의 글이 대부분이었다. 이는 교세가 미약해서 나타난 현상이었지만 이 글들이 한국인 신자들을 대상으로 한국어로 발표되었다는 점에서 한국 안식교의 한 부분으로 간주할 수 있을 것이다.

지금까지의 논의를 종합해 보면 장로교와 안식교는 진화론에 부정적 태도를 취했고, 감리교와 무교회주의 진영은 긍정적 태도를 취하였음을 알 수 있다. 장로교와 안식교는 창조론과 진화론이 양립할 수 없다고 보면서 진화론을 배격한 반면, 감리교와 무교회주의 진영은 창조론과 진화론이 양립 가능하다고 보면서 진화론을 수용한 것이다. 다른 각도에서 보면 유신론적 진화론이 두 입장을 가르는 시금석이 되었음을 알 수 있다. 한쪽에서는 유신론적 진화론을 무신론적 진화론과 동일시하면서 유신론적 진화론을 거부한 반면, 다른 한쪽에서는 양자를 구별하면서 유신론적 진화론을 수용하였기 때문이다. 다시 언급하지만 진화론에 대한 인식과 대응의 차이를 가져온 주된 요인은 각 교파의 성서관과 그에 근거한 신학적 노선의 차이다. 성서비평을 거부하고 근본주의 신학에 가까울수록 진화론을 배척하게 되고, 성서비평을 수용하고 자유주의 신학에 가까울수록 진화론을 수용하게 되었던 것이다. 이는 해방 이전 한국 개신교사에서 나타난 진화론 인식이 성서관에 의해 규율되고 있었음을 의미한다.

지금까지 살펴본 개신교의 진화론 인식을 자기-타자의 관계 모델로 조명하면 어떤 결과가 나올까? 보수 개신교 진영에서 주장한 반진화론은 진화론을 전적으로 배척하기 때문에 배타적 대체주의에 속하고, 유신진화론은 진화론을 기독교 유신론 안으로 수용하기 때문에 위계적 포괄주의에 속한다고 볼 수 있다.

4. 기독교와 사회주의

지금까지는 사회주의의 반종교 운동의 과정에서 등장한 과학 및 진화론의 도전에 대하여 개신교가 어떻게 대응하였는가를 개신교계의 종교-과학 담론 및 창조-진화 담론을 통해 살펴보았다. 이 절에서는 사회주의 자체에 대하여 개신교가 어떠한 인식을 하였는가를 살핀다. 사회주의에 대한 개신교의 대응은 수용과 배척의 태도로 양분해 볼 수 있다. 즉 기독교와 사회주의의 접목을 시도한 입장과 기독교와 사회주의의 대결을 지향한 입장으로 나누어 볼 수 있다. '기독교 사회주의'와 '기독교 반공주의'로 요약할 수 있는 두 담론을 본격적으로 검토하기 전에 사회주의 진영의 반기독교운동에 대한 개신교계의 대응을 먼저 스케치해 보도록 하자.

앞서 언급하였듯이 3·1운동 이후 청년 지식층 사이에서 사회주의가 급속히 확산되었을 당시 개신교계는 보수 진영과 진보 진영으로 어느 정도 분화되어 있었다. 개인의 영혼 구원 및 부흥운동을 중시하는 보수 진영과 사회개혁 및 사회운동을 중시하는 진보 진영이 암묵적 대립 구도를 이루고 있었던 것이다. 두 진영은 사회주의의 반기독교운동에 대해서도 서로 다른 반응을 보였다. 거시적으로 보면 보수 진영은 반기독교운동에 대해 무시하거나 반발하는 태도를 보인 반면, 진보 진영은 반기독교운동을 자기반성의 계기로 삼으면서 사회주의와의 대화나 접점을 모색하였다. 두 입장을 좀더 살펴보도록 하자.

반기독교운동이 등장하자 보수 개신교 진영의 지도자들은 "그들은 그들이요 우리는 우리외다."라고 하면서 전적으로 무시하거나 냉소적인 반응을 보였다.[145] 일부 개신교인은 반기독교운동을 기독교가 한국 사회에 끼친 공헌도 모르는 자들의 '적반하장'이라거나,[146] 기독교의 진수를 모르는 '경거망동'이라며 규탄하였다.[147] 그러면서 기독교가 한국 사회에 기여한 점을 강조하였다. 즉 기독교가 생활개선이나 도덕 개혁과 같은 방식으로 조선이 처한 여러 문제에 돌파구를 제시하고 구령사업을 통해 이상향을 건설한다고 주장하였다.[148] 따라서 조선 사회는 기독교를 우선적으로 받아들여야 한다고 주장하는 동시에, 기독교를 반대하는 자는 '동포를 사랑하지 않는 자'라고 단언하였다.[149] 나아가 그들은 사회주의자들이 신앙이나 도덕, 정신 문제를 물질 상태의 개선으로 환원하면서 '개인의 힘과 정신의 힘'을 무시한다고 비판하였다.[150]

한편 진보 진영의 인사들은 사회주의자들의 반기독교운동을 경청할 필요가 있다고 강조하였다. 사회주의는 무조건적으로 배척할 것이 아니라 이해하고 접촉하고 올바로 인도해야 한다는 것이다.[151] YMCA 총무를 역임한 신흥우는 '반기독교운동'과 '반기독운동'을 구별하면서 사회주의자들의 비판은 현재의 기독교회를 반대하는 것이지 그리스도의 인격이나 정신을 반대하는 것은 아니라고 주장했다. 또 역사적으로 자본가계급이 교회를 이용하고, 교회를 대표하는 정당이 우익정당과 손을 잡고, 유산자가 교역자의 이름으로 교회를 지배해 왔음을 솔직히 인정했다. 따라서 당시 사회주의자들의 기독교회 배척은 당연한 일이며 반기독교운동은 기독교단이나 개인에게 '절요(切要)한 반성제'가 된다고 주장했다.[152]

진보 진영에서는 이와 유사한 논리가 계속해서 등장했다. 어떤 개신교인은 사회주의자들이 반대하는 것은 '그리스도'가 아니라 '교인과 교회'이므로 그리스도인은 예수 그리스도의 마음과 정신을 가지고 일상생활에서 그리스도인의 특성을 표현해야 한다고 주장했다.[153] 또 어느 개신교 지식인은 사회주의의 비판 대상이 '기독교라는 가면을 쓴 종교단체'에 한정되어 있으므로 그들 주장의 타당성을 인정했다.[154] 심지어 '진정한 사회주의'는 교회와 배치되는 것이 적고 교회를 위하여 준비하는 것이므로 진정한 사회주의자가 있으면 그가 기독교인이 아니라도 기독교인과 같게 여기겠다는 사설까지 등장했다.[155]

이처럼 반기독교운동에 대해 개신교계는 상반된 태도를 보였는데 시기적 편차도 어느 정도 관찰된다. 반기독교운동의 초기에 해당하는 1920년대까지만 해도 기독교와 사회주의의 접점을 모색하는 흐름이 담론지형에서 어느 정도 세력이 있었지만, 1930년대 이후가 되면 반무신론/반유물론의 관점에서 사회주의(공산주의)를 공격하는 흐름이 대세를 차지하게 된다. [156] 이하에서는 두 입장을 각각 '기독교 사회주의'와 '기독교 반공주의'로 규정하고 논의한다.

1) 기독교 사회주의

기독교 사회주의는 기독교와 사회주의의 접점을 모색하기 위해 다양한 언어와 논리를 생산하였지만, 기독교 권위의 원천이 되는 바이블과 예수를 출발점으로 삼았다. 따라서 이들은 바이블의 내용과 예수의 삶으로부터 사회주의적 요소나 전거를 찾아내려고 시도하였다. 이러한 작업은 '사회주의자 예수'라는 구호와 '한국적 기독교 사회주의'의 모색으로 구체화되었다.

(1) 사회주의자 예수

기독교와 사회주의의 접점을 모색하는 기독교 사회주의자들은 예수의 삶에서 사회주의적 요소를 찾기 전에 먼저 구약성서에서 사회주의와 통하는 요소를 찾았다.

신명기의 말씀은 특히 무산대중을 대상으로 한 인도주의가 다현(多顯)한다. 방석년(放釋年) 즉 회년(禧年)이란 것도 빈자를 표준으로 한 것이고, 포도원이나 맥전(麥田)에서 충복(充腹)할 수 있는 것도 무산자를 위함이요 기외(其外)에도 부자가 빈자의 가옥 침입을 엄금한 것이라든지 담보물을 무상환부하는

법이든지 노동자 선대법(善待法)이든지가 다 그런 것이다.[157]

이는 「신명기」에 등장하는 희년 제도에서 노동자 선대법에 이르는 여러 제도가 모두 무산계급과 노동자를 배려한 것으로서 사회주의적 성격이 있다는 주장이다. 사회주의의 시선으로 바이블 읽기를 시도한 것이다.

신약성서에서 기독교 사회주의의 전거로 자주 인용되는 구절은 "신도들은 함께 모여 살면서 모든 것을 공동으로 소유하였으며 재산과 물건을 팔아서 필요한 사람에게 나누어 주었다."[158]라는 「사도행전」의 내용이다. 초기 기독교인들은 사회주의자들처럼 사실상 공동소유를 실천했다는 것이다. 예수의 언행과 관련해서는 더욱 많은 논의가 등장한다.

성경에 명시한 모든 교훈을 취집(取集)하여 놓고 상상적으로 그(예수)가 어떠한 이인가 하고 이상(理想)의 그림을 그려 보라 하면, 어떠한 점으로 보든지 그는 사회개량가요 혁신가이며 또한 혁명가의 기분을 가지셨습니다.… 그의 개혁운동의 계단이 금일 유물론자의 그것과 다소 차이가 있다 할망정 그러한 사상과 행동을 가지지 아니한 것이 없었습니다.[159]

바이블에 나타난 예수의 정신과 행동은 사회개량가, 혁신가, 혁명가의 모습을 보여준다는 것이다. 사회주의자 예수의 모습은 특히 노동과 관련하여 자주 언급된다. "일하지 아니하는 자는 먹지도 말라."[160]는 말이나 "하느님께서 오늘날까지 일하시매 나도 한다."[161]고 한 예수의 말이 대표적인 예로 제시된다. 이러한 말들은 예수의 사회주의가 노동을 본위로 하고 있음을 증명한다. 따라서 노동을 근본으로 하지 않는 사회주의는 영구하지 못할 뿐만 아니라 예수가 주장한 사회주의가 될 수 없다는 것이다.[162]

노동의 강조는 주일주의(主日主義)의 비판으로 이어진다. 여기서 말하는 주일주의는 평일을 어떻게 보내건 주일예배만 참석하면 된다는 기독교인들의 사고방식을 가리킨다. 기독교와 사회주의의 접점을 적극적으로 모색하는 유경상은 이렇게 묻는다. 만일 예수가 오늘 이 땅에 오신다면 주일주의에 대해 어떠한 입장을 취할 것인가? 그는 예수를 대신하여 이렇게 답한다. 찬양할만한 공익의 일을 하지 않았다면 주일예배에서 영광의 노래를 부를 수 없다.[163] 요컨대 사회적으로 유익한 노동을 하지 않고 주일예배만 중시하는 주일주의는 노동의 가치를 강조하는 사회주의자 예수의 정신과 배치된다는 것이다.

예수를 사회주의자로 규정할 경우 예수를 특정 이념에 국한시키는 것은 아닌가 하는 물음이 제기될 수 있다. 이러한 문제 제기에 대해서 예수는 사회주의자에 갇힌 존재가 아니라 시대에 따라 가장 신성하고 의미 있는 주의(主義)를 가면으로 삼아 인류를 인도한다고 대답했다.[164] 그리고 앞으로는 사회주의자가 예수교 신자라 불릴 뿐 아니라 '사회주의자인데 왜 예수를 신봉하지 않느냐?'는 물음이 나올 수 있다고 하면서 다음과 같이 말했다.

진정한 복리를 도모할 만한 사회주의를 주창코저 한즉 예수를 효칙(效則)하시오. 인간을 형제라 하셨소이다. 상제를 아버지라 하여 세계일가주의(世界一家主義)를 원대히 뜻하셨소이다. 평등이오니까? 일시동인(一視同仁)이외다. 예수의 정신에 2천년 전부터 쌓이고 선언된 바이외다.[165]

사회주의를 사랑하시나이까? 사랑하시거든 예수의 주의로 나오셔서 주저하지 말고 일편단심으로 그 정신을 받아 자기를 절제하며 사회를 개조하여 오직 예수의 주의를 우리 주의로 삼아 일신의 길을 취합시다.[166]

요컨대 진정한 사회주의자라면 세계일가주의와 일시동인이라는 말로 대변되는 참된 우애와 평등의 정신을 주창한 예수를 따라야 한다는 것이다. 이러한 논리에 따르면 '비소(卑小)한 사상을 가진 가면의 사회주의자'는 예수의 채찍을 피할 수 없고, 세계적 혁명을 목적한 레닌도 예수의 주의를 표준으로 삼지 않으면 성공하기 어렵다.[167] 나아가 예수의 사회주의는 '고상한 사회주의'이므로 '화(火)의 역(力)'과 '설(舌)의 역(力)'만이 아니라 '애(愛)의 역(力)'도 가지고 있기 때문에 이 사회를 이상촌으로 만든다는 것이다.

지금까지 살핀 것처럼 기독교와 사회주의의 접점을 모색하는 기독교 사회주의자들의 주장에 의하면 바이블에 나타난 예수는 사회를 개혁하고 혁신하는 혁명가이며 일과 노동을 중시하고 모든 사람을 형제로 대하는 진정한 사회주의자이다. 따라서 예수의 길을 따라야만 진정하고 고상한 사회주의가 실현될 수 있고, 예수에 근거한 기독교 사회주의야말로 '진짜 사회주의'라는 것이다. 이는 결국 사회주의를 기독교의 일부로 수용함으로써 기독교가 현실 사회주의를 접수하는 담론 전략이라고 할 수 있다.

(2) 한국적 기독교 사회주의

해방 이전 기독교와 사회주의의 접목을 가장 적극적으로 모색하고 이에 관한 체계적인 담론을 전개한 인물은 YMCA와 밀접한 관련을 맺고 활동한 이대위(李大偉)이다.[168] 따라서 이하에서는 그의 글을 중심으로 일제하 기독교 사회주의의 성격을 살펴본다.

이대위는 세계 제1차 대전 이후 식민지 조선 사회에서 개조의 소리가 나날이 높아가고 혁신의 사조가 빠르게 확산되고 있다고 하면서 다음과 같이 말했다.[169]

우리는 신사상, 신사회학에 등지지 말고 피등(彼等)과 더불어 제공휴수(提供携
手)하여 신문화의 향상을 촉하며 민족의 발전을 모(謀)하며 겸하여 신문화의
창조자가 되어 동서문명의 우점(優點)을 선용하여 창조적 교회의 중심인물이
되어야겠다.[170]

요컨대 새로운 사조와 사상을 무조건 배척하지 말고 그것들의 장점을 적
극 수용하여 기독교 청년들이 세계개조, 사회혁신, 문화창조의 선구자가 되
자는 주장이다. 그는 수많은 사상과 이념 중에서 최대의 운동과 최고의 이
상은 기독교의 이상과 사회주의의 실행이라고 주장했다. 그런데 기독교인
들이 사회주의를 도외시하고 사회주의자는 기독교를 이상하게 보면서 서로
충돌하고 있는데 그 원인을 그는 상호 오해와 시기심에서 찾았다.[171]

따라서 이대위는 사회주의에 대한 기독교인의 오해부터 제거해야 한다고
주장한다. 많은 기독교인이 사회주의를 안녕과 질서를 문란케 하는 일괴물
(一怪物)로 여기고 무조건 거부하는데 이는 사회주의에 대한 잘못된 이해다.
그에 의하면 사회주의자들은 인류의 고통과 비애를 보고 측은심이 생겨 이
상황을 타개하려는 사람들이다.[172]

한발 더 나아가 그는 사회주의와 기독교가 지닌 목표의 동일성을 강조했
다. 양자는 불만불평(不滿不平)한 세계를 거부하고 모두가 동경하는 신세계의
건설을 목표로 한다. 이를 위해 현 사회 질서의 제반 폐해를 진단하고 이를
개조하려고 한다. 또한 국제성을 가지고 자유, 박애, 평등의 이상을 실현하
려고 한다. 요컨대 기독교와 사회주의는 전 세계를 대상으로 한 개조 작업
에 나서고 있다는 것이다.[173]

이대위는 기독교와 사회주의 사이의 유사성을 좀더 구체적으로 지적했
다. 그에 의하면 기독교의 근본은 '복음의 선포'인데 복음은 이상적 천국과

보편적 애(愛)를 의미한다. 따라서 이기심을 타파하고 국가와 국가, 인간과 인간 사이의 투쟁을 소멸시키는 것이 기독교의 목표가 된다.[174] 한편 사회주의의 핵심은 생산, 분배, 교역, 기계의 공유이다. 사회주의는 분리(分離) 대신 상합(相合)을 추구하며 호해(互害) 대신 호조(互助)를 중시한다. 이는 사실상 기독교 정신의 실천이다.[175] 도덕의 측면에서도 사회주의와 기독교는 공통점이 있다. 사회주의의 근본 도덕은 전체가 개인을 위하는 동시에 개인이 전체를 위하며, 지극히 약한 자를 위하며, 공의를 위하여 호소한다. 그런데 이모두가 기독교가 실천하고자 하는 덕목이다.[176] 이처럼 사회주의와 기독교의 공통분모는 매우 크다.

기독교와 사회주의를 비교하는 작업은 「사회주의와 기독교의 귀착점이 어떠한가?」라는 그의 글에서 가장 체계적으로 행해졌다.[177] 이 글은 '원리'와 '방법'으로 나누어 사회주의와 기독교를 비교한다. 원리에 해당하는 것은 신관, 인생관, 국가관, 가정관, 재산관이다. 신관의 경우, 사회주의자들이 초물(超物), 전능(全能), 지선(至善), 독일적 주재(獨一的 主宰)를 속성으로 하는 신(上帝)의 존재를 부인하고 있음을 일단 인정한다. 이는 유물주의와 무신론 때문이다. 그런데 무신론과 유물주의를 반대하고 상제의 존재를 인정한 사회주의자[178]를 예로 들면서 신관의 측면에서 기독교와 사회주의의 조화 가능성을 주장했다.[179] 이는 그가 마르크스 · 레닌주의로 대변되는 '과학적 사회주의' 대신 '공상적 사회주의'를 선호했음을 보여준다.

인생관의 측면에서 보면, 마르크스의 경제결정론은 사회발전 과정에서 경제의 역할이 크다는 것을 지적한 것일 뿐이기 때문에 기독교의 자유의지론과 충돌하지 않는다. 더구나 기독교와 사회주의는 인생을 가치 있는 것으로 보기 때문에 기본적으로 동일한 인생관이다.[180] 국가관의 경우, 둘 다 평민주의와 세계주의의 입장에서 전제주의와 편협한 국가주의에 반대한다.

가정관의 측면에서 보면 둘 다 자유연애를 추구하며 가정생활은 호조(互助), 가정의 관계는 우의(友誼)에 근거한다. 재산관의 경우, 양자 모두 재산을 공중사업을 위해 사용하며 자본주의의 유산(遺産)제도를 반대한다.[181] 이처럼 기독교와 사회주의는 신관, 인생관, 국가관, 가정관, 재산관과 같은 '원리'의 측면에서는 동일성이 있다.

그런데 이대위가 볼 때 '방법(用)'의 측면에서는 기독교와 사회주의의 차이가 있다. 기독교의 방법은 평화적·통속적·감정적·만성적·진화적인데, 사회주의의 방법은 격렬적·학리적·급성적·혁명적이다.[182] 사회개조를 위한 '착수 방법'에도 차이가 있다. 기독교의 착수방법은 개인개조로부터 사회개조로 나아가는데, 사회주의의 방법은 사회개조로부터 개인개조로 나아간다. 즉 기독교는 인격적 감화를 중시하면서 개인부터 구하려고 하는 반면, 사회주의는 환경의 변화를 고려하여 사회를 먼저 구하면서 개인의 행복을 도모한다.[183] 사회개조의 실제적 '공구(工具)'도 다르다. 기독교는 교회를 유일의 공구로 삼는 반면, 사회주의는 국가나 특정 기관을 유일의 공구로 삼는다. 기독교는 교회를 통해 개인의 양심을 계발하고 사회의 도덕을 개선하려고 하는 반면, 사회주의는 국가나 기관을 통해 사회의 재산을 관리한다.[184] 요컨대 기독교와 사회주의는 동일한 목표를 얻기 위한 방법론에서 평화 대 격렬, 개인개조 대 사회개조, 인격감화 대 환경변화, 교회 대 국가의 차이를 보인다. 다시 말하자면 기독교는 교회를 발판으로 삼아 평화적인 방식으로 개인의 인격을 개조하는 방식을 선호하는 반면, 사회주의는 국가와 기관을 발판으로 삼아 사회와 환경을 격렬한 방식으로 개조하는 방식을 선호한다는 것이다.

이처럼 '원리'와 '방법'에서 기독교와 사회주의의 유사성과 차이를 제시한 다음, 조선의 기독교와 사회주의의 문제점을 지적했다. 그에 의하면 기독교는 본래 활동적·진화적·합리적·실험적·사회적 종교인데 조선의 기독교는 그리스도의 정신과 교훈을 본받지 않고 진부(陳腐)의 의식과 유전(遺傳)의 신조만 수행한다. 즉 조선의 기독교는 이름만 기독교이고 앞으로 나아가지 못하는 위선적 종교다. 이러한 기독교가 사회개조를 시도하는 것은 연목구어(緣木求魚)와 같다. 그러므로 조선의 기독교는 과학과 손을 잡고 예수가 실행하려던 이상 즉 자본주의와 독단주의를 타파하고 '사회의 복음'을 만방에 전파하는 일을 해야 한다.[185] 이는 19세기 말 20세기 초 미국을 중심으로 등장한 개신교 사회운동의 한 흐름인 사회복음주의(The Social Gospel)의 영향으로 보인다.[186]

이대위는 조선의 사회주의도 비판했다. 그에 의하면 사회주의는 유물주의가 아니며 마르크스 유물사관의 본의도 사회진화의 윤리와 종교를 배척하지 않는다. 그런데 조선의 사회주의자들이 유물주의를 주장하는 동시에 기독교에 대한 반대를 진정한 사회주의로 잘못 알고 있다는 것이다. 이는 유물론 및 유물론적 세계관에 근거한 반기독교운동으로부터 사회주의를 분리하여 기독교와 접목시키려는 담론 전략이라고 할 수 있다. 나아가 그는 노동계급과 중산계급의 협력 즉 계급협조를 강조했다.[187] 물론 이러한 계급협조주의는 계급투쟁을 중시하는 마르크스·레닌주의자들로서는 도저히 받아들일 수 없는 '개량주의' 노선이었다.[188]

그렇지만 이대위는 기독교와 사회주의의 접목을 위해 좀더 구체적인 제안을 했다. 기독교에 대해서는 종교의 형식을 고집하지 말고 예수의 근본 교훈과 자유정신에 주목하고, 과학자와 사회주의자의 비평을 수용하고, 외국의 문화를 수입하되 상제관·우주관·인생관을 조선 사회에 맞게 하고, 현재적·활동적·사회적 복무를 중시하고, 자동(自動)·자유·진실의 교우가 되고, 지원(志願)·충실·공평의 교사를 고용할 것을 요청했다.[189] 사회주의에 대해서는 유물사관에만 치중하지 말고 정신적 사회진화의 기초를 만들고, 예수의 사회원리를 수용하여 불합리한 무종교주의를 배척하고, 심리적 · 도덕적 · 개인적 선행을 쌓고, 무력과 강제가 아닌 평화와 자유에 근거한 공산(共産)의 방법을 사용할 것을 주문했다.[190] 요컨대 기독교에 대해서는 형식화된 신앙에서 벗어나 과학과 사회주의의 합리적인 비평을 수용할 것을 주문하고, 사회주의에 대해서는 유물론적 무종교주의에서 벗어나 예수의 정신을 수용할 것을 요청한 것이다.

이처럼 현실 기독교와 사회주의가 나아가야 할 방향을 제시한 다음에는 양자의 관계를 재설정했다. 그가 사용하는 은유에 의하면 기독교는 청수(淸水)이고, 사회주의는 쏘다(잿물)이고, 사회는 더러운 의복이다. 의복을 세탁하려면 청수를 사용해야 하지만 물욕(物慾)에 사로잡힌 세상 사람의 경우에는 그리스도의 사랑을 가지고는 세탁이 잘 되지 않는다. 그런 경우에는 이따금 잿물을 사용해야 한다. 그러나 잿물을 사용한 후에도 의복을 맑게 하며 썩지 않게 하는 청수가 반드시 있어야 한다. 요컨대 기독교는 사회문제를 해결하는 데 장기적 효과를 내는 '약'이라면, 사회주의는 단기간에 효과를 내는 '약'이다. 따라서 기독교와 사회주의는 협력하면서 함께 나아가야 한다는 것이다.[191]

결론 부분에서는 기독교와 사회주의의 토착화를 통해 '한국적 기독교 사회주의'의 탄생을 기대했다. 사회주의와 기독교가 악수하여 한국 고유문화의 세례를 받으면 사회주의의 기독화와 기독교의 사회화가 실현되어 신문화의 매개물이 될 수 있다는 것이다. 그 화합물의 명칭이 영국에서 사용하는 '기독교 사회주의(Christian Socialism)'가 되든지 미국에서 통용되는 '사회적 기독교'가 되든지 '반도식 신화합물(新化合物)'을 형성하여 작용시키면 '신(新)의 반도'와 '신(新)의 세계'가 이루어질 것이다. 그러므로 우리 사회에서 기독

교와 사회주의를 철저히 연구하고 실천하면 세계 최대의 공헌을 할 것이라고 확신했다.[192]

지금까지 살펴보았듯이 이대위는 기독교와 사회주의의 유사성과 차이를 여러 측면에서 검토하고 양자의 창조적 종합으로서 기독교 사회주의를 제창했다. 그의 눈으로 볼 때 기독교와 사회주의의 차이는 그리 크지 않은데 사람들의 편견으로 인해 둘 사이의 관계가 충돌한다. 따라서 양자의 공통분모를 드러내어 오해를 불식시키는 것이 우선적으로 필요하다. 나아가 현실 기독교와 사회주의는 나름의 문제를 지니고 있으므로 이를 잘 극복하여 세계에 기여할 수 있는 '한국적 기독교 사회주의'를 창출해야 한다는 것이다. 앞서 살펴본 '사회주의 예수' 담론이 기독교의 입장에서 사회주의를 접수하는 위계적 포괄주의 전략에 가깝다면 '한국적 기독교 사회주의' 담론은 사회주의와 기독교의 융합을 통한 제3의 대안을 모색한다는 점에서 다원주의에 근거한 '혼합주의'라고 부를 수 있을 것이다.

2) 기독교 반공주의: 반무신론과 반유물론

이처럼 1920년대에는 개신교계 일각에서 기독교와 사회주의의 접점을 추구하는 움직임이 있었으나, 1930년대에 들어서면 이러한 움직임이 사실상 사라진다. 1932년 개신교계 최대의 연합기구인 예수교연합공의회가 채택한 「사회신조」는 기독교와 사회주의의 최종 결별을 선언한 문서로 보인다.

> 우리는 하느님을 부(父)로 인류를 형제로 신(信)하며, 기독을 통하여 계시된 하느님의 애(愛)와 정의와 평화가 사회의 기초적 이상(理想)으로 사(思)하는 동시에 일체의 유물교육, 유물사상, 계급적 투쟁, 혁명 수단에 의한 사회개조

와 반동적 탄압에 반대한다.[193]

이 문장의 전반부는 기독교의 사회참여를 강조하지만 후반부는 유물론과 계급투쟁이라는 용어로 대변되는 사회주의의 전면적 거부를 의미한다. 「사회신조」는 한국 개신교가 집단적 차원에서 채택한 공식 문서이기 때문에 이후 개신교의 반사회주의 및 반공주의 노선의 초석이 되었다고 볼 수 있다.

실제로 이 무렵에는 사회주의를 유물론이나 무신론과 동일시하고 이에 대해 세계관 차원에서 전면적인 공격을 가하는 글이 등장했다. 이러한 태도를 가장 잘 보여주는 글은 무신론에 대한 기독교의 대책을 논한 보수 신학자 박형룡의 글이다.[194] 그는 이 글에서 먼저 '무신론의 죄악'을 폭로했다.

> 무신론은 죄악 중에 최대한 죄악이다. 다른 죄악은 흔히 인(人)과 인(人) 사이의 불법한 관계가 신지(神旨)를 위반함으로 간접 구성하거니와 무신론은 인(人)이 신의 존재를 부인하여 직접 반역을 행하는 가장 참람한 죄악이다. 무신론은 또한 우매하기로 제일 되는 죄악이니 하고(何故)요 하면 유신(有神)을 증거하기는 용이하되 무신(無神)을 증거함은 논리상 불가능함이다.[195]

무신론은 신의 존재를 부인하는 신성모독적인 행위이기 때문에 가장 참람한 죄악이며 신의 '부존재'를 증명하려는 어리석은 시도이기 때문에 제일 우매한 죄악이라는 것이다. 이는 무신론에 대한 도덕적·지적 차원의 비판이다.

박형룡은 무신론의 폐해에 대해서도 언급했다. 그에 의하면 극흉극우(極凶極愚)하고 죄악으로 물든 무신론은 인류의 역사 속에서 이론으로 신의 존재를 부인하거나 무력으로 신도를 박해하면서 기독교 박멸을 시도해 왔다. 그런데 현대의 무신론은 과거와 달리 복음에 대한 조직적 반항을 시도하며 그 위세가 막강하다. 특히 러시아혁명 이후 소비에트 정부는 '유신 신앙'을 근절하기 위해 수많은 법령을 공포했으며, 신, 신자, 종교에 대한 노농정부의 전투는 프랑스혁명의 최암흑(最黑暗)한 시절이나 최흉독(最凶毒)한 행동보다 훨씬 참혹하다. 심지어 미국과 캐나다에서도 아메리카무신론조장회나 캐나다무신론조장회와 같은 무신론 확산을 위한 조직이 결성되었다.[196] 이처럼 박형룡은 현대 무신론의 거대한 힘과 규모, 그리고 그것이 초래하는 참혹성을 경고했다.

따라서 그는 당대를 기독교의 일대 위기로 간주하고 무신론에 대한 대책이 시급함을 강조했다. 그의 주장에 의하면 마귀의 군대이자 적그리스도인 무신론 세력이 천국을 습격하니 그리스도의 정병들이 총출동해서 천국 수호 작전을 짜야 한다.[197] 그가 제시하는 작전계획은 세 가지다. 첫째는 신앙의 용기와 선교의 열정이다. 담대한 신앙과 열정적인 선교 활동을 통해 무신론의 확산을 저지하는 것이다. 둘째는 변증신학의 연구와 활용이다. 특히 참종교의 기원은 공포가 아니라 신의 계시라는 사실과 신의 존재는 허구가 아니라 이성(理性)에 부합하는 진리임을 철저하게 변증해야 한다. 이는 이론적 차원의 대응 전략이다. 셋째는 선행과 봉사이다. 현재의 무신론은 철학적 변론보다도 사회적 공리(功利)에 호소하면서 기독교의 유해무익함을 성토하기 때문이다.[198] 이는 사회적 차원의 대응 전략이다. 이처럼 보수 신학의 대변자 박형룡은 기독교와 무신론의 양립 불가능성을 전제하고 무신론에 근거한 공산주의의 도전에 대해 신앙적, 지적, 사회적 차원의 대응방안을 제시하였다.

개신교 사회운동 단체의 하나인 기독교농촌연구회 출신 박학전(朴鶴田)의 글도 무신론에 대한 강경 노선을 보여준다.

피가 끓는 기독청년아… 오늘 저 주의자(主義者)들의 아우성치는 약동을 보고 듣지 않는가? 계신 하느님을 없다고 억증(抑證)하기에, 세운 집을 헐기에 얼마나 부심하고 있는가를 보라. 만일 마르크스나 레닌이 저들에게 한 파괴적 주의를 주고 갔다면 예수께서는 우리에게 "너희는 땅끝까지 이르러 내 증인이 되라."는 표어와 한 위대한 영원의 건설적 주의를 십자가상에서 성립하시고 가시지 않았는가? [199]

요컨대 마르크스 · 레닌주의는 하느님의 존재를 부정하는 '파괴적 주의'이고, 기독교는 예수의 가르침을 땅끝까지 전하는 '건설적 주의'라는 것이다. 그는 이러한 파괴-건설의 이분법적 도식에 근거하여 무신론에 대한 공세를 강화했다.

기독청년아! 돌아서라. 교단에 서 있는 목사에게 향했던 주먹을 이 반종교 운동자에게로 돌리라. 교회의 조직체를 질시하는 눈초리를 이 무신론당에게로 돌리라… 기독용사들아 새벽에 교당에 올라가 기도를 드리고 악마와 싸울 결심을 가지고 복음을 들고 논두렁으로, 밭둑으로 나가자. 우리도 농촌 교화를 위하여 이제부터 조직화하고 다시 그 결함을 찾아서 연구 실시하자. 저들이 손도 대기 전에 우리는 생명의 파종을 하자… 나가자, 나가자 농장으로! 싸우자, 싸우자 무신론자들로! [200]

이는 교회 분규에 휩싸이거나 교회 내부의 문제를 개혁하는 데 주력하는 기독청년들의 신앙적 열정을 반종교 집단과 무신론 집단의 퇴치를 위한 투쟁의 에너지로 전환하려는 호소문이다. 여기에는 농촌 지역을 장악한 사회주의 세력으로부터 헤게모니를 탈환하기 위해 무신론을 '악마화'하는 수사까지 동원되었다.

감리교 신학자 정경옥은 종교와 과학의 공존 및 기독교와 진화론의 조화를 추구했지만, 유물론에 대해서는 비판적 태도를 취했다. 그렇다고 해서 유물론을 무조건 배척한 것은 아니다. 그는 유물론적 사회관이 기성 종교에 어느 정도 긍정적 효과를 미쳤음을 인정했다. 즉 유물론적 사회관이 종교로 하여금 진부한 제도와 전통적 미신에서 해방되어 정당한 자기성찰을 하도록 강력한 충격을 주고, 나아가 유물론자들의 노동운동이 사회적 이상주의와 열렬한 국제적 복음과 천민계급의 부흥을 목표로 하면서 인간가치의 재인식을 강조한 것에 대해서는 그 가치를 인정했다.

그렇지만 그의 입장에서 볼 때 유물론적 사회관의 기초이론에는 철학적으로 지대한 곤란이 있다. 즉 마르크스와 엥겔스의 변증법적 유물론의 철학적 기초는 '소박한 리얼리즘(naive realism)'의 한계를 벗어나지 못한다.[201] 그리고 '유물론만이 과학적 지식에 적응할 수 있는 철학'이라는 그들의 주장도 시대착오적인 것이다.[202] 결론적으로 그는 유물론적 사회관과 종교 사이에는 실천적 목적에서나 기초이론에서 서로 타협할 수 없는 간격이 있다고 주장했다.[203] 즉 이론적 실천적 차원에서 유물론과 종교 사이에는 화해할 수 없는 지점이 있기 때문에 개신교 신학자의 한 사람으로서 유물론을 거부한 것이다.

안식교 선교사 부두열 역시 기독교와 공산주의의 양립 불가능성을 강조하였다. 그에 의하면 진정한 기독교 신자가 공산주의자가 되면 자기가 신봉하는 종교를 확신할 수 없게 되고, 이와 마찬가지로 레닌 제자가 하느님을 사랑하고 섬기는 자가 되면 공산주의를 철저하게 실천할 수가 없게 된다는 것이다.[204]

이처럼 장로교의 박형룡, 기독교농촌연구회의 박학전, 감리교의 정경옥,

안식교의 부두열은 사회주의와 기독교 사이의 접점을 모색하기보다는 무신론(유물론)과 유신론의 이분법에 입각하여 사회주의를 척결의 대상으로 설정하였다. 기독교와 사회주의의 접목을 시도한 인사들은 '사회주의'라는 용어를 주로 사용한 반면, 이들은 '공산주의'라는 용어를 주로 사용했다. 그리고 기독교 사회주의 진영이 사회주의와 무신론(유물론)을 분리하려고 한 반면, 이들은 공산주의와 무신론(유물론)을 직결시켰다.

지금까지 살펴본 것처럼 세계 제1차 대전 이후 세속문화와 세속주의의 급격한 확산과 더불어 개신교는 세속의 타자인 과학, 진화론, 사회주의의 도전에 직면하였다. 과학은 이데올로기적으로 중립적인 것으로 비쳤기 때문에 개신교 내부에서 과학 자체를 거부하거나 배척한 움직임은 나타나지 않았다. 대부분의 논의가 종교와 과학의 양립을 전제하면서 종교와 과학 사이의 협력과 보완을 강조하였다. 다만 신학적 자유주의 진영은 과학의 합리성을 내세워 보수주의 신학의 비합리성을 비판한 반면, 신학적 보수주의 진영은 과학의 이름을 표방한 과학주의의 종교 비판을 경계하였다.

진화론에 대해서는 개신교 내부에서 입장이 갈렸다. 성서비평을 수용하는 자유주의 신학 계열은 유신진화론의 입장에서 창조신앙과 진화이론의 접목을 시도한 반면, 성서비평을 거부하는 근본주의 신학 계열은 진화론을 무신론에 근거한 거짓 과학으로 간주하면서 배척하였다. 사회주의에 대해서도 서로 다른 반응이 나타났다. 거시적으로 보면 진보 진영의 인사들은 기독교와 사회주의의 공통점을 강조하면서 기독교와 사회주의의 접목에 근거한 기독교 사회주의를 모색한 반면, 보수 진영의 인사들은 사회주의를 무신론이나 유물론과 동일시하면서 기독교 반공주의 노선을 추구했다.

자기-타자의 모델을 적용해 보면 개신교 보수 진영은 세속 이데올로기로 비친 과학주의, 진화론, 사회주의를 기독교와 양립 불가능한 것으로 배척하는 이분법적 배타주의에 서 있었던 반면, 개신교 진보 진영은 세속의 타자인 과학, 진화론, 사회주의를 기독교 세계관으로 포섭하는 위계적 포괄주의 혹은 대등한 차원에서 양자의 통합을 모색하는 혼합적 다원주의 입장에 서 있었다.

VI

한국 개신교의
정체성

지금까지 우리는 개신교의 타자인식을 세 영역의 타자를 중심으로 검토하였다. 해방 이전 한국 개신교가 기독교 공간의 타자, 종교 공간의 타자, 세속 공간의 타자에 대해 어떠한 인식의 논리를 전개하였는가를 살펴본 것이다. 개신교의 자리에서 볼 때 기독교 공간의 주요 타자는 천주교, 타교파, 소종파였고, 종교 공간의 주요 타자는 유교, 불교, 민간신앙이었으며, 세속 공간의 주요 타자는 과학, 진화론, 사회주의였다. 이하에서는 개신교의 타자인식이 한국 개신교의 정체성과 어떠한 관련이 있는가를 교파 정체성, 종교 정체성, 이데올로기 정체성으로 나누어 살펴본다.

1. 교파 정체성

　　거시적으로 보면 기독교의 역사는 누가 '진짜 기독교인'인가를 둘러싸고 전개되어 온 논쟁의 역사이며, 기독교 공간은 어느 집단이 '진짜 기독교'인가를 둘러싸고 치열한 경합이 벌어지는 장이다. 이는 기독교의 본질이 선험적으로 존재한다기보다는 '기독교의 본질'에 대한 다양한 주장만이 존재함을 의미한다.

　　해방 이전 한국의 기독교 공간에서 개신교의 타자인식을 규정한 가장 중요한 타자는 천주교였다. 당시 한국 천주교는 제1차 바티칸공의회의 산물인 가톨릭 근본주의의 자장으로부터 자유롭지 못하였기 때문에 개신교를 기독교 세계의 동등한 구성원으로 간주하지 않았다. 천주교의 언어에 의하면 개신교는 '하나의 거룩한 보편적 교회'인 로마가톨릭교회에서 떨어져 나간 '열교'였다.

따라서 천주교는 선교 현장의 '숙적'으로 등장한 개신교를 무력화시키기 위해 다양한 전략을 구사하였는데 그중 가장 핵심적인 것은 '종교개혁 신화'의 해체였다. 천주교의 방어 담론에 의하면 종교개혁은 진정한 의미의 교회 개혁이 아니라 루터를 비롯한 일부 세력이 자신들의 '사적 욕망'을 달성하기 위해 일으킨 도발 행위에 불과하다. 즉 종교개혁은 교회개혁을 구호로 내걸었지만 '세속적' 동기에 근거한 불법적 행위에 지나지 않는다. 따라서 종교 개혁의 산물인 개신교의 모든 교리와 제도는 폐기되어야 하고, 개신교인들은 천주교로 복귀해야 한다. 이처럼 해방 이전 천주교는 기독교 공간에서 개신교의 '지분'을 인정하지 않는 '독점적 교회론'의 입장에 있었다.

천주교에 대한 개신교의 대응 역시 근본주의 성향을 보였다. 개신교의 천주교 공략은 크게 두 측면으로 나누어 볼 수 있다. 하나는 형식적 측면이고 다른 하나는 내용적 측면이다. 형식적 측면의 공격은 가톨릭교회의 전통 즉 '성전'에 대한 공격이다. 개신교는 가톨릭의 성전이 초대교회의 정신을 계승한 것이 아니라 사제 권력에 의해 인위적으로 창출된 전통에 불과하다고 비난하였다. 특히 베드로수위권설과 교황무오설에 근거한 교황제도는 로마의 군주제도를 모방한 것으로서 초대교회의 정신과 전면적으로 배치된다고 공격했다. 이러한 논리에 의하면 천주교는 기독교가 아니라 '로마교'에 지나지 않는다.

천주교의 성전에 대한 개신교의 공격용 무기는 바이블이다. 개신교의 논리에 의하면 성전은 인간이 만들어 낸 전통에 불과한 반면 바이블은 하느님의 말씀이다. 따라서 바이블이 교회를 이끄는 유일한 나침판이 되고 바이블에 위배되는 성전은 폐기되어야 한다. 천주교와의 논쟁이 격화될수록 바이블의 위상과 권위는 높아졌으며, 천주교의 교황무오설에 대응하는 성서무오설은 이러한 과정의 산물이다.[1]

한국 개신교는 초창기부터 '성경 기독교(Bible Christianity)'로 불릴 정도로 바이블을 중시하였는데,[2] 천주교와의 논쟁을 통해 이러한 성격이 더욱 강화되었다. WCC 총회 개최를 반대하는 보수 개신교 진영이 공동성명서에 '3대 반대 사항'과 함께 '성경 66권의 무오성'을 넣은 것은 이러한 역사적 흐름의 산물이다.

한편 내용적 측면의 공격은 천주교의 '의식주의'를 타깃으로 삼았다. 특히 일곱 성사로 대변되는 가톨릭의 의례 전통을 내면적 신앙을 가로막는 장애물이라고 비판하였다. 마리아 공경이나 성상 공경도 신자들의 시선을 외적 대상에 고착시킴으로써 개인의 내면에 존재하는 참된 신앙의 장애물이 된다고 비판했다. 개신교는 이러한 의식주의를 우상숭배와 관련시키면서 가톨릭을 '우상교'로 단죄하였다.

그런데 이러한 논리는 초기 기독교가 유대교를 비판할 때 활용한 무기였다. 바울은 유대교의 율법 중심의 신앙을 의식주의로 규정하고 이를 우상숭배라고 비판하였다. 의식주의와 우상숭배에 대한 이러한 비판의 논리에는 외적 행위와 내적 신앙의 이분법이 작동하였다. 이때 외적 행위는 형식에 치우친 위선성과 연결되고, 내적 신앙은 경건에 기초한 진정성과 연결된다. 따라서 외적 행위 중심의 유대교는 내적 경건에 기초한 기독교에 의해 대체되어야 한다는 것이 초기 기독교의 핵심 논리였다.

개신교는 이러한 유대교 대 기독교의 도식을 천주교와 개신교의 관계에 적용하였다. 그 결과 유대교 : 기독교 = 천주교 : 개신교의 등식이 탄생했다.[3] 개신교는 이러한 등식을 통해 천주교를 비판하는 동시에 천주교를 대체하고자 하였다. 그 과정에서 개신교는 의례를 최소화하게 되고 반의례주의적 성향을 띠게 되었다. 천주교와의 대결이 격화될수록 반의례주의는 강화되었고 이는 우상타파의 논리와 결합하여 한국종교들을 비판할 때도 핵심적 무기로 활용되었다. 이처럼 개신교는 근본주의 성향을 지닌 천주교와 대결하는 과정에서 바이블 중심주의와 반의례주의를 내면화하게 되었다.

개신교 내부의 공간을 보면 다양한 교파가 각축을 벌였지만, 장로교와 감리교가 중심부를 형성하고 그 주변에 성결교, 성공회, 구세군 등 여러 교파가 포진하는 구도였다. 장로교와 감리교는 신학적 교리적 배경은 달랐지만 선교지역 분할과 같은 신사협정을 체결하여 불필요한 경쟁을 피하고 다방면에서 연합사업을 하는 등 협력 관계를 유지하였다. 그렇지만 장로교는 타교파와의 관계에서 교파 우월주의를 종종 드러냈고, 감리교는 타교파에 개방적인 태도를 취하면서도 감리교의 정체성을 매우 강조하였다. 장로교나 감리교에 비해 교세가 훨씬 미약했던 성결교는 교파 다원주의를 강조하면서도 초기 감리교의 진정한 계승자라는 의식을 지니고 있었다. 이처럼 주류 교파 사이에 경쟁의식이 존재하였지만, 개신교 공간에서는 교파 다원주의가 지배적 힘을 발휘하였다. 그렇지만 안식교와 같은 교파에 대해서는 정통-이단 이분법에 근거한 배타주의적 교파의식을 드러냈다.

한편 주류 교회와 갈등 관계에 있던 독립교회들은 주류 교회의 교파주의를 비판하면서 교파교회의 특징인 복잡한 신조나 정치제도를 최소화했다. 이는 '예수교회', '기독교회', '하느님의 교회', '복음교회' 등과 같은 교회의 명칭에서 잘 드러난다. 그러나 교파 단위의 기독교 공간에서는 초교파주의 혹은 무교파주의를 내세운 이러한 교회들 자체가 또 하나의 교파로 여겨질 수밖에 없었다.

이처럼 해방 이전 기독교 공간은 천주교, 주류교파, 소종파의 삼각 구도로 구성되어 있었는데, 주류 개신교는 천주교와 소종파를 기독교의 공간에서 배제해야 할 대상으로 간주하였다. 즉 주류 개신교는 천주교와 소종파를 '참기독교'의 범주에서 제외하고자 하였다. 교파 정체성의 측면에서 보면 주류 개신교는 천주교와 소종파에 대해서는 배타적 교파주의를 드러냈던 반면, 주류에 속하는 타교파들에 대해서는 다원주의적 교파의식을 보였다. 물론 장로교의 경우에서 드러나듯이 주류 교파 사이에서도 교파 다원주의를 희석시키는 교파 위계주의가 종종 등장하였다. 반면 비주류에 속하는 소종파들은 주류 교파와 천주교에 대해 배타적 종파의식을 지니고 있었다. 이처럼 해방 이전 기독교 공간에서는 집단 간의 역학 구도에 따라 배타적 교파주의, 교파 위계주의, 교파 다원주의가 교차하였다.

2. 종교 정체성

개항 이후 새롭게 편성된 담론지형에는 여러 교파로 이루어진 기독교 공간 너머에 유교, 불교, 천도교, 민간신앙 등과 같은 다양한 전통으로 구성된 종교 공간이 존재하였다. 근대성의 형성 과정에서 새롭게 탄생한 종교 공간은 근대적 의미의 '종교' 개념을 수용한 다양한 종교전통이 독자적인 교리와 조직을 갖추고 각축을 벌이는 '종교시장'의 형태를 취하였다. 이는 전통적인 '교'의 개념이 '종교'의 개념으로 전환되었기 때문에 나타난 현상이다. 즉 동아시아 전통 사회를 지배했던 '교의 패러다임'이 '종교의 패러다임'으로 대체되면서 포교 경쟁을 중심으로 하는 종교시장이 형성된 것이다.[4] 따라서 한국 근대의 종교 공간은 어느 종교가 '참종교'인가를 둘러싸고 치열한 경쟁이 벌어지는 경합의 공간이었다.

당시 개신교는 종교 공간의 타자들과 경쟁하는 과정에서 '비교'를 중요한 담론적 무기로 삼았다. 주지하다시피 비교는 유사성과 차이의 놀이이다. 개신교는 종교적 타자들과 자기의 유사성과 차이에 주목하면서 다양한 비교 종교론을 생산하였다. 이 시기에 종교변증론이나 종교변론 등의 이름이 자주 등장하는 것은 그 때문이다. 우리가 앞에서 검토한 여섯 인물의 텍스트는 바로 이러한 비교 작업의 산물이다.

어떠한 비교종교론이건 나름의 '종교' 개념을 전제한다. 종교 개념이 전제되지 않으면 비교 자체가 불가능하기 때문이다. 따라서 어떠한 종교 개념을 채택하는가가 비교 작업의 성격을 규정한다. 우리가 검토한 텍스트는 모두 종교의 인간학적 기반을 인정하였다. 종교를 인류 문화의 보편적 현상이자 인간의 심층에 자리잡은 선험적 본질로 간주한 것이다. 요컨대 인간을 '종교적 동물'로 간주하였다. 나아가 종교적 의식의 본질을 초현실성, 초감각성, 형이상학, 영원성 등과 같은 다양한 개념으로 규정하였다. 그렇지만 그 모든 개념의 토대가 된 것은 '신의 계시'다. 초자연적 신의 계시를 종교의 기원이자 본질로 규정하였다. 물론 이때 신은 만물의 창조주인 유일신을 의미한다. 따라서 이들의 비교종교론은 유일신 관념에 근거한 종교 개념을 비교의 축으로 삼았다.

한편 이들의 종교 개념은 외적 행위나 실천보다는 내적 신앙과 경건을 중시하였다. 진정한 종교는 외적 몸짓이 아니라 내적 세계에 속하는 것으로 간주한 것이다. 앞서 보았듯이 내면의 신앙에 초점을 두는 이러한 종교 개념은 천주교와 대결하는 과정에서 등장한 것이다. 천주교의 의식주의를 비판하는 무기로 활용된 내면성 중심의 종교 개념은 한국종교의 다양한 의례를 비판하는 데도 적극 활용되었다. 불교의 예불이나 유교의 조상제사와 같은 다양한 의례를 천주교의 미사처럼 의식주의나 우상숭배로 규정한 것이다.

유일신 관념과 내면적 신앙에 근거한 이러한 종교 개념은 여섯 인물의 비교종교론을 규정하였다. 장로교 선교사 언더우드는 기독교와 동아시아 종교의 신관을 비교하는 과정에서 성서적 신관을 척도로 삼았다. 따라서 그의 비교 작업은 엄격한 유일신관 / 느슨한 유일신관, 신의 특수 계시에 근거한 경전 / 인간이 만든 경전(고전), 순수한 영으로 존재하는 신 / 물질성에 포획된 신, 거룩한 신 / 타락한 신, 인격적 사랑의 신 / 엄격한 권위의 신, 삼위일체의 신 / 삼중의 신 등과 같은 대차대조표를 생산하였다. 이 도표의 좌변에서 발견되는 '엄격한 유일신관'과 '순수한 영으로 존재하는 신'이라는 표현은 '유일신 신앙'과 '내면 위주의 신앙'을 잘 드러냈다. 이 도표의 좌변에 배치된 기독교 신관의 속성들은 '충만'의 표지가 되고, 우변에 배치된 동아시아적 신관의 속성들은 '결핍'의 표지가 된다. 따라서 '결핍의 체계'인 동아시아의 종교는 '충만의 체계'인 기독교에 의해 보완되어야 한다는 것이 그의 비교종교론의 결론이다.

감리교 선교사 존스는 기독교와 한국종교의 '접촉점'을 찾기 위해 비교작업을 수행하였다. 그가 발견한 양자의 중요한 접촉점은 다섯 가지, 즉 하느님 관념을 비롯하여 도덕, 예배, 기도, 영혼불멸이다. 이 다섯 측면에서 기독교와 한국종교 사이에 상당한 유사성이 발견된다는 것이다. 그렇지만 그는 양자 사이의 차이점도 동시에 강조했다. 그에 의하면 한국종교에서 나타나는 이 다섯 요소는 온전성을 결여하였다. 특히 한국인의 도덕에는 내면적 차원의 죄의식이 결여되어 있고, 예배는 경건성이 부족하다. 따라서 한국종교는 기독교에 의해 완성되어야 한다. 이처럼 그의 비교종교론에서도 유일신 신앙과 내면성이 비교의 척도로 작용하였다.

토착화 신학의 선구자로 간주되는 감리교 목회자 최병헌은 유신론, 신앙론, 내세론을 종교의 3대 구성 요소로 간주하고 비교 작업을 수행하였다. 그에 의하면 이 중 어느 하나라도 갖추지 못하면 완전한 종교가 되지 못한다.

그런데 여기서 유신론은 다신 신앙을 가리키는 것이 아니라 엄격한 유일신 신앙을 의미하며, 신앙론도 여러 신에 대한 신앙보다는 유일신에 대한 '내면적' 차원의 신앙을 가리킨다. 이는 기독교 특히 개신교를 종교의 이상적 모델로 설정했음을 보여준다. 따라서 『만종일련』를 통해 수행된 그의 비교종교론에서 유교와 불교는 결핍의 종교로 등장한다. 언더우드나 존스의 경우와 마찬가지로 그의 비교종교론도 한국종교를 기독교에 의해 보완되고 완성되어야 할 '예비 종교'로 규정한 것이다.

장로교 목회자 박승명은 최병헌보다 더 체계적인 비교종교론을 전개하였다. 최병헌이 유신론, 신앙론, 내세론이라는 세 요소를 종교의 필수 조건으로 설정한 데 비하여, 박승명은 여기에 죄악론, 신학론, 창조론과 같은 여러 요소를 추가하였다. 그런데 엄밀하게 보면 이 요소들도 기독교 신앙에 가장 잘 부합하는 범주들이다. 그는 유교와 기독교를 비교하는 과정에서 유교의 핵심 의례인 조상제사를 비판하였는데, 비판의 주요 근거는 '속죄' 관념의 결핍이다. 물론 속죄 개념은 기독교 신앙의 핵심이지만 조상제사를 비판하는 맥락에서 이 개념을 사용하였다는 점에서 내면성을 강조하는 개신교적 접근이 감지된다. 따라서 그가 수행한 비교종교론은 기독교 특히 개신교를 정점으로 한 종교적 위계화로 귀결되었다. 그런데 그의 비교 작업에는 앞에서 다룬 언더우드나 존스, 최병헌에서 나타나는 성취신학적 모티프가 약했다. 기독교의 우월성과 타종교의 열등성을 부각시키는 대차대조표 작성이 그의 비교종교론을 특징짓는다.

한국 장로교 신학의 대변자라고 할 수 있는 박형룡은 '종교론'을 통해 종교의 보편성과 자율성을 강조하면서 비교종교론을 전개하였다. 그에 의하면 종교의 본질은 여섯 요소 즉 신념(교리), 도덕, 예배, 죄와 구원, 내세관, 사회성인데 심층적 차원에서 보면 이 범주들은 유일신 신앙을 전제로 한 것이다. 그는 특히 예배와 관련하여 '감정의 영화(靈化)'라든지 '영과 진리'와 같은 개념을 부각시키면서 '영적 예배'를 참된 예배의 모델로 강조하였는데, 이는 외적 의례나 행위 중심의 신앙과 대비되는 내면 세계 위주의 개신교 신앙을 전제로 한 것이다. 이러한 기준들을 가지고 타종교들을 평가한 뒤 '이교'의 '총체적 실패'를 선언하였는데, 이는 기독교적 종교 개념에 근거한 비교종교론의 당연한 결론이다.

박형룡은 1930년대 이후 등장한 새로운 선교 패러다임과도 정면 대결하였다. 그에 의하면 선교 활동의 필요성을 부인하는 종교공존론, 종교혼합론, 종교경험 공유론 등은 기독교의 정신에 정면으로 위배된다. 기독교와 타종교의 접촉점을 찾고 이에 근거하여 기독교로 타종교를 완성시킨다는 성취신학도 수용되어서는 안 된다. 이 선교 패러다임들은 기독교와 타종교 사이의 질적 차이를 간과하고 양자 사이의 타협을 조장하기 때문이다. 그가 볼 때 타종교에 대해 기독교가 취해야 할 유일한 태도는 '타협'이 아니라 '정복'이다. 요컨대 정복주의 패러다임이 선교와 개종 문제에서 기독교가 취해야 할 유일한 대안이라는 것이다.

평신도 철학자 한치진은 종교철학의 장을 빌려 기독교와 타종교의 비교 작업을 수행하였다. 그는 종교를 인간에 내재한 선험적 본질로 간주하고 모든 종교의 공통점을 강조하였다. 그러나 구체적인 비교 작업에서는 기독교 우월주의를 보였는데 특히 기독교와 불교의 비교작업에서는 '기독교 오리엔탈리즘'의 성향을 보였다. 한편 그는 모든 종교의 궁극적 통일을 지향하는 '세계종교론'을 제창하였다. 이 담론에서는 모든 종교의 동등한 위상을 언급하면서도 세계종교의 통일을 실현하는 과정에서 기독교에 최종적인 위상이 부여되었다. 따라서 그의 세계종교론은 넓은 의미에서 성취신학 패러다임에 속한다고 할 수 있다.

이처럼 해방 이전 종교 공간의 타자에 대한 개신교의 인식은 비교종교론을 통해 주로 전개되었는데, 이는 기독교를 종교의 모델로 한 비교종교론이었다. 거시적으로 보면 박형룡의 비교종교론과 한치진의 비교종교론이 양극에 위치하고 나머지 넷이 그 사이에 일정한 간격으로 배치되어 있다. 즉 타자성을 전적으로 배척하는 박형룡의 배타주의와 타자성을 위계적으로 통합하는 한치진의 포괄주의를 양극으로 하는 스펙트럼의 모습을 보여준다. 선교관의 측면에서 표현하면 정복주의적 선교관과 성취신학적 선교관을 양극으로 하는 스펙트럼이다. 요컨대 해방 이전 개신교의 종교 정체성은 종교적 타자의 개종을 전제로 하는 배타주의와 포괄주의 사이에서 선회하였다.

3. 이데올로기 정체성

개항 이후 새롭게 편성된 담론지형에는 종교 공간과 동시에 세속 공간이 출현하였다. 이는 종교-세속 이분법이 등장하였음을 의미한다. 정치와 종교의 분리, 교육과 종교의 분리, 과학과 종교의 분리와 같은 담론은 종교-세속 이분법의 산물이다.[5] 이러한 이분법하에서는 종교가 종교적 타자만이 아니라 정치, 교육, 과학과 같은 세속의 타자와 긴장 관계에 놓이게 된다. 따라서 개신교는 기독교 공간과 종교 공간을 넘어 세속 공간에서 세속적 타자와 대결해야만 했다. 이는 개신교가 자연주의, 인본주의, 사회주의와 같은 세속주의 사조와 누가 '참세계관'인가를 둘러싸고 치열한 경쟁을 해야 하는 상황이 출현하였음을 의미한다.

거시적으로 보면 개신교는 기독교적 타자나 종교적 타자와의 관계에서는 공격수 역할을 했지만, 세속적 타자와의 관계에서는 방어자의 자리에 섰다. 선교 초기부터 개신교는 기독교 공간에서는 천주교에 도전하고, 종교 공간에서는 한국종교에 도전하면서 양 영역에서 헤게모니를 장악하려고 한 공격수였다. 그러나 세속의 공간에서는 주요 타자인 과학을 공격하지 않고 오히려 과학을 선교의 도구로 적극 활용하였다. 그로 인해 '문명의 종교'라는 후광까지 얻을 수 있었다. 그러나 개신교와 과학의 '동거'는 오래가지 못했다. 3·1운동 이후 사회주의가 등장하면서 과학(진화론)과 종교(개신교)를 갈등 관계로 몰아갔기 때문이다. 따라서 이때부터 개신교는 과학, 진화론, 사회주의로 대변되는 세속적 타자들의 도전에 대응해야 하는 방어자의 위치에 서게 된 것이다.

개신교가 세속 공간의 타자와 대결하는 과정에서 활용한 핵심적 무기는 종교-과학 이분법과 유신론-무신론 이분법이다. 과학의 도전에 대해서는 종교-과학 이분법을 통해 종교의 고유한 영토를 보존하는 전략을 구사한 반면, 사회주의와의 대결에서는 유신론-무신론 이분법을 통해 무신론을 퇴치하는 전략을 구사하였다.

과학주의 진영은 과학적 세계관을 표방하면서 종교와 과학의 양립 불가능성을 내세우는 한편 과학에 의한 종교의 대체를 주장하였다. 이에 대해 개신교는 종교와 과학이 적대적 관계에 있지 않음을 주장하면서 종교 영역의 자율성을 확보하기 위해 다양한 전략을 구사하였다. 종교와 과학은 문명화를 위한 두 축이라는 '문명의 두 바퀴 이론', 종교 언어와 과학 언어는 서로 다른 영역에 속하기 때문에 충돌하지 않고 양립 가능하다는 '두 언어 이론', 바이블과 자연은 동일한 하느님의 계시를 전달하는 두 권의 책이라는 '두 책 이론' 등과 같은 다양한 담론을 통해 종교와 과학의 양립을 주장하였다. 요컨대 개신교는 '과학'과 '과학주의'를 구별하면서 과학은 수용하되 과학주의는 배척하는 전략을 구사한 것이다.

근대과학의 총아로 등장한 진화론은 창조주 신앙을 근간으로 하는 전통적인 기독교 세계관에 특히 위협적인 것으로 비쳤다. 과학과 과학주의를 구별하여 과학의 도전에 대응한 것처럼, 개신교계 일각에서는 진화론을 유신론적 진화론과 무신론적 진화론으로 분할하여 대응하였다. 유신론적 진화론에 의하면 기독교의 신이 진화의 방식으로 세상을 주관한다. 따라서 이 진화론은 유신론과 진화론을 결합시킨 기독교적 진화론이다. 유신론적 진화론을 수용한 사람들은 진화론이 기독교 세계관과 양립 가능할 뿐만 아니라 기독교 신학의 지평을 확장하고 기독교 신앙을 풍요롭게 만든다고 주장한다. 성서비평 및 자유주의 신학과 친화성이 있는 개신교 진영에서 주로 나타난 입장이다.

이와 달리 개신교계의 일부에서는 진화론을 무신론과 동일시하였다. 이 입장에 의하면 진화론은 순수한 과학 이론이 아니라 무신론적 세계관을 배경으로 하는 '거짓 과학'이다. 따라서 이들은 진화론을 기독교 세계관과 양립 불가능한 것으로 보고 배척하였다. 그뿐만 아니라 진화론과 기독교를 결합시킨 유신론적 진화론도 비판하였다. 유신론과 무신론은 섞일 수 없기 때문에 기독교와 진화론을 결합한 기독교적 진화론 즉 유신론적 진화론은 성립할 수 없다는 것이다. 이 입장은 성서무오설과 문자적 성서해석을 선호하는 신학적 근본주의 진영에서 주로 등장했다.

한편 세속 공간의 타자 중 이데올로기 집단의 형태를 취한 사회주의 진영은 종교의 본질을 환상과 미신으로 규정하는 동시에 종교를 제국주의와 자본주의의 옹호자라고 공격하였다. 특히 기독교를 주된 공격 목표로 삼아 반기독교운동을 전개하였다. 사회주의의 공격에 대해 개신교계의 한쪽에서는 '기독교 사회주의'로 대응한 반면, 다른 쪽에서는 '기독교 반공주의'로 대응했다. 전자는 기독교와 사회주의의 공통점에 주목하면서 상호 연대를 추구한 반면, 후자는 기독교와 사회주의의 양립 불가능을 주장하면서 사회주를 배척했다.

기독교 사회주의는 기독교와 사회주의의 접목을 시도했지만 사회주의를 전면적으로 수용한 것은 아니다. 마르크스·레닌주의처럼 계급투쟁과 폭력혁명, 무신론과 유물론에 기초한 사회주의는 거부하였다. 기독교 사회주의자들이 수용한 사회주의는 유신론적 세계관과 계급협조 노선을 지향하는 사회주의였다.

기독교 사회주의 진영의 일각에서는 기독교와 사회주의 사이의 공통점을 강조하는 한편 기독교야말로 '진정한 사회주의'라는 주장도 등장했다. 이러한 맥락에서 등장한 '사회주의자 예수' 담론에 의하면 진정한 사회주의자는 예수의 길을 따라야 하고 기독교를 받아들여야 한다. 이는 사회주의의 궁극목표가 기독교를 통해 최종적으로 완성된다는 논리로서 일종의 '성취신학'이다.

이와는 조금 다른 자리에서 기독교와 사회주의를 결합시키는 논리도 등장하였다. 이 논리에 의하면 현실의 사회주의와 현실의 기독교는 모두 문제점이 있다. 따라서 한국 사회에 존재하는 기독교와 사회주의의 약점을 각각 보완해서 순수한 사회주의와 순수한 기독교를 만들어야 한다. 그런 다음에 사회주의와 기독교를 결합시켜야 한다. 이러한 과정을 통해 탄생한 기독교 사회주의야말로 '새로운 화합물'로서 세계사에 기여할 수 있는 '한국적 기독교 사회주의'라는 것이다. 여기서는 '사회주의자 예수' 담론에서 보이는 위계주의와 달리 기독교와 사회주의가 동등한 위상을 갖고 통합되는 모습이 나타난다.

이러한 기독교 사회주의의 흐름과 달리, 개신교 보수 진영은 사회주의를 무신론적 세계관과 동일시하면서 유신론-무신론 이분법으로 사회주의를 공략하였다. 이 프레임에 의하면 유신론과 무신론은 양립할 수 없고 양자 사이의 대결만 가능하다. 따라서 보수 진영은 무신론의 위험한 측면을 최대한 부각시키는 전략을 구사하였다. 이들에 의하면 무신론은 계급투쟁과 폭력 혁명을 유발할 뿐만 아니라 인간이 범하는 최대의 죄악이다. 다른 죄악들과 달리 무신론은 신의 존재 자체를 부정하기 때문이다. 따라서 무신론은 그리스도에 대적하는 적그리스도로 간주된다. 그리스도인들은 무신론을 퇴치하는 '그리스도의 정병'이 되어야 한다는 구호는 이러한 맥락에서 등장하였다. 이처럼 개신교 보수 진영은 사회주의를 악마화하면서 박멸의 대상으로 삼았다. 이들은 마르크스·레닌주의를 사회주의 보다는 공산주의라는 용어로 지칭하였기 때문에 이들의 입장은 '기독교 반공주의'라고 할 수 있다.

이처럼 해방 이전 세속 공간의 주요 타자에 대한 개신교의 인식은 세 형태, 즉 과학과 과학주의의 구별을 통한 과학의 수용과 과학주의의 배척, 유신론적 진화론과 무신론적 진화론의 구별을 통한 전자의 수용과 후자의 배척, 기독교 사회주의 담론에 의한 사회주의의 수용과 기독교 반공주의 담론에 의한 사회주의의 배격으로 요약된다. 이를 이데올로기 정체성의 측면에서 조망하면, 기독교 사회주의는 포괄주의 내지 다원주의와 친화성을 보이는 반면, 기독교 반공주의는 배타주의와 친화성을 보인다.

지금까지 살펴보았듯이 해방 이전 개신교는 기독교 공간, 종교 공간, 세속 공간의 타자들에 대해 다양한 인식의 논리를 보여주었다. 거시적으로 보면 보수 개신교 진영은 세 공간의 주요 타자인 천주교, 한국종교, 사회주의에 대해 배타주의적 인식을 보였다. 이때 보수 개신교가 활용한 무기는 진짜기독교-가짜기독교, 참종교-거짓종교, 참세계관-거짓세계관의 이분법이고 이를 통해 천주교, 한국종교, 사회주의를 각각의 공간에서 배제하고자 하였다. 서두에서 언급한 계보학적 은유를 다시 사용하자면 보수 개신교는 자신의 부모인 천주교를 기독교 공간에서 퇴출시키고, 자신의 이웃인 한국종교를 종교 공간에서 정복하고, 자신의 자식인 사회주의를 세속 공간에서 퇴치하고자 하였다. 이러한 작업을 통해 기독교 공간의 유일한 기독교, 종교 공간의 유일한 종교, 세속 공간의 유일한 세계관이 되고자 하였다.

한편 개신교 진보 진영은 세 공간의 타자에 대해 좀더 유연한 입장을 보였다. 기독교 공간의 천주교에 대해서는 배타주의와 포괄주의, 종교 공간의 한국종교에 대해서는 포괄주의, 사회주의에 대해서는 포괄주의와 다원주의의 태도를 취했다. 천주교에 대한 배타주의적 태도는 가톨릭 근본주의와 관련하여 이해할 수 있고, 사회주의에 대한 다원주의적 태도는 유신론적 사회주의와 관련하여 설명할 수 있다. 요컨대 세 공간에 나타난 개신교 진보 진영의 타자인식은 포괄주의를 축으로 하면서 사안에 따라 배타주의와 다원주의가 가미되는 형태였다.

이처럼 해방 이전 한국 개신교 타자인식의 지형은 보수 진영의 배타주의와 진보 진영의 포괄주의가 길항 관계를 이루는 구도였다. 두 흐름은 기독교 공간, 종교 공간, 세속 공간의 타자들과 만나는 과정에서 배타적 척결의 논리와 위계적 통합의 논리를 각각 보여주었다. 그리고 이러한 인식의 논리들은 양자의 교파 정체성, 종교 정체성, 이데올로기 정체성 형성에 중요한 변수로 작용하였다.

책머리에서 언급한 WCC 총회를 둘러싸고 일어난 해프닝은 이러한 한국 개신교의 역사적 흐름 속에서 등장한 사건이다. 이처럼 보수와 진보 진영은 세 공간에서 등장하는 다양한 사안을 두고 대립하지만 타자의 제거와 타자의 위계적 통합 사이에서 밀고 당기는 게임을 하고 있을 뿐이다. 여기서는 자기와 타자를 동등한 주체로 승인하는 자타인식의 논리는 찾기 힘들다.

한국 개신교가 이러한 자타인식의 지형을 구축하게 된 데에는 여러 요인이 복합적으로 작용하였을 것이다. 이 글에서는 개항 이후 새롭게 편성된 세 공간에서 개신교가 보여준 타자인식의 모습을 서술하는데 초점을 두었지만, 이러한 타자인식의 지형을 형성한 역사적 조건에 대하여 좀더 심도 있는 분석이 요청된다. 이를 위해서는 세속 영역의 강력한 타자인 정치권력과 개신교의 역동적 관계에 대한 면밀한 분석이 필요하며, 나아가 동아시아 국가와의 비교 분석이 필요하다. 이는 차후의 과제로 남긴다.

주석

I. 한국 개신교의 타자

1) 통계청 홈페이지 http://kosis.kr/wnsearch/totalSearch.jsp.

2) 장열 기자, 「[이슈분석] 한국 기독교 휩쓴 WCC(World Council of Churches) 논란… 화합인가, 분열인가? 한국 기독교의 WCC 부산 총회 논란」, 『Korea Daily News』, 2013.11.11.

3) 종교혼합주의는 종교다원주의 논의에 포함시킬 수 있는 사안이며 인본주의는 용공주의 논쟁에 포함시켜 논의할 수 있는 사안이다. 동성애는 최근에 급부상한 사안이므로 다른 맥락에서 논의될 필요가 있다. '성경 66권의 무오성' 주장은 반대 사안의 하나가 아니라 반대 논리의 근거이다.

4) 이 책에서 사용하는 세속, 세속 이데올로기, 세속주의, 세속적 세계관, 세속화 등의 용어는 본질주의에 근거한 실체론적 개념이 아니라 분석을 위한 서술적 개념이다. 한국 사회에서 종교-세속 이분법이 형성되는 과정에 대해서는 Jang Sukman, "The Historical Formation of the Religious-Secular Dichotomy in Modern Korea," Marion Eggert and Lucian Holscher (eds.), *Religion and Secularity: Transformations and Transfers of Religious Discourses in Europe and Asia*, 2013, pp. 257-279; 장석만, 「세속-종교의 이분법 형성과 근대적 분류체계의 문제」, 김상환·박영선 엮음, 『분류와 합류』, 이학사, 249-270쪽.

5) WCC에 의하면 개종(전도)주의(proselytism)는 "다른 교회의 교리, 신앙, 삶의 방식을 이해하려고 하지 않거나 대화하려 하지 않고, 정당하지 않은 방법으로 비웃거나 우상숭배라고 비난하는 행위, 자신의 교회와 교단만 '참된 교회'이며, 그 가르침만이 '참된 신앙'이요, 구원으로 가는 유일한 길이라고 주장하면서 다른 교회의 세례를 부정하는 행위, 기존의 교인을 다른 교회로 유인하기 위해 물질적 도움과 교육의 기회를 제공하는 행위 등"을 의미한다. 세계교회협의회, 김동선 옮김, 『통전적 선교를 위한 신학과 실천』, 대한기독교서회, 2007, 88-94쪽; 황홍렬, 「WCC 개종전도 금지 논란과 그 대안으로서의 '공동의 증언'」, 『기독교사상』, 2013.9, 53-54쪽.

6) 최석우, 「한국 천주교와 개신교의 대화」, 『신학사상』 39집, 1982, 720-740쪽; 오경환, 「개항기 천주교와 개신교의 관계」, 『가톨릭대학신학부논문집』 9집, 1983, 5-30쪽; 이원순, 「천주교와 개신교의 신앙도입의 비교사론」, 『사목』 91호, 1984, 25-34쪽; 김승혜, 「한국 가톨릭과 개신교의 2백년·1백년의 시점에 서서」, 『신학사상』 44집, 1984, 219-229쪽; 윤경로, 「초기 한국 신구교 관계의 사적 고찰; 해서교안과 문서논쟁을 중심으로」, 『한글성서와 겨레문화: 천주교와 개신교의 만남』, 그리스도와 겨레문화연구회 편, 기독교

문사, 1985, 373-408쪽; 정양모,「한국 가톨릭과 개신교의 대립과 대화」,『안병무박사고 희기념논문집: 예수, 민중, 민족』, 한국신학연구소, 1992, 203-229쪽.

7) 신광철,「개항기 한국천주교와 개신교의 관계」,『종교연구』 11권, 1995, 355-380쪽; 장동 하,『개항기 한국 사회와 천주교회』, 가톨릭출판사, 2005; 박찬식,『한국 근대 천주교회 와 향촌사회: '교안'연구』, 한국 교회사연구소, 2007.

8) 신광철,「한말 천주교와 개신교의 상호인식:『예수텬쥬량교변론』과『예수진교사패』를 중심으로」, 서울대학교 종교문제연구소,『종교다원주의와 종교윤리』, 집문당, 1994; 신 광철,「일정강점기 한국 개신교의 천주교관:『성서(聖書)를 통하여 본 천주교(天主教) 의 오류(誤謬)』의 사례」,『종교문화연구』 1호, 1999, 225-242쪽.

9) 윤경로,「한국 개신교와 천주교의 역사적 관계」,『한국 근대사의 기독교사적 이해』, 역민 사, 1992.

10) 신광철,『천주교와 개신교: 만남과 갈등의 역사』, 한국기독교역사연구소, 1998.

11) 이 논문은 천주교에 대한 개신교의 '호칭' 변화와 천주교의 수난 및 순교에 대한 개신교 계의 '재평가'에서 변화의 주된 근거를 찾고 있다. 한규무,「1920년대 한국 개신교계의 천주교 인식:「조선예수교장로회사기」와「기독신보」를 중심으로」,『교회사연구』 34 호, 2010, 121-147쪽.

12) 양낙홍,『한국장로교회사: 형성과 분열 과정·화해와 일치의 모색』, 생명의말씀사, 2008; 유동식,『한국감리교회의 역사 1884-1992(I,II)』, 기독교대한감리회, 1994; 이덕 주·서영석·김홍수,『한국감리교회 역사』, KMC, 2017; 서울신학대학교 성결교회역사 연구소,『한국성결교회 100년사』, 기독교대한성결교회 출판부, 2007; 기독교한국침례 회총회 역사편찬위원회,『한국 침례교회사』, 침례회출판사, 1990.

13) 변창욱,「초기 내한 장로교·감리교 선교사간(間) 초교과 협력의 이중적 성격: 연합과 협력 vs. 경쟁과 갈등」,『선교와 신학』 14호, 2004, 69-107쪽.

14) 김인수,「초기 한국 교회 선교사들의 에큐메니칼 정신과 활동에 관한 고찰」,『장신논 단』 8호, 1992, 156-179쪽.

15) 전택부,『한국 에큐메니칼 운동사』, 한국기독교교회협의회, 1979; 신수일,『한국 교회 에큐메니칼 운동사』, 쿰란출판사, 2008.

16) 이필영,「초기 기독교 선교사의 민간신앙 연구」, 동서문화연구소 편,『서양인의 한국문 화 이해와 그 영향』, 한남대학교출판부, 1989; 김홍수,「호레이스 G. 언더우드의 한국 종교 연구」,『한국기독교와 역사』 25호, 2006, 33-55쪽; 프랑스 파리외방전교회 선교사 들의 한국종교에 대한 이해를 검토한 것으로는 조현범,『문명과 야만: 타자의 시선으로 본 19세기 조선』, 책세상, 2002; 조현범,『조선의 선교사, 선교사의 조선』, 한국 교회사 연구소, 2008.

17) 이진구,「근대 한국 개신교와 불교의 상호인식: 개신교 오리엔탈리즘과 불교 옥시덴탈 리즘」,『종교문화연구』 2호, 2000, 145-164쪽; 윤경로,「서구의 '정체론적' 한국상: 오리

엔탈리스트적인 인식을 중심으로」,『한국근현대사연구』 24호, 2003; 19세기 천주교 선
교사들과 오리엔탈리즘의 관련성에 대해서는 조현범,「선교사와 오리엔탈리즘」,『종교
문화비평』 7호, 2005, 184-229쪽 참조.

18) Sung-Deuk Oak, "The Indigenization of Christianity in Korea: North American
Missionaries' Attitudes Towards Korean Religions, 1884-1910," Th.D diss. Boston
University, 2002; Sung-Deuk Oak, *The Making of Korean Christianity: Protestant
Encounters with Korean Religions, 1876-1915*, Baylor University Press, 2013.

19) 김홍수,「19세기말 20세기초 서양선교사들의 한국종교 이해」,『한국기독교와 역사』 19
호, 2003, 9-29쪽; 류대영,「국내 발간 영문 잡지를 통해서 본 서구인의 한국종교 이해,
1890-1940」,『한국기독교와 역사』 26호, 2007, 141-75쪽.

20) 김종서,『서양인의 한국종교 연구』, 서울대학교출판부, 2006; 방원일,「초기 개신교 선
교사의 한국종교 이해」, 서울대학교 박사학위논문, 2011; 방원일,「호러스 그랜트 언더
우드의 비교종교학:『동아시아의 종교』 중심으로」,『종교문화연구』 26호, 2016, 165-
201쪽.

21) 유동식,「한국기독교(1885-1985)의 타종교 이해」,『연세논총』 21집, 1985, 321-350쪽;
이진구,「근대 한국 개신교의 타종교 이해: 비판의 논리를 중심으로」,『한국기독교와
역사』 4호, 1995, 131-60쪽; 이덕주,「초기 한국 기독교의 타종교 이해(1)」,『세계의 신
학』 33호, 1996, 150-67쪽; 이덕주,「초기 한국 기독교의 타종교 이해(2)」,『세계의 신
학』 34, 1997, 136-53쪽; 서정민,「선교사와 '토착화신학자'들의 한국종교 연구 과정: 목
표와 범위를 중심으로」,『한국 교회사학회지』 19호, 2006, 185-211쪽.

22) 변선환,「한국 개신교의 토착화: 과거 · 현재 · 미래」,『교회사연구』 7호, 한국 교회사연
구소, 1990, 197-215쪽.

23) 신광철,「탁사 최병헌의 비교종교론적 기독교변증론」,『한국기독교와 역사』 7호, 1997,
153-179쪽.

24) 이정배,「마태오 릿치와 탁사 최병헌의 보유론(補儒論)적 기독교 이해의 차이와 한계」,
『신학사상』 122호, 2003, 82-109쪽.

25) 이덕주,『한국 토착교회 형성사 연구: 한국적 기독교의 뿌리를 찾아서』, 한국기독교역
사연구소, 2000.

26) 김홍수,『한국 기독교와 사회주의』, 한국기독교역사연구소, 1992; 이 책에 실린 논문은
다음과 같다. 권진관,「1920~30년대 급진주의 시대에 있어서의 민중과 교회」; 강원돈,
「일제하 사회주의 운동과 한국 기독교」; 노치준,「일제하 한국 YMCA의 기독교 사회주
의 사상 연구」; 사와마사히코,「한국 교회의 공산주의에 대한 태도의 역사적 연구」; 변
진홍,「1930년대 한국가톨릭교회의 공산주의 인식」.

27) 장창진, "일제하 민족문제 논쟁과 반종교운동: 1920년대 사회주의자들의 반기독교운동
을 중심으로", 서울대학교 석사학위 논문, 1994; 김권정,「일제하 사회주의자들의 반기

독교운동에 관한 연구」, 『숭실사학』 10집, 숭실대사학회, 1997.

28) 김권정, 「1920~30년대 기독교인들의 사회주의 인식」, 『한국기독교와 역사』 5호, 한국 기독교역사연구소, 1996; 김승태, 「일제하 사회주의와 기독교의 상호인식」, 『통일이후 신학 연구(2)』, 감리교신학대학교 한반도평화통일신학연구소, 신앙과지성사, 172-206 쪽.

29) 김상태, 「1920-30년대 동우회·흥업구락부 연구」, 『한국사론』 28호, 1992, 209-262쪽; 장규식, 「1920-30년대 YMCA 농촌사업의 전개와 그 성격」, 『한국기독교와 역사』 4호, 1995, 207-261쪽.

30) 장규식, 「신간회운동기 '기독주의' 사회운동론의 대두와 기독신우회」, 『한국근현대사 연구』 16호, 2001, 76-114쪽 ; 강명숙, 『일제강점기 한국기독교인들의 사회경제사상』, 한국학술정보, 2008; 장규식, 「1920년대 개조론의 확산과 기독교 사회주의의 수용·정 착」, 『역사문제연구』 21호, 2009, 111-136쪽; 이덕주, 「경천애린: '기독교 사회주의' 관점 에서 본 이호빈의 삶과 신학」, 『통일이후 신학 연구(2)』, 감리교신학대학교 한반도평화 통일신학연구소, 신앙과지성사, 2009, 123-169쪽.

31) 한규무, 「1920-30년대 대구기독교청년회의 동향과 대구노동자협의회 사건」, 『한국기독 교와 역사』 29호, 2008, 69-96쪽.

32) 오영섭, 「1930년대 전반 홍천의 십자가당 사건과 기독교 사회주의」, 『한국민족운동사 연구』 33호, 2002, 153-192쪽.

33) 류대영, 「기독교와 사회주의 관련 연구: 현황과 과제」, 『한국 근현대사와 기독교』, 푸른 역사, 2009, 191-216쪽.

34) 한규무, 「그리스도인 맑스주의자 이동휘」, 『살림』, 1990, 2-3월호; 서정민, 『이동휘와 기 독교: 한국 사회주의와 기독교 관계 연구』, 연세대학교출판부, 2007.

35) 김광식, 「여운형의 생애와 사상형성」, 『몽양 여운형의 정치사상에 관한 연구』, 연세대 석사논문, 1984; 윤경로, 「몽양 여운형과 기독교」, 『통일이후 신학 연구(4)』, 신앙과지 성사, 2012, 27-63쪽.

36) 김흥수, 「김창준의 생애와 신학」, 『신학사상』 72집, 1991, 179-200쪽.

37) 김진형, 「기독교 사회주의자 김준성」, 『새누리신문』, 1991.8.3.

38) 연규홍, 「제2의 해방운동을 이끈 민중신학자 최문식 목사」, 『살림』, 1991, 2월호.

39) 채현석, 「이대위의 생애와 활동」, 『한국 기독교와 사회주의』, 김흥수 편, 한국기독교역 사연구소, 1992, 253-265쪽.

40) 최기영, 「1930~40년대 미주 기독교인의 민족운동과 사회주의: 이경선을 중심으로」, 『한국기독교와 역사』 20호, 2004, 29-63쪽.

41) 김권정, 「1920~30년대 유재기의 농촌운동과 기독교사회사상」, 『한국민족운동사연구』 60호, 2009, 165-207쪽.

42) 이덕주, 『기독교 사회주의 산책』, 홍성사, 2011.

43) Clark H. Pinnock and Alister E. McGrath, Four Views on Salvation in a Pluralistic World, Zondervan, 1996; 한인철, 『종교다원주의의 유형』, 한국기독교연구소, 2000.

44) '종교간 대화'나 '종교다원주의' 논쟁의 선교신학적 배경에 대한 비판적 검토로는 강돈구, 「종교 상호 공존의 논의, 그 이후?」, 『종교이론과 한국종교』, 박문사, 2011, 129-158쪽 참조.

45) 이 모형은 다음의 글을 참조하여 재구성한 것이다. Gerd Baumann, "Grammars of Identity/Alterity: A Structural Approach", Gerd Baumann and Andre Gingrich, ed, Grammars of Identity/Alterity: A Structural Approach, New York and Oxford: Berghahn Books, 2004, pp.18-52; 한국 기독교의 타자인식을 종교 연구자의 자리에서 성찰한 것으로는 정진홍, 「다원사회 속에서의 그리스도교: 종교의 생존원리와 관련하여」, 『정직한 인식과 열린 상상력』, 청년사, 2010, 23-45쪽; 정진홍, 「종교간의 대화: 대화 이외의 대안 모색」, 『정직한 인식과 열린 상상력』, 78-101쪽 참조;

46) '자타인식'이라는 용어를 사용하여 사상사 연구를 하는 대표적인 연구로는 가쓰라지마 노부히로 저, 김정근 외 역, 『동아시아 자타인식의 사상사』, 논형, 2009 참조.

47) 이 책에서 사용하는 '이데올로기'는 마르크스적 의미의 '허위의식'이 아니라 만하임이 말하는 '세계관'을 가리킨다. 따라서 '세속(적) 이데올로기'와 '세속적 세계관'은 호환 가능한 용어이다. 카를 만하임, 임석진 옮김, 『이데올로기와 유토피아』, 김영사, 2012.

48) 해방 이후에는 각 교파 내부에서 분열이 일어나 한 교파 안에 여러 교단이 난립하게 되었기 때문에 '교단' 단위의 분석이 필요하다.

II. 한국 근대의 종교지형과 개신교

1) Don Baker, "The Religious Revolution in Modern Korean History: From Ethics to Theology and from Ritual Hegemony to Religious Freedom, Review of Korean Studies, 2009, 9/3: pp. 249-76.

2) Ibid., pp. 249-76.

3) 개항 이전 한국에서 활동한 프랑스 선교사들은 불어 'religion'을 사용하고 있었지만 당시 이 용어는 '도(道)'로 번역되어 사용되었다. 조현범, 『조선의 선교사, 선교사의 조선』, 한국 교회사연구소, 2008. 255-284쪽.

4) 이 시기의 정교분리 담론의 성격에 대해서는 장석만, 「19세기말 20세기초 한중일 삼국의 정교분리 담론」, 『역사와 현실』 4호, 1990, 192-223쪽 참조할 것.

5) 고건호, 「한말 신종교의 문명론: 동학・천도교를 중심으로」, 서울대학교 박사학위논문, 2002.

6) 1907년 손병희가 1세 교조 최제우와 2세 교조 최시형의 죄안 삭제를 정부에 요청하였고

내각의 승인을 받았다. 조기주, 『동학의 원류』, 천도교중앙총부출판부, 1979, 260-261쪽.

7) 동학의 분파 과정에 대해서는 村山智順, 『朝鮮の類似宗教』, 朝鮮總督府, 1935. 18-292쪽 참조.

8) 일제하 천도교의 정확한 교세는 알기 어렵지만 최소한 10만 명은 넘었다. 조규태, 『천도교의 문화운동론과 문화운동』, 국학자료원, 2006, 149쪽.

9) 자세한 것은 한국종교연구회, 『한국종교문화사 강의』, 청년사, 1998, 269-398쪽 참조.

10) 김순석, 『한국 근현대불교사의 재발견』, 경인문화사, 2014.

11) 자세한 것은 송현주, 「조계종 전통의 창조와 혼종적 근대성: 서구 근대불교와의 비교를 중심으로」, 『종교문화비평』 30호, 2016, 15-49쪽.

12) 이 부분은 이진구, 「한국 개신교 지형의 형성과 교파정체성: 장로교·감리교·성결교를 중심으로」, 『종교문화비평』 22호, 2012, 53-57쪽에 수록된 내용을 수정, 보완한 것이다.

13) 이장우, 「조선천주교회의 성립」, 『한국 천주교회사1』, 교회사연구소, 2009, 227-254쪽.

14) 한국기독교역사학회 편, 『한국 기독교의 역사 I (개정판)』, 기독교문사, 2011, 101-114쪽.

15) Jang Sukman, "Protestantism in the Name of Modern Civilization", *Korea Journal*, Vol.39 No.4(Winter 1999), pp. 187-204.

16) 김승태·박혜진(공편), 『내한선교사 총람, 1884-1984』, 한국기독교역사연구소, 1994.

17) 한국기독교역사연구소, 『한국기독교의 역사II』, 기독교문사, 1990, 89-98쪽.

18) 이러한 관점에서 미국 기독교사를 접근한 대표적인 책으로는 Roger Finke and Rodney Stark, *The Churching of America, 1776-2005*, 2005, 김태식 옮김, 『미국 종교시장에서의 승자와 패자 1776-2005』, 서로사랑, 2009가 있다.

19) 해방 이전 여러 교파에 의해 국내에 설치된 스테이션은 수십 개에 이른다. 스테이션의 설치과정과 운영에 대해서는 송현강, 「미국 남장로교 한국선교부의 목포 스테이션 설치와 운영(1898-1940)」, 『종교연구』 53호, 249-281쪽 참조.

20) 성결교의 탄생과정에 대해서는 서울신학대학교 성결교회역사연구소, 『한국성결교회 100년사』, 기독교대한성결교회출판부, 2007 참조.

21) Vincent Goossaert and David A. Palmer, *The Religious Question in Modern China*, Chicago: University Of Chicago Press, 2011, pp. 74-75.

22) 한국기독교역사학회 편, 『한국기독교의 역사II(개정판)』, 기독교문사, 2012, 194-209쪽.

23) 朝鮮總督府, 『朝鮮に於ける宗教及享祀要覽』, 朝鮮總督府學務局社會課, 1937.

24) 당시 천주교는 10만 명을 약간 넘는 신자수를 보이고 있다. 한국기독교역사학회 편, 『한국 기독교의 역사II(개정판)』, 기독교문사, 2012, 247쪽.

25) 장로교와 감리교를 비교하면 선교사의 수는 2배 차이도 안 되는데 교인 수는 6배 정도

차이가 나고 있다. 감리교가 병원이나 학교, 사회복지 시설 등과 같은 기관 운영에 상대적으로 많은 인적 물적 자원을 투자한 것이 하나의 요인으로 보인다. 따라서 장로교와 감리교의 교세는 교인 수만이 아니라 여러 측면을 종합적으로 고려하여 비교할 필요가 있다. 해방 이전 장로교와 감리교의 교세성장을 종합적으로 비교한 연구로는 Alfred W. Wasson, *Church Growth in Korea*, Rumford Press, 1934가 있다.

III. 무엇이 '참기독교'인가?

1) 총 80항목으로 이루어진 이 문서는 근대주의의 도전에 대한 가톨릭 근본주의의 저항으로 평가되고 있다. Hans Küng, Das Christentum: Wesen und Geschichte, 1994, 『그리스도교: 본질과 역사』, 이종한 옮김, 분도출판사, 2002, 635-636쪽; Paul Johnson, *A History of Christianity*, 1976, 김주한 옮김, 『2천년 동안의 정신 III 기독교의 역사』, 살림, 2005, 146-151쪽.
2) 이진구, 「한국 개신교와 선교 제국주의」, 『무례한 복음』, 김경재 · 김창락 · 김진호 외, 웅진싱크빅, 2007, 76-93쪽.
3) Comte-Rendu 1885년도 보고서, 『서울교구연보(I)』, 한국 교회사연구소, 1984, 44-45쪽.
4) Comte-Rendu 1906년도 보고서, 『서울교구연보(II)』, 한국 교회사연구소, 1987, 32쪽.
5) 「사설: 변천하는 시대를 따라서」, 『경향잡지』 774호, 1934, 30쪽.
6) Comte-Rendu 1907년도 보고서, 『서울교구연보(II)』, 1987, 51-52쪽.
7) Comte-Rendu 1908년도 보고서, 『서울교구연보(II)』, 1987, 64쪽.
8) Comte-Rendu 1908년도 보고서, 『서울교구연보(II)』, 1987, 65쪽.
9) Comte-Rendu 1907년도 보고서, 『서울교구연보(II)』, 1987, 51쪽.
10) Comte-Rendu 1907년도 보고서, 『서울교구연보(II)』, 1987, 51-52쪽.
11) Comte-Rendu 1885년도 보고서, 『서울교구연보(I)』, 44-45쪽.
12) Comte-Rendu 1887년도 보고서, 『서울교구연보(I)』, 62-63쪽.
13) Sociétédes Missions Étrangères de Paris, *Catholicisme en Corée: son origine et ses progrès*, 파리외방전교회, 『조선 천주교 그 기원과 발전』, 김승욱 옮김, 살림, 2015, 213-214쪽: 이 책은 1924년 홍콩 소재 파리외방전교회 인쇄소 발간으로 되어 있으나 저자가 명시되어 있지 않다.
14) 「사설: 변천하는 시대를 따라서」, 『경향잡지』 774호, 1934.1, 30쪽.
15) 조광, 「형제 사이의 서글픈 이야기: 예수진교사패」, 『경향잡지』 1511호, 1994.2, 56쪽.
16) 《경향신문》, 1909.2.5.
17) 민아오스딩[민덕효] 감준, 『예수진교사패』, 천주당, 1911(1907), 1쪽.
18) 위의 책, 4-27쪽.

19) 위의 책, 28-33쪽.

20) 위의 책, 35-38쪽.

21) 위의 책, 39-42쪽.

22) 381년 콘스탄티노플에서 열린 공의회는 325년에 열린 니케아공의회에서 제정된 니케아 신조를 보완하였는데 이것이 니케아-콘스탄티노플 신조(the Nicene-Constantinopolitan Creed)이다.

23) 11개 항목은 염경(念經), 절하기, 성모 및 성인 공경, 마리아의 원죄 없으신 잉태, 전구(轉求), 성상 공경, 십자성호 긋기, 연옥, 재소(齋素), 성전(聖傳), 믿음과 행위에 의한 구원이다.

24) 이 변증서에서는 천주교의 바이블을 성교(聖敎)의 '신경구경(新經舊經)', 개신교의 바이블을 열교(裂敎)의 '신약구약'이라고 부르고 있다.

25) 세례성사, 견진성사, 혼인성사, 병자성사, 신품성사, 고백성사, 성체성사를 가리킨다.

26) 『예수진교사패』, 124-125쪽.

27) 드망즈(안세화) 주교, 『신교지기원』, 경성부명치정 천주당, 1923.

28) 위의 책, 2쪽.

29) Peter Marshall, *The Reformation: A Very Short Introduction*, 『종교개혁』, 이재만 옮김, 교유서가, 2016, 23-70쪽.

30) 『신교지기원』, 10쪽.

31) 흔히 '면죄부' 혹은 '면벌부' 논쟁으로 알려진 것이 바로 이 문제이다.

32) 『신교지기원』, 1-3쪽.

33) 위의 책, 6쪽.

34) 위의 책, 12쪽.

35) 루터는 처음에는 「야고보서」를 제외하였지만 다시 포함시켰다.

36) 『신교지기원』, 31-32쪽.

37) 안세명, 「프로테스탄교파(일명 예수교)의 기원, 발전의 사적 연구」, 『가톨릭조선』, 1937.12, 15쪽.

38) 안세명, 「프로테스탄교파(일명 예수교)의 기원, 발전의 사적 연구」, 『가톨릭조선』, 1938.1, 58쪽.

39) 김기영, 「종교개혁의 진상」, 『가톨릭연구』, 1936.10, 1096-1097쪽.

40) 「논설: 루터의 450주년 생탄」, 『경향잡지』, 771호, 1933.12, 530쪽.

41) 위의 책, 531쪽.

42) 조지프 로르츠(Joseph Lortz, 1887-1975)와 같은 가톨릭 교회사가는 루터를 "천재적이고 비장하며, 깊은 신앙에 터해 살고 기도했던, 진짜배기 그리스도인이자 개혁가"라고 평가했다. Hans Küng, *Das Christentum: Wesen und Geschichte*, 1994, 한스 큉, 『그리스도교: 본질과 역사』, 이종한 옮김, 분도출판사, 2002, 655쪽.

43) 김아렉수(金聖學), 『眞教辯護』, 평양: 천주교회, 1934: 이 책은 제2대 평양지목구장(平壤知牧區長)인 모리스(Morris, 睦怡世, 1889~1987) 몬시놀의 감준(監准)을 받아 평양 서포리 본당에서 출판되었다.

44) 『진교변호』, 2-5쪽.

45) 여기서 기독교를 '일신교'의 범주에 포함시키면서 '기독교'라는 독자적인 범주를 설정한 것은 범주의 혼란이지만 기독교를 특화시켜 서술하려는 의도로 보인다.

46) 이슬람은 하나의 신인 '참천주'를 시인하면서도 무하마드를 숭배하기 때문에 일신교에 포함시킬 수 없다고 말한다. 『진교변호』, 26쪽.

47) 조로아스터교나 마니교를 지칭하는 것으로 보인다.

48) 해방 이전까지 천주교는 '이단'을 '미신'의 의미로 사용하는 경우가 많은데 여기서도 '미신'의 의미로 사용되었다. 프랑스인에 의해 편찬된 최초의 불한사전인 『법한자전』(Petit Dictionnaire Franais-Coreen)에는 'superstition'이 '이단질'로 번역되고 있다. Charles Aleveque, 『법한자전』, Seoul Press(Hodge & Co.), 1901.

49) 『진교변호』, 26-27쪽.

50) 위의 책, 77-78쪽.

51) 당시 천주교 잡지에서는 러시아정교회의 분열상을 다음과 같이 보도하고 있다. "로국정교회가 로마교황을 배척하고 로서아 황제를 '교황'으로 섬기는 동안 표면적으로 통일을 유지하는 것 같았으나 로서아제정이 몰락함으로부터는 교황과 인연을 끊은 다른 교파들이 걸어간 참담한 분열의 길을 그들이라고 아니 밟을 수 없다….분열에 분열을 거듭하고 교리의 천차만별을 만들어내며 스스로 종교로서의 몰락을 부르고 있는 참상은 그리스도께서 세우신 진정한 권위를 배척한 후 아니 당할 수 없는 말로이이다. 이것은 과거의 역사가 증명하고 금일의 현상이 표백하는 바이다." 「로국정교회의 분열」, 『가톨릭청년』, 21호, 1935. 2, 39쪽.

52) 『진교변호』, 29-30쪽.

53) 개항 이후 천주교는 정교분리원칙을 줄곧 강조했다. 최기영, 「개화기 경향신문의 논설 분석」, 『한국천주교회 창립이백주년 기념 한국 교회사논문집』, 한국천주교회창설이백주년기념한국 교회사논문집간행위원회 편, 한국 교회사연구소, 1984, 795-836쪽.

54) 안세명, 「프로테스단 교파 연구: 瑞西의 종교개혁」, 『가톨릭조선』 1938. 2, 44-46쪽.

55) 안세명, 「조선에 수입된 장노교회」, 『가톨릭조선』 1938.10, 30-32쪽.

56) 곽안련 편, 『조선예수교장로회헌법』, 조선예수교서회, 1938.

57) '불일치파 열교들'은 성공회 이외의 비국교도들을 가리킨다. 『진교변호』, 31-32쪽.

58) 안세화 신부는 성공회를 '영국감리교회'라고 부르고 있다. 『신교지기원』, 57쪽.

59) 『진교변호』, 34쪽; 그런데 성공회에 대해서 열린 태도를 보인 신부도 있었다. 천주교 신부 부이용(R. Camillus Bouillon)은 성공회의 한 공소에서 있었던 개종과 관련된 이야기를 다음과 같이 보고하고 있다. "이 성공회 신자들은 우리의 친구이고 그들도 그렇게 되

기를 바라며 이단자로 간주되는 것을 몹시 섭섭하게 생각하고 있습니다. 그들은 기회 있을 때마다 모두 가톨릭과 같은 신앙을 고백하고 있고 또한 모든 방법으로 우리와 접 근하려고 노력하고 있다고 말하고 있습니다. 김 신부(성공회 신부)는 … '제발 나를 프 로테스탄트 신자로 여기지 마십시오. 나는 가톨릭이지 프로테스탄트가 아니니까요'라 고 나에게 말했다. 우리는 좋은 친구가 되어 서로 헤어졌습니다. 착한 사람들! 인자하 신 하느님께서 어찌 그들의 기도와 우리의 기도를 들어 주시려 하지 않으시겠습니까?" 「1910년도 보고서」, 88-89쪽.

60)『진교변호』, 37쪽.

61) 위의 책, 37-61쪽.

62) 편집실, 「연구사 방송대, 2. 안식교의 전도방법」, 『가톨릭연구』, 1935. 7, 39쪽.

63) 신광철, 앞의 책, 181쪽.

64) 안세명, 「안식교와 그 교리」, 『가톨릭청년』, 36호, 38호, 39호, 40호, 42호 참조.

65)『진교변호』, 33쪽.

66) 위와 같음.

67) 1529년에 열린 슈페이어 의회(the Diet of Speyer)가 루터파에 대한 과거의 관용적 조치를 철회하자 의회의 명령에 불복하는 자들을 일컬었다. Patrick Collinson, *The Reformation*, 2004, 이종인 옮김, 『종교개혁』, 을유문화사, 2005, 112쪽.

68)『진교변호』, 33쪽.

69) '변박교'나 '중정교'라는 용어는 중립적이거나 긍정적 의미를 지니고 있기 때문일 것이 다. 『예수진교사패』, 2쪽.

70)『신교지기원』, 본론, 46-47쪽.

71) 그는 이른바 면죄부와 관련하여 등장하는 용어인 '인덜전스(Indulgence)'도 '속죄'가 아 니라 '속유'로 번역되어야 한다고 주장하였다. 송성하, 「프로테스탄 문화 수입과 외국어 의 오역」, 『가톨릭조선』, 1937.7, 53-54쪽.

72) 천주교에서는 '구교'라는 용어를 오히려 환영하는 경우도 있었다. 예를 들면 개신교인이 나 외부인들이 천주교를 '구식교'라고 부르자, "진리는 변함없는 것이며 천주교는 처음 부터 전해내려 오는 교리를 변함없이 간직해 왔기 때문에 믿을 만한 가치가 있는 종교" 라고 응수하는 것이 바로 그러한 경우이다. 「(질문해답) 천주교를 구식교라 비평」, 《경 향신문》, 1936.9.12, 466-473쪽.

73)『신교지기원』, 서론, 9-11쪽.

74) 위의 책, 본론, 65쪽.

75) 「별소문」, 《경향신문》 1907.5.3.

76) 위와 같음.

77) 송성하, 「가톨릭 교의와 프로테스탄 교의의 차이」, 『가톨릭조선』, 1937.3, 122쪽.

78) 「브르데스당의 현상」, 『경향잡지』 479호, 1921.10, 447쪽.

79)「종교개혁이 爲政治改革之原因」,『대한매일신보』, 1905.10.11.

80)『대한매일신보』, 1910.7.12. - 8.28. 기사 참조.

81)「한문 매일신보에 대하여 몇 가지를 언론함」,《경향신문》, 1910.8.19.

82) 최기영,「국역『월남망국사』와 국권회복운동」,『한국 근대 계몽운동 연구』, 일조각, 1997, 44쪽; 최기영,「한국 천주교회와『월남망국사』」,『한국 근대 계몽사상 연구』, 일조각, 2003, 293-324쪽.

83) 1908년 4월 10일부터 1908년 7월 31일까지 "근래 나는 책을 평론: 월남망국사"라는 제목 하에 총 17회에 걸쳐 게재하였다.

84)「근래 나는 책을 평론: 월남망국사(1)」,《경향신문》, 1908.4.10.

85)「근래 나는 책을 평론: 월남망국사(17)」,《경향신문》, 1908.7.31.

86)「근래 나는 책을 평론: 월남망국사(1)」,《경향신문》, 1908.4.10.

87)「근래 나는 책을 평론: 월남망국사(4)」,《경향신문》, 1908.5.1.

88)「근래 나는 책을 평론: 월남망국사(14)」,《경향신문》, 1908.7.10.

89)「성서를 닑음이라」,『경향잡지』, 1929.6.30, 88-91쪽.

90)『신교지기원』, 66쪽.

91)「질의해답」,『가톨릭청년』, 1933.8, 50-51쪽.

92)「종교 조사할 때에 대답할 말」,『경향잡지』, 1915.5.31, 222쪽.

93) 당시 천주교는 개신교인을 비롯한 타종교인을 상대로 전교할 때는『예수진교사패』를 무기로 삼으라고 권장하였다.「이교인(異敎人)과 도리 변론함에 대하여」,『경향잡지』 1927.5.15, 205-208쪽.

94) William E. Griffis, *Corea: the Hermit Nation*, New York: Charles Scribner's Sons 1882(1907).

95) Ibid., pp.348-360.

96) Ibid., p.376.

97) William E. Griffis, *A Modern Pioneer in Korea, The Life Story of Henry G. Appenzeller*, Fleming H. Revell Co., 1912, p.160; 이만열 편,『아펜젤러: 한국에 온 첫 선교사』, 연세대학교 출판부, 1985, 145-146쪽.

98) Horace N. Allen, *Allen's Diary*, 1886.5.9.『알렌의 일기』, 김원모 역, 단국대출판부, 1991, 121쪽.

99) H.G. Appenzeller, "Memorial Stones,"; Daniel M. Davies, *The Life and Thought of Henry Gerhard Appenzeller(1858-1902): Missionary to Korea*, New York: The Edwin Mellen Press, 1988, p.391.

100) 1572년 프랑스에서의 종교전쟁 당시 로마가톨릭교도들이 개신교도들을 대량으로 학살한 사건이다. Justo L. González, *The Story of Christianity*, 서영일 옮김,『종교개혁사』, 은성, 1992, 172-175쪽.

101) Daniel M. Davies, 1988, p.391.

102) Appenzeller's Diary, 10 May, 1886; Daniel M. Davies, 1988, p.390.

103) 「베드로전서」 5장 8절에 나오는 구절로서 '마귀'를 의미한다.

104) Horace G. Underwood, "The 'Today' from Korea," *Missionary Review of the World*, 11(1893), pp.817-818; 이만열 · 옥성득 편역, 『언더우드 자료집』 II, 연세대학교 출판부, 2006, p.269.

105) Ibid.

106) 그에 의하면 중국의 경우도 마찬가지다. 로마가톨릭은 중국에서의 1천 년 간에 걸친 선교를 자랑하지만 개신교가 들어왔을 때 중국인은 1천 년 전과 마찬가지로 이교도였다.. George H. Jones, "Open Korea and Its Methodist Mission," *The Gospel in All Lands*, 18(1893), p.394.

107) C.C. Vinton, "Obstacles to Missionary Success in Korea," *Missionary Review of World*, 11(1894), p.842.

108) Homer B. Hulbert, "A Sketch of the Roman Catholic Movement in Korea," *Missionary Review of World*, 13(1890), p.731.

109) H.G. Underwood, "Romanism of the Foreign Mission Field," *Alliance of the Reformed Churches Holding the Presbyterian System*, 5th Meeting, Toronto, 1892, pp.409-410; Sung-Deuk Oak, ed., *Sources of Korean Christianity* 1832-1945, 한국기독교역사연구소, 2004, p.155.

110) 왕길지, 「로마열교황」, 『신학지남』, 1920.7, 222쪽.

111) 위의 글, 222-223쪽.

112) 위의 글, 224쪽; 한스 큉에 의하면 'papa'는 동방의 모든 주교가 오래 동안 사용해 온 명칭이었는데 시리키우스(Siricius, 재위 384-399) 감독 때부터 로마 감독들에 의해 독점되기 시작하였다. 한스 큉, 『가톨릭교회』, 배국원 옮김, 을유문화사, 2003, 71쪽.

113) 이와 동시에 감독을 '주교', 대감독을 '대주교'라고 부르게 되었다. 왕길지, 앞의 글, 224쪽.

114) "택하심을 함께 받은 바벨론에 있는 교회가 너희에게 문안하고 내 아들 마가도 그리하느니라." 「베드로전서」 5장 13절.

115) 편하설, 「교황제도의 분해」, 『신학지남』, 1937.1, 23쪽.

116) 특히 중요한 것은 「콘스탄티누스의 증여 문서」인데 이 문서는 콘스탄티누스 황제가 수도를 콘스탄티노플로 옮길 때 로마의 대감독에게 이탈리아 및 서부 지역을 다스릴 권한을 증여했다는 내용으로 되어 있다. 이 문서의 허위성은 15세기에 증명되었지만 가톨릭교회는 19세기에 이르러서야 그 문서가 위조된 것임을 인정했다. Francesco Chiovaro and Gérard Bessière, *Urbi et Orbi: Deux mille ans de papauté*, 『교황의 역사』, 김주경 옮김, 시공사, 1998, 45쪽.

117) 편하설, 앞의 글, 1937, 25쪽.

118) 위의 글, 23-28쪽.

119) 초기 감리교 지도자인 노병선도 모든 천주교인은 이태리 로마에 있는 '교중 왕'에 구속되어 있다고 하면서 교황제도에 대해 부정적 태도를 보였다. 로병선, 「각국교를 의론함」, 『대한크리스도인회보』, 1899.4.20.

120) Ferdinand Genahr, 아펜젤러 옮김, 『묘축문답』, 정동배재학당, 1895, 33쪽.

121) Horace N. Allen, *Allen's Diary*, 1886.5.9. 『알렌의 일기』, 김원모 역, 단국대출판부, 1991, 121쪽.

122) 로병선, 「각국교를 의론함」, 『대한크리스도인회보』, 1899.4.20.

123) 최병헌, 『예수천주양교변론』, 정동예수교회사무소, 1908, 2-3쪽.

124) 위의 책, 22-23쪽.

125) 김창제, 「(기서) 기독교와 제사: 제사는 기독교리에 위배됨, 구교와 신교의 구별」, 『기독신보』, 1920.10.20.

126) 한성과, 『성서를 통하여 본 천주교의 오류』, 1940, 27쪽.

127) 편하설, 「로마천주교회예배」, 『신학지남』, 1936.5, 28-31쪽.

128) 편하설, 「聖禮」, 『신학지남』, 1937.5, 24쪽.

129) 편하설, 「로마천주교회예배」, 『신학지남』, 1936.5, 28-31쪽.

130) 편하설, 「로마교의 巡禮・焚香・念珠・遺物」, 『신학지남』, 1937.11, 27쪽.

131) Talal Asad, *Genealogies of Religion: Discipline and Reasons of Power in Christianity and Islam*, Baltimore: Johns Hopkins University Press, 1993; 磯前順一, 『近代日本の宗教談論とその系譜: 宗教・國家・神道』, 제점숙 옮김, 『근대일본의 종교담론과 계보: 종교・국가・신도』, 제점숙 옮김, 논형, 2016, 56-57쪽.

132) H.G. Underwood, "Romanism of the Foreign Mission Field," *Reports of the Fifth General Council of the Alliance of the Reformed Churches Holding the Presbyterian System*(Toronto: 1892), pp.411-412; Sung-Deuk Oak, ed., *Sources of Korean Christianity 1832-1945*, 한국기독교역사연구소 자료총서 제37집, 2004, pp. 156.

133) Ibid..

134) 물론 모든 예수회 선교사가 조상제사를 수용한 것이 아니기 때문에 의례논쟁은 예수회 내부에서 먼저 시작되었다. 의례논쟁의 구체적 전개과정에 대해서는 김병태, 「명말청초 '전례논쟁'의 선교사적 이해」, 『한국기독교와 역사』 28호, 2008, 163-190쪽 참조.

135) 파리외방전교회, 『조선 천주교, 그 기원과 발전』, 2015, 211쪽.

136) 한규무, 「초기 한국장로교회의 결혼문제 인식 1890-1940」, 『한국기독교와 역사』 10호, 1999, 67-101쪽; 옥성득, 「초기 한국 교회의 일부다처제 논쟁」, 『한국기독교와 역사』 12호, 2002, 7-34쪽 참조.

137) 박승명, 『종교변론』, 조선야소교서회, 1926, 152-153쪽.

138) 편하설, 「교황제도의 분해」, 『신학지남』, 1937.1, 26쪽.

139) 위와 같음.

140) 위와 같음.

141) 게일, 「이창직 서문」, 『루터개교긔략』, 광학서포, 1908.

142) 최병헌 역술, 「최병헌서」, 『예수천주양교변론』, 정동예수교회사무소, 1908.

143) 한성과, 『성서를 통하여 본 천주교의 오류』, 동양선교회성결교회출판부, 1940, 1쪽.

144) 편하설, 앞의 글, 1937.1, 27쪽.

145) 「베드로전서」 5장 1절.

146) 「디도서」 1장 5절.

147) 편하설, 앞의 글, 1937.1, 28쪽.

148) 최병헌, 『예수천주양교변론』, 서론 제1절, 성물과 성골을 변론함.

149) 화체설(1215년), 고해법과 초도법(超度法)(1547년), 마리아승천설(1848년), 교황무오설(1870) 등이 그 예다.

150) 최병헌, 『만종일련』, 조선야소교서회, 1922, 95-96쪽.

151) 박형룡이 『신학지남』에 '신경소론'이라는 제목 하에 1938년 3월호에서 11월호까지 격월간으로 총 5회에 걸쳐 연재한 글이다.

152) 박형룡, 「신경소론」, 『신학지남』, 1938.7, 22쪽.

153) 위과 같음.

154) 사실 이러한 논리는 그의 독특한 주장이 아니라 교회사가 필립 샤프(Philip Schaff, 1819-1893)의 주장을 빌린 것이다. Philip Schaff, *The Creeds of Christendom, with a History and Critical notes*. (3 vols.), Harper & Brothers, 1878-1890.

155) 『일성록』, 1866.7.18, "耶蘇聖教體天道正人心以化邪俗仁義忠孝皆備皆使天下人民可從良善非同天主教"

156) 1603년에 출판된 『천주실의(天主實義)』에 이미 '천주교'와 '천주교인'이라는 용어가 등장하고 있는데("天主教 古教也", "釋氏未生 天主教人 已有其說") 여기서 말하는 천주교가 로마가톨릭교회를 의미하는지는 불분명하다. 이 책의 번역에 참여한 조광은 각주에서 이때 천주교는 '유대교'를 의미한다고 주장한다. 마태오 리치 지음, 『천주실의』, 송영배 외 옮김, 서울대학교출판부, 1999, 122쪽.

157) 예를 들면 캐나다장로회 소속 내한 선교사로 활동한 윌리엄 푸트(William R. Foote)가 개신교의 역사를 서술한 책의 제목은 『갱정교사기』(조선야소교서회, 1913)이다. '갱정교'는 중국에서 먼저 사용된 용어이다. 楊森富 編著, 『中國基督教史』, 臺灣商務印書館, 1968.

158) 황호덕·이상현, 『개념과 역사, 근대 한국의 이중어사전 1』, 박문사, 2012, 225쪽.

159) 필자가 조사한 바에 의하면 해방 이전 '개신교'라는 용어가 사용된 곳은 『기독교조선감리회 교리와 장정』(기독교조선감리회총리원, 1935, 28쪽)과 『성서를 통하여 본 천주

교의 오류』(한성과 목사 저, 동양선교회성결교회출판부, 1940)의 서문이다.

160) 편하설, 앞의 글, 1937.1, 23-28쪽.

161) 「권두언: 신교사백년」, 『신학지남』, 1936.7, 1쪽.

162) Irene Eber, "The Interminable Term Question," *Bible in Modern China*(Sankt Augustin: Monumenta Serica Monograph Series XLV, 1999), p.149; 안성호, 「19세기 중반 중국어 대표자역본 번역에서 발생한 '용어논쟁'이 초기 한글성서번역에 미친 영향(1843-1911)」, 『한국기독교와 역사』, 30호, 2009, 219쪽에서 재인용.

163) 옥성득, 「초기 한글성경 번역에 나타난 주요 논쟁연구(1877-1939), 장로회신학대학 대학원 신학석사 학위논문, 1993, 25쪽

164) 위의 글.

165) J. Ross, "Obstacles to the Gospel in China," *United Presbyterian Missionary Record*, Mar., 1, 1877, p.409; 이덕주, 「초기 한글성서 번역에 관한 연구」, 그리스도와 겨레문화연구회 편, 『한글성서와 겨레문화』, 기독교문사, 1985, 500쪽에서 재인용.

166) *The Report of BFBS.*, Vol. 80-81(1884-1885), p. 249(J. Ross' Letter from Mukden, 1884.3.20.); 한국 교회백주년준비위원회 사료분과위원회 편, 『대한예수교장로회백년사』, 대한예수교장로회총회, 1984, 92쪽.

167) 방원일, 「초기 개신교 선교사의 한국종교 이해」, 서울대학교 박사학위논문, 2011, 67-69쪽.

168) 한편 "로마가톨릭 교인의 아내를 둔 자의 장로 장립은 노회가 형편을 좇아 할 일"이라고 하면서 이미 혼인상태에 있는 경우에는 탄력성을 부여하였다. 『제6회 조선야소교장로회총회록』, 1917.9.6; 한국 교회사학회편, 『조선예수교장로회사기(하권)』, 1968(2002), 21쪽.

169) 1903년 미국 북장로교는 웨스트민스터 신앙고백을 개정하여 교황을 적그리스도로 규정한 이 조항을 삭제하였으나 베어드는 삭제되기 이전의 웨스트민스터 신앙고백을 번역하였다. W.M. Baird 역, 『신도게요서』, 조선야소교서회, 1925.

170) 옥성득, 「한국 장로교의 초기 선교정책(1884-1903): 19세기 "토착교회론"의 한국 수용 배경과 발전 배경에 관한 재검토」, 『한국기독교와 역사』 제9호, 1998, 181쪽.

171) 영국 성공회의 사제이자 작가인 윌리엄 잉게(William Ralph Inge)의 말을 인용한 것이다. 「권두언: 신교사백년」, 『신학지남』, 1936.7, 1쪽.

172) 1893년에 열린 제9차 미국 북감리교 연회에서 결정된 사안이다. 이만열 편, 『아펜젤러: 한국에 온 첫 선교사』, 연세대학교출판부, 1985, 355쪽.

173) H.G. Underwood, "Twenty Years of Missionary Work in Korea", *Korea Field*, Nov., 1904, p. 210; 이만열·옥성득 편역, 『언더우드 자료집 III』, 연세대학교출판부, 2007, 288쪽.

174) 한성과, 앞의 책, 40쪽.

175) 류대영, 「초기 한국 교회에서 'evangelical' 의미와 현대적 해석의 문제」, 『한국기독교와 역사』, 11호, 2001, 117-144쪽 참조.

176) 「ᄒᆞ나히 될 것」, 『그리스도신문』, 1906.8.16, 772쪽.

177) 1902년 캐나다 감리교가 장로교와 회중교회에 교파통합을 공식 요청하고 두 교파가 동의하여 3개 교파의 통합작업이 추진되었다. 그러나 1차대전의 발발과 장로교 내부의 논쟁으로 작업이 지연되다가 1925년에 통합되었다. 자세한 것은 Mark A. Noll, *A History of Christianity in the United States and Canada*, Grand Rapids, Michigan: William B. Eerdmans Publishing Company, 1992, pp. 281-282 참조.

178) 당시 미국 남장로교 선교본부는 "'한국 기독교'의 정체는 무엇이 될 것인가? 새 교회의 신조는 어떤 것을 포함할 것인가? 이 나라의 감리교와 장로교가 서로 다른 견해를 지니고 있는 여러 점에 대해 어떤 해결책이 제시될 것인가?"라고 하면서 교파통합에 대해 가장 부정적인 입장을 보였다. S.H. Chester, "Church Union in Korea," *The Missionary*, March, 1906, p.207; G.T. Brown, *Mission to Korea*, The Presbyterian Church of Korea Department of Education, Seoul, 1962, p.77.

179) Paik, L. George, *The History of Protestant Missions in Korea 1832-1910*, 1929, p. 369.

180) 목회자 양성을 위한 신학교육은 교파별로 진행하였는데 장로교의 경우는 평양신학교, 감리교의 경우는 협성신학교를 운영하였다.

181) 한국기독교역사학회 편, 『한국기독교의 역사 III: 해방 이후 20세기까지』, 한국기독교역사연구소, 2009, 15-18쪽.

182) 도히 아키오 지음, 김수진 옮김, 『일본 기독교사』, 기독교문사, 1991, 64쪽.

183) 이덕주, 『스크랜턴: 어머니와 아들의 조선 선교 이야기』, 공옥출판사, 2014, 640쪽.

184) 성공회를 비롯한 일부 교파는 '일본기독교단'에서 이탈하여 원래의 교파교회로 돌아갔지만 이들은 소수 세력이다. 도히 아키오, 앞의 책, 383-394쪽.

185) 「권징조례 제53조 및 54조」, 『조선예수교장로회 헌법』, 조선예수교장로회총회, 1938, 179-180쪽.

186) C.A. Clark, *The Korean Church and the Nevius Methods*, New York, Fleming H. Revell Company, 1930, pp.118-119.

187) 곽안련, 『장로교회사전휘집』, 북장로교회선교회, 1935, 91쪽.

188) 위의 책, 84쪽.

189) 김춘배, 「장로회 총회에 올리는 말씀」, 『기독신보』, 1934.8.15.

190) 이건, 「교파심의 악벽」, 『활천』, 1934.5, 238쪽.

191) "성결교회 교역자와 서로 연락을 취하는 교역자는 노회에 害가 되지 않도록 주의하게 하며 양교회로 왕래하는 교인은 그 당회가 권면할 事", 곽안련, 앞의 책, 1935, 100쪽.

192) Mrs. E.F. McRae, "For Thine is the Power," *Korea Mission Field*, Feb. 1906. p.75.

193) L.H. Underwood, "A Pray for Unity", *Korea Mission Field*, 1913.1, p. 26; 이만열·옥성

등, 『언더우드 자료집 IV』, 316쪽.

194) 위의 책, 314쪽.

195) 편하설, 「천주교회의 교회관」, 『신학지남』, 1936.9, 48쪽.

196) 박승명, 『종교변론』, 조선야소교서회, 1926, 163쪽.

197) 위의 책, 164-165쪽; 안식교는 초기부터 여타의 개신교 교파와 거리를 두고 있었던 것으로 보이는데 국내에서 활동한 모든 선교회가 참여한 조선성교서회(Korean Religious Tract Society, 대한기독교서회의 전신)에 참여하지 않았다. 김인수, 「초대 선교사 언더우드의 에큐메니칼 정신과 사역」, 『교회, 민족, 역사: 솔내 민경배박사 고희기념논문집』, 한들출판사, 2004, 223쪽; '대한기독교회'의 창설자 펜윅 선교사도 교인 중 하나가 교회를 떠나자 안식교로만은 가지 말라고 간곡한 부탁을 하였다고 한다. 허긴, 『한국침례교회사』, 침례신학대학교출판부, 2000, 159-160쪽.

198) 박승명, 앞의 책, 184쪽.

199) 박형룡, 『박형룡박사저작전집: 신학논문 하권』, 한국기독교교육원, 1978, 14권, 164-166쪽.

200) 박형룡, 「신경소론」, 『신학지남』, 1938.11. 9-13쪽.

201) 「사설: 장감합동에 관한 諸家의 의견을 청취하고」, 『기독신보』, 1929.2.6.

202) 위와 같음.

203) 위와 같음.

204) 감리교의 한 목사는 자신의 체험에 근거하여 장로교의 교파 우월주의를 비판하였다. 일제시대에 그가 신의주 감리교회에 봉직하고 있을 당시 장로교 신자 하나가 찾아와서 "목사님, 감리교회에서도 같은 성경을 씁니까?"하고 정색하고 물었다고 한다. 이때 그는 장로교의 독선주의가 낳은 무지에 놀랐다고 하면서 이러한 태도를 '대교파의 안하무인적인 독선주의'에서 나온 '오발탄'이라고 비판했다. 홍현설, 「선교정책과 교파주의」, 『기독교사상』, 1965.4, 29쪽.

205) 기독교조선감리회, 『기독교조선감리회 교리와 장정』, 기독교조선감리회총리원, 1935, 27쪽.

206) 위의 책, 25쪽.

207) Winthrop S. Hudson, *Religion in America*, 배덕만 옮김, 『미국의 종교』, 성광문화사, 2008, 148-149쪽.

208) 기독교조선감리회, 『기독교조선감리회 교리와 장정』, 기독교조선감리회총리원, 1935, 39쪽.

209) 이성삼, 『한국 감리교사: 조선감리회(개척기)』, 기독교대한감리회 본부교육국, 1975(1988), 126쪽.

210) 아펜젤러, 「한국의 장로교와 감리교」(1888.3(날짜 미상) 연설문), 이만열 편, 『아펜젤러: 한국에 온 첫 선교사』, 320쪽.

286 ｜ 한국 개신교의 타자인식

211) 아펜젤러는 원래 장로교 계통인 화란개혁교회 소속이었지만 감리교 계통 대학인 드루대학(Drew University)을 다니면서 감리교로 옮겼다. William E. Griffis, *A Modern Pioneer in Korea, The Life Story of Henry G. Appenzeller*, Fleming H. Revell Co., 1912; 이만열 편, 『아펜젤러: 한국에 온 첫 선교사』, 63-64쪽.

212) 위의 책.

213) W.B. Scranton, "Union", *The Korea Methodist*, May 1905, p.121.

214) D.A. Bunker, "Union School Work", *Korea Mission Field*, Dec. 1905.21쪽; 이덕주, 『스크랜턴』, 공옥, 2014, 667-668쪽.

215) W.B. Scranton's letter to Dr. Leonard, Jan.18.1906; 이덕주, 『스크랜턴』, 2014, 670쪽에서 재인용.

216) W.B. Scranton's letter to Dr. Leonard, Apr. 12, 1906; 이덕주, 『스크랜턴』, 2014, 672쪽에서 재인용.

217) 당시 스크랜턴은 학교 합동문제에서 큰 역할을 한 벙커 선교사의 신학에 대해 다음과 같이 비판적 평을 하였다. "긔벙커는 감리교 출신도 아니고 감리교에서 훈련받은 것도 아니다. 그는 오벌린 대학과 유니온신학교에서 공부했다. 그는 회중교회에서 안수 받은 목회자로 한국에 왔는데 한국 정부학교 교사로 초빙을 받아 온 것이다. 그는 여기 선교지에서 장로교 여선교사와 결혼하였다. 그리고 8-10년 지난 후 우리 선교회로 들어왔다. 이런 사람이니 장로교와 합동을 좋아할 것은 당연하다."W.B. Scranton's letter to Dr. Leonard, Apr. 12, 1906; 이덕주, 2014, 676쪽에서 재인용.

218) 정경옥, 「나의 신조」, 『신학세계』, 17(3), 1932, 21쪽.

219) 1891년 4월 30일, 박정신 역, 『국역 윤치호일기2』, 연세대학교출판부, 2003, 192-193쪽.

220) 1934년 3월 19일, 김상태 편역, 『윤치호 일기 1916-1943』, 역사비평사, 2001, 554-555쪽.

221) 양주삼, 「금후의 조선교회」, 『기독신보』, 1925.12.23 그리고 1925.12.30.

222) 「동양선교회성결교회 교리급 조례」, 1925, 동양선교회성결교회출판부, 2쪽; 박명수, 『이명직과 한국 성결교회』, 서울신학대학교출판부·현대기독교역사연구소, 2008, 122쪽에서 재인용.

223) 이명직, 『조선야소교동양선교회성결교회약사』, 동양선교회성결교회출판부, 1929, 2-3쪽; 박명수, 『이명직과 한국 성결교회』, 서울신학대학교출판부·현대기독교역사연구소, 2008, 129쪽에서 재인용.

224) 박명수, 『근대 복음주의의 주요 흐름』, 대한기독교서회, 1998, 81-216쪽.

225) 박명수, 『이명직 목사와 한국 성결교회』, 서울신학대학교출판부·현대기독교역사연구소, 2008, 124-125쪽.

226) 主의 小僕(이명직), 「余의 교파관」, 『활천』, 1925.3, 14쪽.

227) 이건, 「성결과 교파」, 『활천』, 1938.7, 9쪽.

228) 한성과,『성서를 통하여 본 천주교의 오류』, 1940, 6쪽.

229) 主의 小僕(이명직),「余의 교파관」,『활천』, 1925.3, 14쪽.

230) 위의 글, 15쪽.

231) 위와 같음.

232) 이건, 앞의 글, 11-13쪽.

233) 主의 小僕(이명직), 앞의 글, 16쪽.

234) 길희성,『길은 달라도 같은 산을 오른다: 닫힌 종교에서 열린 종교로, 종교다원주의의 도전』, 한겨레출판사, 2013.

235) John Hick, *God Has Many Names*,『하느님은 많은 이름을 가졌다』, 이찬수 옮김, 창, 1991.

236) 主의 小僕(이명직), 앞의 글, 16쪽.

237) 위의 글, 17쪽.

238) 위와 같음.

239) 한국 개신교사에 나타난 정통-이단 담론의 성격과 의미에 대해서는 이유나,「현대 한국 그리스도교의 정통-이단 담론 연구」,『종교와 문화』26호, 2014, 1-22 참조.

240) 박명수, 앞의 책, 2008, 197쪽.

241) 전인수,「1920-30년대 조선적 기독교 운동 연구」, 연세대학교 박사학위논문, 2011; 한국기독교사연구회,『한국기독교의 역사II』, 기독교문사, 1990, 192-208쪽.

242) 자세한 설립 경위는 김기대,「일제하 개신교 종파운동 연구」, 한국학중앙연구원 박사학위논문, 1997 참조.

243)「마산예수교 강령을 작정」,『동아일보』, 1928.1.18.

244)「하느님의 교회 제1회 공의회」,『聖火』, 1937.1, 34쪽;「한국기독교의역사 II」, 201쪽에서 재인용.

245)『조선기독교회소사』, 조선기독교회전도부, 1941, 10쪽.

246) 위의 책, 27쪽.

247) 위의 책, 30쪽.

248) 위의 책, 11쪽.

249) 이덕주 · 조이제 엮음,『한국 그리스도인들의 신앙고백』, 한들, 98쪽.

250) 위의 책, 99쪽.

IV. 어느 종교가 '참종교'인가?

1) 영문 잡지에 나타난 서구인들의 한국종교 이해를 검토한 대표적인 글로는 류대영,「국내 발간 영문잡지를 통해서 본 서구인의 한국종교 이해 1890-1940」,『한국기독교와 역사』

26호, 2007이 있다.

2) 평신도인 한치진의 경우는 교파적 배경을 명확히 밝히기 어렵다.

3) 1908년 뉴욕대학의 찰스 딤즈 철학 강좌(The Charles Deems Foundation Lectureship of Philosophy)에서 강의한 내용을 1910년에 출판한 것이다. Horace Grant Underwood, *The Religions of Eastern Asia*(New York: Macmillan, 1910); 이 책의 번역판이 나왔으나 이 글에서는 원문을 사용한다. 한창덕, 『동아시아의 종교』, 연세대학교 대학출판문화원, 2012.

4) H.G. Underwood, *The Call of Korea: Political- Social- Religious*(NY: Fleming H. Revell Company, 1908); 이 책의 번역본이 있지만 이 글에서는 원문을 사용한다. 이광린 역, 『한국 개신교수용사』, 일조각, 1989.

5) 언더우드의 한국종교 이해를 검토한 대표적인 것으로는 방원일, 「호러스 그랜트 언더우드의 비교종교학: 『동아시아의 종교』 중심으로」, 『종교문화연구』 26호, 2016, 165-201쪽; Oak Sung-Deuk, *The Making of Korean Christianity: Protestant Encounters with Korean Religions, 1876-1915*, Baylor University Press, 2013; 김홍수, 「19세기말 20세기 초 서양선교사들의 한국종교 이해」, 『한국기독교와 역사』 19호, 2003; 김홍수, 「호레이스 G. 언더우드의 한국종교 연구」, 『한국기독교와역사』, 25호, 2006; 서정민, 「선교사와 '토착화 신학자'들의 한국종교 연구과정: 목표와 범위를 중심으로」, 『한국 교회사학회지』 19호, 2006 등이 있다.

6) Underwood 1908, p. 77.

7) Ibid.

8) Ibid., p. 78.

9) Ibid., p. 96.

10) Underwood, *The Religions of Eastern Religions*, p. 171 and pp. 180-182; 김홍수, 앞의 글, 2006, 41쪽.

11) Underwood 1908, p. 81.

12) 유교에 대한 이러한 평가는 중국 유교를 서술하는 부분에서 등장하지만 한국 유교를 포함한 유교 일반에 적용되는 논리라고 할 수 있다. Underwood, *The Religions of Eastern Religions*, p. 238.

13) Underwood 1908, p. 83.

14) Ibid., pp. 82-83.

15) Ibid., p. 94.

16) Ibid., 1908, p. 84.

17) Ibid., pp. 84-85.

18) Ibid., p. 94.

19) 초기 선교사들 사이의 '용어 논쟁'이 그의 샤머니즘 연구에 직접적인 자극을 주었다. 즉

초기 선교사들 사이에서 "God"에 해당하는 한국어를 놓고 천주, 상제(上帝), 신(神), 상주(上主), 참신(眞神), 하느님 등의 용어가 경합을 벌이다가 '하느님(하ᄂ님)'이 최종 명칭으로 확정되었다. 언더우드는 '하느님'이라는 용어가 지닌 다신교적 맥락 때문에 이 용어의 채택에 반대한 대표적인 선교사였지만 나중에 이 용어에 유일신론적 함의가 들어 있다고 보고 입장을 바꿨다. 용어 논쟁에 관한 자세한 사항은 옥성득, 「초기 한글성경 번역에 나타난 주요 논쟁 연구(1877-1939)」, 장로회신학대학 대학원 석사학위 논문, 1993 참조.

20) Homer B. Hulbert, *The Passing of Korea*, London: Page & company, 1906, p. 404.

21) Underwood 1910, pp. 105-106.

22) 여기서 언더우드가 사용하는 용어인 택일신론(henotheism)은 유일신론(monotheism)과 달리 다른 신들의 존재를 인정하면서 최고신을 숭배하는 신론이다. henotheism은 일반적으로 '단일신론'으로 번역되지만 우리말 어법상 '유일신론(monotheism)'과 잘 구별되지 않으므로 여기서는 이찬수와 방원일의 경우처럼 '택일신론'으로 번역하였다. 이찬수, 『유일신론의 종말, 이제는 범재신론이다』, 동연, 2014, 35-41쪽; 방원일, 「호러스 그랜트 언더우드의 비교종교학: 『동아시아의 종교』를 중심으로」, 『종교문화연구』 26호, 2016, 184쪽.

23) Underwood 1910, p. 107.

24) Ibid., p. 121.

25) Ibid., p. 132.

26) 그는 헐버트의 말을 인용하여 "한국인의 정서와 이성의 완전한 균형"이 이러한 이상의 보존을 도왔을지 모른다고 말하기도 한다. Ibid., pp. 134-135.

27) 「에베소서」 2:8.

28) Underwood, 1910, p. 236.

29) Ibid., p. 246.

30) 방원일, 앞의 글, 2016, 189쪽.

31) 월터 캡스, 김종서 외 옮김, 『현대 종교학 담론』, 까치, 1999, 129-138쪽; 옥성득, 「초기 한국 교회의 단군신화 이해」, 이만열, 『한국기독교와 민족통일운동』, 한국기독교역사연구소, 2001, 295-317쪽.

32) 당시 종교퇴화론의 관점을 갖고 저술된 기독교 신학자의 대표적인 책은 다음과 같다. Samuel H. Kellog, *The Genesis and Growth of Religion*, New York: Macmillan and Co., 1892; 방원일, 「호러스 그랜트 언더우드의 비교종교학: 『동아시아의 종교』를 중심으로」, 『종교문화연구』 26호, 2016, 194쪽.

33) Underwood 1910, pp. 245-247.

34) Ibid., pp. 247-248.

35) "하느님은 영적인 분이시다. 그러므로 예배하는 사람들은 영적으로 참되게 하느님께 예

배드려야 한다." 「요한복음」 4장 24절(공동번역)

36) Underwood 1910, pp. 248-250.

37) 이사야서 6:3.

38) Underwood 1910, pp. 250-252.

39) Ibid., pp. 252-253.

40) 마태복음 22:37.

41) Underwood 1910, pp. 253-254.

42) Ibid., pp. 254-259.

43) Ibid., p. 259.

44) Ibid., pp. 259-260.

45) Ibid., pp. 260-261.

46) Ibid., p. 261.

47) 이덕주, 「존스(G.H. Jones)의 한국 역사와 토착종교 이해」, 『신학과 세계』 60호, 2007, 80-128쪽.

48) 이 책은 미국 뉴욕 유니온신학교 고문서실에 보관되어 있던 미출판 영문 원고인데, 미국 캘리포니아 로스엔젤레스 캠퍼스(UCLA)에서 가르치는 옥성득 교수가 번역문과 함께 출판한 것이다. George H. Jones, *The Rise of the Church in Korea*, 옥성득 편역, 『한국 교회형성사』, 홍성사, 2013.

49) 류대영, 「[이 책을 말한다] 성취론적 관점에서 본 한국 전통종교와 초기 한국 교회- G.H. 존스의 『한국 교회형성사- 한국 개신교의 여명, 그 첫 이야기』」, 『기독교사상』, 2014.1, 102-107쪽.

50) Jones, "The Spirit Worship of the Koreans," *Transactions of the Korean Branch of the Royal Asiatic Society, 2(1901)*, p. 38; Jones 1916, p. 276; 방원일이 밝혔듯이 이 정의는 헐버트 스펜서의 종교 정의를 그대로 차용한 것이다. Herbert Spencer, "The Study of Religion," *The Popular Science Monthly 3-17(1873)*, p. 354; 방원일, 「초기 개신교 선교사의 한국 종교 이해」, 서울대학교박사논문, 2011, 173쪽.

51) Jones 1916, p. 277.

52) Ibid.

53) 혼합주의와 혼합현상에 대한 이론적 논의는 방원일, 「혼합현상을 이론화하기: 한국 개신교 의례의 정착과정을 중심으로」, 『종교학연구』 20호, 2001, 107-131쪽 참조.

54) Jones 1916, p. 280.

55) Ibid., p. 281.

56) Ibid., p. 282.

57) Ibid., p. 285.

58) Ibid., p. 288.

59) Ibid., p. 305.

60) Ibid., pp. 305-306.

61) 바이블 전통 이외의 신앙을 악의 산물이나 인간 타락의 산물로 보는 관점에 대해서는 윌리엄 페이든, 이진구 옮김, 『비교의 시선으로 바라 본 종교의 세계』, 청년사, 2004, 36-37쪽 참조.

62) 진기영, 「1910년 에딘버러 대회 선교신학의 재발견」, 『선교신학』 24호, 2010, 4쪽.

63) Jones 1916, pp. 311-316.

64) Ibid., pp. 311-317.

65) Ibid., pp. 317-324.

66) Ibid., pp. 324-327.

67) Ibid., pp. 328-330.

68) 존스는 5대조 이상의 조상을 함께 제사 지내는 시제(時祭) 혹은 시향(時享)에 대해 간과 하고 있다.

69) Jones 1916, pp. 330-333.

70) Ibid., p. 334.

71) Ibid., pp. 335-336.

72) 이 절은 이진구, 「한국 근대 개신교에 나타난 자타인식의 구조 : 「만종일련」과 「종교변론」을 중심으로」, 『종교문화비평』 11호, 2007, 138-173쪽을 대폭 수정 보완한 것이다.

73) 한국 교회사 서술에서 최병헌은 신학자로 분류되는 경우가 더 많지만 여기서는 목회자의 범주에 배치하였다. 이는 그가 신학자가 아니어서가 아니라 1920년대 후반부터 본격적으로 활동하는 해외 유학파 출신의 신학자들과 구분하여 서술하기 위한 것이다.

74) 이 연재물은 후에 『聖山明鏡』이라는 제목의 단행본으로 출판되었다. 최병헌, 『聖山明鏡』, 貞洞皇華書齋, 1909.

75) 『신학월보』, 제7권 2호, 3호, 4호, 5호, 6호, 1909; 현재 영인본은 6호까지만 있어 불교 부분의 내용은 알 수 없다. 최병헌의 서지학적 사항에 대해서는 신광철, 「탁사 최병헌의 비교종교론적 기독교변증론: 『성산명경』을 중심으로」, 『한국기독교와 역사』 7호, 1997, 175-179쪽 참조.

76) 『만종일련』의 형성배경과 구조에 대한 연구 논문으로는 신광철, 「탁사 최병헌의 한국 신학 연구: 만종일련 사상을 중심으로」, 『한국종교사연구』, 12집, 2004가 있다.

77) 최병헌, 『만종일련』, 조선야소교서회, 1922, 1-3쪽.

78) "群疑芸芸. 反失宗教之眞原. 此萬宗一臠之所以筆也", 「서언」, 『만종일련』, 1쪽.

79) 그는 각 종교의 자료를 수집하되 원본 그대로 인용하고 "사의(私意)로 증책"하지 않았으며 제자백가의 논리도 "본설대로만 취중"하였다고 밝힌다. 더 나아가 "참고중론 술이부작 혹부기의(或附己意) 감구증설일편(敢搆證說一編)"이라는 표현을 사용하고 있는데 이는 '술이부작'의 정신을 잘 드러낸다. 특히 성리학의 학설에 관한 부분은 중국에서 활

동한 독일인 선교사 파베르(Faber, 花之安)가 저술한 『性海篇』이라는 책에서 발췌하였음을 밝히고 있다. 「범례」, 『만종일련』, 1쪽.

80) "안자하(按字下)에 외부기의(猥付己義)함은 부렵언(俯獵彦)의 이상재단(理想裁斷)을 절망(竊望)함이오", 위의 책, 1쪽.

81) "一臠者 以一臠 知全鼎味也"; 이 표현은 『呂氏春秋』 「察今」 편에 있는 "嘗一脟肉, 而知一鑊之味, 一鼎之調"와 『淮南子』 「說山訓」에 있는 "嘗一臠肉 知一鑊之味"에서 나온 것으로 추정된다. 이행훈, 「최병헌의 '종교'개념 수용과 유교 인식: 만종일련을 중심으로」, 『한국철학논집』 46집, 2015, 191쪽.

82) "宗敎者. 元始存在. 萬物之母. 無極之道. 眞如之元", 「서언」, 『만종일련』, 1쪽.

83) 최병헌, 「宗敎與政治之關係」, 『대한매일신보』, 1906.10.5; 『황성신문』, 1906.10.4.

84) 위와 같음.

85) 여기서 '성역'은 성지(聖地)나 성소(聖所)와 같은 물리적 의미의 종교적 공간을 의미하기보다는 '천국'이나 '하느님 나라'와 같은 구원론적 개념으로 보인다.

86) 「서언」, 『만종일련』, 1쪽.

87) 최병헌, 1906, 앞의 글.

88) "집안에서 부인이 밥을 짓고 바느질 하는 행위가 종교라면, 부인이 만든 밥과 옷의 도움으로 가정을 현명하게 다스리는 남편의 행위는 정치이다." 위와 같음.

89) 위와 같음.

90) 위와 같음.

91) 위와 같음.

92) 『만종일련』, 4쪽.

93) 최병헌은 이와 유사하면서도 약간 차이가 나는 표현을 사용하기도 한다. "대개 참교는 세가지 긴요한 것이 있으니 一은 반드시 의뢰하고 복종할 신이 있음이오 二는 내 영혼이 반드시 하느님의 신으로 더불어 서로 교통함이오 三은 사람이 반드시 자주하는 권세가 있어야 바야흐로 능히 앞으로 나아가느니라", 최병헌, 「사교고략」, 『신학월보』, 7(2), 1909, 436-465쪽.

94) 『만종일련』, 10쪽.

95) 위와 같음.

96) 유교에서 성왕으로 간주되는 堯舜虞湯文武 왕은 고대 이스라엘의 다윗 및 솔로몬 왕과 비교되고, 孔孟程朱는 이스라엘의 선지자 및 희랍의 철학자와 대비되고 있다. 『만종일련』, 11쪽.

97) 위와 같음.

98) 『만종일련』, 27쪽.

99) Underwood 1910, p. 252.

100) Jones 1916, p. 316.

101)『만종일런』, 27쪽.

102) 전통사회의 사전체제의 성격에 대해서는 김철웅,「조선초 祀典의 체계화 과정」,『문화사학』, 2003, 189-207쪽 참조.

103)『만종일런』, 28쪽.

104) "天道福善禍淫"은 서경(書經) 상서(商書) 탕고편(湯告篇)에 나오는 말이다.『만종일런』, 28쪽.

105)『만종일런』, 11쪽.

106) 위의 책, 28쪽.

107) 위의 책, 50쪽.

108) '뇌학'의 사전적 의미는 "견고하고 확실하다"이다.

109)『만종일런』, 38-39쪽.

110) 위의 책, 39쪽.

111) 위의 책, 50쪽.

112) 위와 같음.

113)『만종일런』, 51쪽.

114) 위의 책, 88쪽.

115) 위와 같음.

116) 위의 책, 89쪽.

117) 이러한 논리는 "오늘날 공부자님이 계시다면 그리스도교에 귀의할 것"이라는 개신교 신학자 채필근의 주장과 유사하다. 채필근,『비교종교론』, 대한기독교서회, 1960, 19쪽.

118)『만종일런』, 90-91쪽.

119) 존스와 최병헌은 선교사와 어학선생으로 만난 이후 서로 깊은 영향을 주고받으면서 초기 감리교 신학의 형성에 지대한 영향을 미쳤다. 두 인물의 관계에 대해서는 이덕주,「존스(G.H. Jones)의 한국 역사와 토착종교 이해」,『신학과 세계』 60호, 2007, 80-128쪽.

120) 한국기독교역사연구소,『한국기독교의 역사 II』, 기독교문사, 1990, 196쪽.

121) 당시 언론은 이 사건에 많은 관심을 보였는데 특히《동아일보》는 이 사건을 반선교사적 독립교회 운동으로 보고 1926년 10월 23일부터 1928년 12월 1일에 이르기까지 총 37회에 걸쳐 보도하였다. 한국기독교역사연구소, 위의 책, 197쪽 참조.

122) 앞에서 서술한 '독립교회'의 하나인 '마산예수교회'가 바로 이 교회를 가리킨다.

123) 박승명은 3·1운동으로 구금되어 감옥에 있는 동안 다양한 세계관을 지닌 사람들과 토론하는 기회가 많았는데 그 과정에서 종교에 관한 저서의 필요성을 느꼈다. 따라서 출옥 후에 자신의 생각을 정리하여 이 책을 출판했다고 한다. 박승명,『종교변론』, 조선야소교서회, 1926, 1쪽.

124) 위의 책.

125) 위의 책, 2-3쪽.

126) 위의 책, 1쪽.

127) 이 용어는 이미 기독교 매체에서 사용되고 있었다. 姜邁, 「종교는 何이뇨」, 『기독신보』, 1917.9.5.

128) 『종교변론』, 8쪽.

129) 위의 책, 9쪽.

130) 위의 책, 3쪽.

131) 위의 책, 2쪽.

132) 위의 책, 4쪽.

133) 이 대목에서 박승명은 프리드리히 슐라이어마허(Friedrich Ernst Daniel Schleiermacher)의 이름을 언급하고 있다. 위의 책, 5쪽; 잘 알려져 있다시피 슐라이어마허는 종교를 '절대의존감정(the feeling of absolute dependence)'으로 정의했다. 슐라이어마하, 최신한 옮김, 『종교론』, 대한기독교서회, 2002.

134) 『종교변론』, 6쪽.

135) 종교/과학/미신의 3분법이 형성되는 과정에 대해서는 J. Ananda Josephson, *The Invention of Religion in Japan*, Chicago: The University of Chicago Press, 2012.

136) Paul Johannes Tillich, *Theology of Culture*, 남정우 역, 『문화의 신학』, 대한기독교서회, 2002.

137) 『종교변론』, 11쪽.

138) 위와 같음.

139) 위의 책, 11-15쪽.

140) 위의 책, 20-37쪽.

141) 순서대로 보면 유교, 선교(仙敎), 불교, 바라문교, 유대교, 기독교, 회회교, 라마교(喇嘛敎), 파사교, 희랍고교, 희랍화교(火敎), 애급미신교, 인도미신교, 신도교(神道敎), 천리교, 대종교(大倧敎), 천도교, 보천교, 대종교(大宗敎), 태극교, 백백교, 제세교, 제화교, 경천교, 청림교이다. 그리고 유불선 삼교에서 분립한 것이거나 천도교와 기독교의 분파들을 "잡교"라고 부르고 있다. 위의 책, 72쪽.

142) 1897년 평북 벽동군에서 태어났으며 1920년 평양숭실전문학교를 졸업하였다. 1926년 미국 프린스턴 신학교에서 신학석사 학위를 받고 귀국하여 평양신학교에서 교수로 재임했다. 일제 말엽 만주로 망명하여 동북신학교에서 가르쳤으며 해방후 총신대학 등에서 교수로 활동하다 1978년에 사망하였다.

143) 이 시리즈 기사는 1937년 1월부터 1938년 1월까지 총 6회에 걸쳐 실렸다.

144) 박형룡, 「종교론」, 『신학지남』, 1937.3, 15쪽.

145) 위의 글, 15-16쪽.

146) 위의 글, 16쪽.

147) 위의 글, 16-17쪽.

148) 원문은 다음과 같다. "Religion is a felt practical relationship with what is believed in as a superhuman being or beings." Robert H. Thouless, *An Introduction to The Psychology of Religion*, Cambridge University Press, second edition, 1923, p. 4.

149) 캔트웰 스미스, 『종교의 의미와 목적』, 분도출판사, 1991, 53-55쪽.

150) 박형룡, 「종교론」, 『신학지남』, 1937.9, 14쪽.

151) 전도서 3:11

152) 박형룡, 「종교론」, 『신학지남』, 1937.9, 13-18쪽.

153) 박형룡, 「종교론」, 『신학지남』, 1937.11, 114쪽.

154) 위와 같음.

155) 박형룡, 「종교론」, 『신학지남』, 1937.9, 22쪽.

156) 요한복음 4:24

157) 요한복음 4장 24절의 영어 원문은 "God is spirit, and his worshipers must worship in spirit and in truth."이다. 여기서 박형룡은 spirit을 '신' 혹은 '신령'으로 번역하고 있지만 오늘날은 일반적으로 '영'으로 번역하고 있다. 이는 Holy Spirit의 번역어가 '성신'에서 '성령'으로 바뀐 것과 궤를 같이 한다. 그런데 「공동번역 성서」에서는 'in spirit and truth'를 영적으로 참되게로 번역하고 있다. 언더우드가 'in spirit and truth'라는 표현을 사용한 맥락은 '영적으로 참되게'로 번역하는 것이 적합하다고 본다.

158) 플라톤은 오늘날 신화(myth)의 어원이 되는 미토스(mythos)가 비윤리적인 내용을 많이 포함하고 있기 때문에 공화국에서 추방되어야 할 부정적 범주의 이야기로 규정하였고, 초기 기독교에서도 이 관점이 수용되어 신약성서에서 '신화(mythos)'는 부정적 의미로 사용되고 있다. Bruce Lincoln, *Theorizing Myth*, 『신화 이론화하기: 서사, 이데올로기, 학문』, 김윤성·최화선·홍윤희 옮김, 이학사, 2009, 48-89쪽.

159) 박형룡, 「종교론」, 『신학지남』, 1937.11, 114쪽.

160) 「레위기」11:44; 19:2; 20:7; 「베드로전서」1:14.

161) 앞서 불교의 신관을 비판할 때에는 '다신론'을 강조한 반면 불교의 죄의식 결여를 지적할 때에는 '무신론'을 강조하고 있다.

162) 이슬람의 오행(五行)으로 알려진 신앙고백, 5회의 기도, 구제, 금식, 메카 순례를 제시하고 있다.

163) 박형룡, 「종교론」, 『신학지남』, 1937.11, 115쪽.

164) Fenella Cannell, ed., *The Anthropology of Christianity*, Durham & London, Duke University Press, 2006, p. 37.

165) 박형룡, 「종교론」, 『신학지남』, 1937.11, 115쪽.

166) 위와 같음.

167) 위의 글, 115-116쪽.

168) 박형룡, 「종교론」, 『신학지남』, 1937.1, 11쪽.

169) 박형룡, 『비교종교학』(박형룡박사저작전집 X), 한국기독교교육연구원, 1978.

170) Arvind Sharma, *Problematizing Religious Freedom*, Dordrecht: Springer, 2011, p. 180.

171) K. L. Seshagiri, Rao, *Mahatma Gandhi and comparative religion*, Delhi: Motilal Banarsidass, 1979; 세샤기리 라오, 『간디와 비교종교』, 이명권 역, 분도출판사, 2005.

172) 선교와 개종의 방법 및 동기의 순수성을 둘러싼 논쟁에 대해서는 John, Jr. Witte and Richard C. Martin, eds., *Sharing the Book: Religious Perspectives on the Rights and Wrongs of Mission*, 1999; Rosalind I. J. Hackett, *Proselytization Revisited: Rights Talk, Free Markets and Culture Wars*, Equinox Publishing Ltd. 2008.

173) 박형룡, 『기독교근대신학난제선평』, 예수교장로회신학교, 1935, 346쪽.

174) 최근 로마가톨릭교회는 이러한 입장을 수용하여 유대인을 대상으로 한 개종 작업에 반대한다고 선언하였다. "교황청 '유대인 개종 반대'", 「크리스천투데이」, 2015.12.15; http://www.christiantoday.co.kr/news/287777.

175) 박형룡, 1935, 앞의 책, 347-348쪽.

176) 위의 책, 350-351쪽.

177) 「신학변증론: 재조선 북장로선교회의 종교변호선언서」, 『신학지남』, 1937.7, 8쪽.

178) "내가 율법이나 예언서의 말씀을 없애러 온 줄로 생각하지 말아라. 없애러 온 것이 아니라 완성하러 왔다." 「마태복음」 5:17(공동번역).

179) 박형룡, 1935, 앞의 책, 355-358쪽.

180) 당시 이러한 입장은 인도 출신의 종교학자 라다크리슈난(Radhakrishnan)에 의해 가장 잘 대변되었다. 그는 "나눔(sharing)"을 "동양과 서양의 서로 다른 종교인들이 그들의 시각과 통찰, 희망과 두려움, 계획과 목표들을 공유하는 것"으로 규정했다. Radhakrishnan, *East and West in Religion*, 1933, p.26; Eric J. Sharpe, *Comparative Religion: A History*, 『종교학의 전개(제2판)』, 유요한·윤원철 옮김, 시스마프레스, 2017, 297쪽.

181) 글의 마지막 부분에서 기독교의 정복은 '사랑(愛)을 통한 정복' 즉 그리스도께서 인간의 내심을 정복하는 것이라는 로버트 스피어(Robert Speer)의 말을 덧붙이고 있는데 이는 정복주의적 선교의 의미를 부드럽게 표현하기 위한 수사적 표현으로 보인다. 박형룡, 1935, 앞의 책, 360쪽.

182) William Hocking, *Re-thinking Missions; a Laymen's Inquiry after One Hundred Years*. New York, London: Harper & Brothers, 1932.

183) 이 부분은 이진구, 「한국 근대 개신교 지식인의 종교인식: 한치진의 『종교철학대계』를 중심으로」, 『종교와 역사』, 서울대학교 종교문제연구소, 서울대학교출판부, 2006, 271-292쪽의 일부 내용을 활용한 것이다.

184) 그의 저서 『최신철학개론』은 국내 최초의 서양철학 개론서로 간주되고 있다. 한치진,

『최신철학개론』, 부활사출판부, 1936.

185) 한치진은 1901년 평안남도 용강(龍岡)에서 태어났다. 1928년 미국 남가주대학(현재의 University of Southern California)에서 박사학위를 취득하였고 귀국 후 1932년까지 3년 동안 감리교 협성신학교에서 교편을 잡았다. 1932년에 이화여자전문학교로 자리를 옮긴 이후 6.25전쟁 중 납북될 때까지 철학 교수로 재직했다. 그는 평신도였기 때문에 교파적 배경은 분명치 않으나 감리교 신학교와 감리교계통의 이화여자전문학교에서 교편을 잡았던 것으로 보아 감리교와 친화성을 지녔을 것으로 추정해 볼 수 있다.

186) 한치진, 『종교철학개론』(종교철학대계상권), 철학연구사, 1934; 한치진, 『기독교인생관』(종교철학대계하권), 철학연구사, 1934.

187) 한치진, 『기독교인생관』, 58쪽.

188) 한치진, 『종교철학개론』, 3쪽.

189) 위의 책, 25쪽.

190) 한치진, 『기독교인생관』, 58쪽.

191) 한치진, 『종교철학개론』, 2쪽.

192) 위의 책, 2-3쪽.

193) 위의 책, 5-6쪽.

194) 위의 책, 46쪽.

195) 위의 책, 280-1쪽.

196) 위의 책, 46쪽.

197) 한치진, 『기독교인생관』, 90쪽.

198) 위의 책, 90쪽.

199) 위의 책, 91쪽.

200) 위의 책, 91-92쪽.

201) 위의 책, 92쪽.

202) 위의 책, 160쪽.

203) 한치진, 『종교철학개론』, 301쪽.

204) 위의 책, 301-2쪽; 이와 관련하여 그는 이렇게 말하고 있다. "아직 일 종교 내에 여러 교파가 있게 된 것은 불행이다. 과학적으로 이 세계는 이미 하나가 되었다. 그러나 종교적으로는 이 세계가 분열상태에 있다. 박애를 말하고 자비를 말하는 종교들이 세계를 분열하여 보게 되었으니 이는 종교의 수치요 모순이다." 한치진, 「종교의 존재할 이유」, 『신학세계』 19(2), 1934, 14쪽.

205) 한치진, 『종교철학개론』, 301-2쪽.

206) 위의 책, 302쪽.

207) 위의 책, 301-302쪽

208) 한치진, 「종교의 존재할 이유」, 『신학세계』 19(2), 1934, 14쪽.

209) 한치진, 『종교철학개론』, 302쪽.

210) 이진구, 「근대 한국 개신교와 불교의 상호인식: 개신교 오리엔탈리즘과 불교 옥시덴탈리즘」, 『종교문화연구』 2호, 2000, 145-164쪽.

V. 어느 것이 '참세계관'인가?

1) 윌리엄 페이든, 이진구 옮김, 『비교의 시선으로 바라 본 종교의 세계』, 청년사, 2004, 46-47쪽.

2) 「亞細亞總論」, 『한성순보』, 1884.3.8.

3) 「격물학 근원」, 『대한크리스도인회보』, 2(16).

4) 「諸學釋名 節要- 科學 英語 사이엔쓰」, 『서북학회월보』, 1(11), 1909.

5) 과학의 영역을 크게 자연과학(사실과학)과 규범적 과학으로 나누고, 전자에 천문학, 지리학, 박물학, 물리학, 화학을 포함시키고 후자에 윤리학, 정치학, 미학, 논리학 등을 포함시키는 경우가 많았다. 張應震, 「科學論」, 『태극학보』 5호, 1906, 10쪽.

6) 「治道論」, 『한성순보』, 1884.7.3.

7) 여기에는 성리학적 합리주의에 근거한 귀신관과 근대적 시선이 합류되어 있는 것으로 보인다. 『독립신문』, 1896.5.7.

8) 「論耶蘇敎」, 『漢城旬報』, 1884.6.14.

9) 玄玄生, 「天國과 人世의 歸一」, 『太極學報』 16호, 1907, 59쪽.

10) 이화여대 한국문화연구원, 『근대계몽기 지식 개념의 수용과 그 변용』, 소명출판, 2004 참조.

11) 개항기 사회진화론의 수용과 그 시대적 의미에 대해서는 최기영, 『한국근대 계몽사상 연구』, 일조각, 2003; 류대영, 『개화기 조선과 미국 선교사: 제국주의 침략, 개화자강, 그리고 미국선교사』, 한국기독교역사연구소, 2004 참조.

12) Chosen Mission, *Annual Report of Foreign Missions of the Presbyterian Church in the USA*. 1927, pp.96-97; 민경배, 『한국기독교사회운동사』, 대한기독교출판사, 1987, 208쪽에서 재인용.

13) 『개벽』 63호, 1925.11. 여기에는 반종교 및 반기독교 운동에 대한 개신교 측의 입장을 반영하는 여러 편의 글도 함께 실렸다. 김홍수, 앞의 책, 1992의 부록에 모두 실려 있다.

14) 배성룡, 「反宗敎運動의 意義」, 『개벽』 63호, 1925.11, 13-14쪽.

15) 위와 같음.

16) 위와 같음.

17) 위의 글, 15쪽.

18) 안병주, 「우리는 왜 종교를 반대하는가」, 『신계단』 1933.2, 47쪽.

19) 장창진, 「일제하 민족문제논쟁과 반종교운동: 1920년대 사회주의자들의 반기독교운동을 중심으로」, 서울대학교 석사학위 논문, 49쪽.

20) 이 절은 이진구, 「종교와 과학의 관계에 대한 한국 개신교의 이해: 일제 강점기를 중심으로」, 『한국기독교와 역사』 22호, 2005를 수정 보완한 것이다.

21) 구체적인 것은 이만열, 『한국기독교문화운동사』, 대한기독교출판사, 1987; 이만열, 『한국기독교의료사』, 아카넷, 2003 참고.

22) 김창세(1893-1934)는 평남 용강에서 태어났으며, 세스란스의전을 졸업(1916년)하고, 미국 존스홉킨스 대학에서 보건학 박사학위(1925년)를 받은 한국 최초의 예방의학자이다. 노재훈, 「공중보건학의 선구자 김창세 박사」, 『연세의사학』, 1(1), 1997, 11-16쪽; 이만열, 『한국기독교의료사』, 아카넷, 2003, 231쪽.

23) 김창세, 「과학과 종교: 과학적으로써 알고 종교적으로 행하라」, 『동광』 12호, 1927, 54쪽.

24) 위의 글, 56쪽.

25) 위의 글, 57-59쪽.

26) "우주는 맹목적 의지가 아니요 善하시고 愛하시고 眞理이신 신의 창조와 섭리 아래 있다. 따라서 인생은 善과 正義와 愛와 眞을 이 지상에 실현할 사명과 의무와 誇矜과 희망과 희열이 있다. 그네들 중에는 이러한 종교적 정신 곧 신앙 또는 신념이 혈과 육이 되어서 비록 무종교, 무신앙으로 자처하는 사람도 거의 유전적으로 신과 인생에 대한 이러한 신앙을 가집니다. 그러기 때문에 그들은 口腹을 위하여 살지 아니하고 一身의 쾌락을 위하여 살지 아니하고 진리를 위하여 정의를 위하여 전 인류의 행복, 그까지는 저마다 생각 못하더라도 후손, 민족, 국가, 자기가 속한 단체를 위하여 살려 합니다." 위의 글, 59-60쪽.

27) 이 대목에서 다음과 같은 표현을 사용하고 있다. "너를 주라--신에게--자손에게--동포에게. 네가 섬기라--신을, 자손을, 동포를--너를 주되 생명까지 주라--섬기되 발까지 씻으라--그를 위해 죽으라", 위의 글, 60-61쪽.

28) 위의 글, 54-55쪽.

29) 위의 글, 61쪽.

30) 東樵, 「종교와 과학」, 『중앙청년회보』 17호, 1916, 18-19쪽.

31) 위의 글, 19-20쪽.

32) 위의 글, 20쪽.

33) 위와 같음.

34) 위와 같음.

35) 안남의 羅馬敎[천주교]와 印度敎를 예로 들고 있다. 金谷庄鎬, 『朝鮮基督敎會小史』, 조선기독교회전도부, 1942, 28쪽.

36) 위와 같음.

37) 위와 같음.

38) 위의 책, 29쪽.

39) 위와 같음.

40) 위의 책, 29-30쪽.

41) 웨스트게이트, 「현대과학과 기독교 신앙」, 『신학세계』 15(4), 1930. 91쪽.

42) 희랍문명의 붕괴를 예로 들고 있다. 金谷庄鎬, 앞의 책, 28쪽.

43) 위의 책, 30쪽.

44) 潘福基, 「과학시대의 종교」, 『신학지남』 10(2), 1928, 5쪽.

45) 박형룡, 「宗敎의 權威」, 『신학지남』 12(3), 1930, 19쪽.

46) 潘福基, 「科學時代의 宗敎」, 『신학지남』 10(2), 1928, 5쪽.

47) 박형룡, 「此代에 宗敎가 消滅될까?」, 『신학지남』 10(3), 1930, 5쪽.

48) 박형룡, 「無神論의 活動과 基督敎의 對策」, 『신학지남』 12(4), 1930, 14쪽.

49) 위의 글, 15-17쪽.

50) 박형룡의 신학 사상을 가장 포괄적이면서도 체계적으로 연구한 대표적인 성과로는 장동민, 『박형룡의 신학 연구』, 한국기독교역사연구소, 1998이 있다.

51) Park Hyung-Nong, "Anti-Christian Inferences from Natural Sciences", 1931, 『박형룡박사저작전집(XV)』(학위논문편), 한국기독교교육연구원, 1978, 15-16쪽.

52) 위의 책, 46-47쪽.

53) 위의 책, 26-27쪽.

54) 이 정의는 아더 톰슨(J. Arthur Thomson)의 정의를 따른 것이다. 그는 과학을 1)무생물을 다루는 분야(물리학, 화학) 2)생물을 다루는 분야(식물학, 동물학) 3)지성에 의해 행동하는 살아 있는 유기체를 다루는 분야(심리학, 윤리학, 사회학)로 나누고 있지만 이 학위논문에서는 무생물과 생물에 관한 연구 즉 자연과학만을 다루고 있다. 위의 책, 23쪽.

55) 위의 책, 25쪽.

56) 박형룡, 「종교의 권위」, 『신학지남』 12(3), 1930, 23-24쪽.

57) Park Hyung-Nong, 앞의 책, 29쪽.

58) IV장 3장 참조.

59) Park Hyung-Nong, 앞의 책, 47쪽.

60) 박형룡, 「反宗敎者의 無理解」, 『신학지남』 12(5), 1930, 15-16쪽.

61) Park Hyung-Nong, 앞의 책, 47-48쪽.

62) 위의 책, 43쪽.

63) 위의 책, 40쪽.

64) 이는 중세신학자 토마스 아퀴나스가 신앙과 이성의 관계를 신앙 우위의 관점에서 종합한 것이나, 리처드 니버(Richard Niebuhr)가 문화와 그리스도의 관계 유형에서 '문화 위

의 그리스도'(Christ above Culture)라고 부른 모델과 상통한다. 죠지 마르스덴 지음, 홍치모 옮김, 『미국의 근본주의와 복음주의 이해』, 성광문화사, 1992, 156쪽; 장동민, 『박형룡의 신학 연구』, 한국기독교역사연구소, 107쪽.

65) 강만유, 「종교의 영원성」, 『기독신보』, 1933.3.22.

66) 박두하, 「자연과학과 종교」, 『신학세계』 10(6), 1925.

67) 웰치 감독, 「종교와 과학(=)」, 『기독신보』, 1934.3.21.

68) 박두하, 「자연과학과 종교」, 『신학세계』 10(6), 1925.

69) 갈홍기, 「종교론」, 『신학세계』 20(5), 1935, 52.

70) 장동민, 앞의 책, 106-107쪽 참조.

71) '두 책 이론'은 창조주 하느님이 인간에게 '자연'이라는 책과 '성서'라는 두 책을 주면서 그 속에 자신의 뜻을 계시하였다는 이론이다. 따라서 이 이론에 따르면 자연의 법칙을 탐구하는 과학과 하느님의 말씀을 이해하려는 신학(종교)은 하느님이라는 하나의 궁극적 지점으로 수렴된다. 이와 달리 '두 언어 이론'은 종교 언어와 과학 언어가 완전히 다른 문법에 속하기 때문에 이 두 언어는 하나의 지점으로 수렴되는 것이 아니라 영원한 평행선을 그린다. 테드 피터스 엮음, 김흡영 외 역, 『과학과 종교: 새로운 공명』, 동연, 2002, 29-78쪽.

72) 이 장은 이진구, 「해방 이전 한국 개신교의 진화론 수용」, 『종교연구』 77(2), 2017을 수정 보완한 것이다.

73) 본회취의서, 『서우』 1호, 1906, 1-2쪽.

74) 이성규, 「19세기말 20세기초의 한국과 일본의 진화론 수용」, 『한국과학사학회지』 14호, 1992, 124-125쪽.

75) 1935년 미국 북장로교가 신학 노선을 둘러싸고 분열되었을 때 해밀턴은 근본주의 신학을 고수하는 '정통장로교'로 이적하였다. 김승태 · 박혜진 엮음, 『내한선교사 총람』, 한국기독교역사연구소, 1994, 249쪽.

76) 해밀턴, 「기독교와 과학」, 『진생』 4(9), 1929, 53쪽.

77) 해밀턴, 『기독교변증론』, 조선야소교서회, 1929, 77쪽.

78) 위의 책, 77쪽.

79) 이 책의 내용을 비롯하여 박형룡 신학의 성격과 특성에 대한 자세한 논의는 장동민, 1998, 앞의 책 참조.

80) 박형룡, 1935, 앞의 책, 533-534쪽.

81) 위와 같음.

82) 박형룡, 1935, 앞의 책, 531쪽.

83) 위의 책, 532-533쪽.

84) 위의 책, 537-538쪽.

85) 위의 책, 539-540쪽.

86) 위의 책, 542쪽.

87) 위의 책, 582쪽.

88) 위의 책, 595쪽.

89) 위와 같음.

90) 위의 책, 618-619쪽.

91) 일제하 캐나다장로교 선교부와 북장로교 선교부에 속한 일부 선교사들은 진보적인 신학적 성향을 지니고 있었는데 이들의 영향을 받은 한국 장로교인이나 해외유학파 출신 중에는 진화론에 대해 수용적 태도를 지닌 경우도 있었을 것이다.

92) 반복기, 『과학과 종교』, 조선야소교서회, 1926.

93) 위의 책, 2쪽.

94) 위의 책, 64쪽.

95) 위의 책, 67-73쪽.

96) 위의 책, 66쪽.

97) 위와 같음.

98) 위와 같음.

99) 위의 책, 105쪽.

100) 스코프스 재판의 전개과정에 대해서는 Peter Radan, "From Dayton to Dover: the legacy of the Scopes Trial," Peter Cane, Carolyn Evans, Zoe Robinson. eds., *Law and Religion in Theoretical and Historical Context*, Cambridge: Cambridge University Press. 2008. pp. 123-156 참조.

101) Bradley J. Longfield, *The Presbyterian Controversy: Fundamentalists, Modernists, and Moderates*, New York and Oxford: Oxford University Press. 1990, 『미국 장로교회 논쟁』 이은선(역). 아가페출판사. 1992, 18쪽.

102) 정경옥, 『기독교신학개론』, 감리교신학교, 1939, 233-234쪽.

103) 위의 책, 234쪽.

104) 위의 책, 274-275쪽.

105) 위의 책, 236쪽.

106) 이처럼 진화의 개념을 활용하여 신학의 지평을 확장하려는 최근의 시도에 대해서는 신재식, 『예수와 다윈의 동행: 그리스도교와 진화론의 공존을 모색한다』, 사이언스북스, 2013, 389-410쪽 참조.

107) 한국기독교역사학회, 2012, 앞의 책, 202-209쪽.

108) 김교신, 「지질학상으로 본 하느님의 창조」, 『성서조선』 4호, 1928, 4쪽.

109) 위의 글, 5쪽.

110) 지구를 6천년~1만년의 연대를 지닌 것으로 보는 '젊은지구창조론'과 대비되는 '오랜지구창조론'의 한 이론이다. 자세한 것은 신재식·김윤성·장대익, 『종교전쟁』, 사이언스

북스, 2009, 423쪽 참조.

111) 김교신, 1928, 앞의 글, 5쪽.

112) 위의 글, 6쪽.

113) 위의 글, 7쪽.

114) 위와 같음.

115) 위의 글, 7쪽.

116) 한 교회사학자는 김교신의 이 글에 대해 다음과 같이 평가한다. "한국 신학계에서 이와 같은 창조와 진화, 혹은 성서와 과학의 관계를 놓고 본격적인 토론, 나름대로의 융합을 시도한 거의 최초의 신학적 논의임에 그 가장 큰 의의를 지닌다." 서정민, 「김교신의 생명 이해」, 『한국기독교와 역사』 20호, 2005, 191쪽.

117) 함석헌, 「성서적 입장에서 본 세계역사」, 『성서조선』 89호, 1936, 4쪽.

118) 위의 글, 4쪽.

119) 위의 글, 5쪽.

120) 위와 같음.

121) 위의 글, 5-6쪽.

122) 위의 글, 6쪽.

123) 위와 같음.

124) 위의 글, 7쪽.

125) 위와 같음.

126) 위의 글, 8쪽.

127) 위와 같음.

128) 「우리의 신조」, 『시조』 24(10), 1934, 38쪽.

129) 「성경과 과학(二)」, 『시조』 30(12), 1940, 9쪽.

130) 「성경과 과학(三)」, 『시조』 31(1), 1941, 19쪽.

131) 길리단, 「과학과 성경(1)」, 『시조』 22(1), 1932, 9쪽.

132) 위와 같음.

133) 악컬맷, 「진화냐 하느님이냐」, 『시조』 28(2), 1938, 8쪽.

134) 「진화론의 토대는 무너졌다」, 『시조』 29(11), 1939, 10쪽.

135) 길리단, 「성경과 진화설」, 『시조』 23(1), 1933, 13쪽.

136) 길리단, 「과학과 성경(10)」, 『시조』 22(10), 1932, 7-8쪽.

137) 길리단, 「과학과 성경(4)」, 『시조』, 22(4), 1932, 10-11쪽.

138) 길리단, 「진화론의 빠진 고리」, 『시조』 19(12), 1939, 13-14쪽.

139) 위와 같음.

140) 길리단, 「과학과 성경(10)」, 『시조』 22(10), 1932, 16쪽.

141) 위의 글, 7-8쪽.

142) 악컬맷, 앞의 글, 28쪽.

143) Ronald L. Numbers, *The Creationists: From Scientific Creationism to Intelligent Design*, Cambridge: Harvard University Press, 2006. 『창조론자들: 과학적 창조론에서 지적 설계론까지』 신준호(역), 새물결플러스, 2016, 254-256쪽.

144) 한국기독교역사학회, 앞의 책, 2012, 166-168쪽.

145) 한석원, 「금후의 注意는 되겠습니다」, 『개벽』, 1925.11.

146) 안경록, 「왜, 우리를 직접으로 대하지 않습니까」, 『개벽』, 1925.11.

147) 묵봉, 「반종교운동과 이에 대한 기독교회의 태도를 회고하는 나의 소견」, 『청년』, 1927.1, 59쪽.

148) 이때 조선사회가 기독교를 받아들여야 하는 이유로 세 가지를 제시한다. 첫째, 기독교는 인류의 자유와 자조력을 저해하지 않고, 둘째, 기독교인은 자본가의 옹호자가 아니며, 셋째 과학자 중에 실험불능을 이유로 신의 존재를 부인하는 경우는 없다. 「반기독교운동을 보고(二)」, 『기독신보』, 1925.12.9.

149) 「반기독교운동을 보고」, 『기독신보』, 1925.11.11.

150) 송창근, 「자기의게도 도라가자」, 『신생명』, 1924.3.

151) 전영택, 「지도와 리해」, 『기독신보』, 1925.12.9.

152) 신흥우는 반기독교운동을 하는 사람들에게 다음과 같이 덧붙인다. "양심과 병행하는 철저한 운동을 하여 달라는 것입니다. 반대키 위한 반대가 아니오 진실로 義를 위한 철저한 운동일 것 같으면 인류애라는 그 점에서 스스로 일치할 날이 있으리라 합니다. … 우리 교회 안에는 사실 이 문제(교회의 민중화)를 위하야 고심하는 동무가 적지 아니합니다." 신흥우, 「사실인 즉 우리도 고려중에 있습니다」, 『개벽』, 1925.11, 71-72쪽.

153) 김경하, 「반기독교운동에 鑑하야 우리 교인의 자성을 촉함」, 『기독신보』, 1926.1.13.

154) 그렇지만 마르크스의 유물사관이나 계급투쟁처럼 폭력을 사용하는 사회주의는 기독교주의와 상응할 수 없다고 하면서 분명한 선을 그었다. 김창제, 「사회주의와 기독교」, 『신생명』, 1923.9.

155) 「사설: 기독교회와 사회」, 『기독신보』, 1924.10.15; 이 무렵에는 러시아혁명에 대해서 긍정적으로 소개하는 글도 등장하였다. 러시아의 반종교운동은 러시아정교회가 압제자의 편에 서서 민중을 탄압했기 때문에 일어났고, 과격한 공산주의 사상의 출현도 극단의 전제에 대항한 비상수단이었다는 것이다. 憂世生, 「종교의 견지로 露國의 今後觀」, 『청년』, 1922.12.

156) 김권정은 사회주의에 대한 기독교의 대응과 인식을 4단계로 나눈다. 제1기(1920-1924년), 제2기(1925-1928), 제3기(1929-1930년대초), 제4기(1930년대 후반). 김권정, 「1920-30년대 기독교인들의 사회주의 인식」, 『한국기독교와 역사』 5호, 1996, 78-116쪽.

157) 金應殉, 「사회문제와 기독교회」, 『청년』, 1927.3, 154쪽.

158) 「사도행전」 2:44-45.

159) 이대위, 「사회혁명의 예수」, 『청년』, 1928.6, 17쪽.

160) 「데살로니가후서」 3:10.

161) 「요한복음」 5:17.

162) 유경상, 「사회주의자 예수」, 『청년』, 1923.7.

163) 위와 같음.

164) 위와 같음.

165) 위와 같음.

166) 위와 같음.

167) 위와 같음.

168) 이대위의 생애와 활동에 대해서는 채현석, 「이대위의 생애와 활동」, 『일제하 한국 기독교와 사회주의』, 한국기독교역사연구소, 1992, 253-265쪽 참조.

169) 이대위, 「사회주의와 기독교의 귀착점이 어떠한가?」, 『청년』, 1923.9.

170) 이대위, 「나의 이상하는 바 민족적 교회」, 『청년』, 1923.6, 15쪽.

171) 이대위, 「사회주의와 기독교의 귀착점이 어떠한가?」, 『청년』, 1923.9.

172) 이대위, 「사회주의와 기독교사상」, 『청년』, 1923.5.

173) 위와 같음.

174) 위와 같음.

175) 위와 같음.

176) 이대위, 「사회주의와 기독교사상」, 『청년』, 1923.5.

177) 이대위, 「사회주의와 기독교의 귀착점이 어떠한가?」, 『청년』, 1923.9.

178) '공상적 사회주의자'로 간주되는 샤를 푸리에(Charles Fourier, 1772-1837)를 가리킨다.

179) 이대위, 「사회주의와 기독교의 귀착점이 어떠한가?」, 『청년』, 1923.9.

180) 위와 같음.

181) 위와 같음.

182) 위와 같음.

183) 위와 같음.

184) 위와 같음.

185) 위와 같음.

186) Martin Marty, "North America," *The Oxford Illustrated History of Christianity*, John McManners ed., Oxford: Oxford University Press, 1992, pp.410-412.

187) 위와 같음.

188) 장규식, 『일제하 한국 기독교민족주의 연구』, 혜안, 2001, 163-186쪽.

189) 위와 같음.

190) 위와 같음.

191) 위와 같음.

192) 위와 같음.

193) 「조선예수교연합공회회회록」, 1932, 52쪽; 전택부, 『한국 에큐메니칼 운동사』, 한국기독교교회협의회, 1979, 140-141쪽.

194) 박형룡, 「무신론의 활동과 기독교의 대책」, 『신학지남』, 1930.7, 12-18쪽.

195) 위의 글, 12쪽.

196) 위의 글, 12-13쪽.

197) 위의 글, 13-14쪽.

198) 위의 글, 15-18쪽.

199) 朴鶴田, 「복음을 들고 나가자, 싸우자」, 『농촌통신』 4, 1935.6.1; 장규식 2001, 209-210쪽.

200) 위와 같음.

201) 정경옥, 『기독교신학개론』, 감리교신학교, 1939, 37쪽.

202) 위의 책, 40쪽.

203) 위의 책, 41쪽.

204) 夫斗悅, 「공산주의는 종교를 이길 수 있는가?」, 『시조』, 1937.12, 6쪽.

Ⅵ. 한국 개신교의 정체성

1) 엄밀한 의미에서 성서무오설은 개신교 신학 내부의 논쟁인 자유주의 신학과 근본주의 신학의 대결 과정에서 등장한 것이지만 천주교와의 대결도 하나의 배경이 되었다고 볼 수 있다.

2) 이만열, 「한국 교회의 성장과 그 요인」, 『한국기독교와 민족통일운동』, 한국기독교역사연구소, 2001, 173-217쪽.

3) Robert A. Yelle, "The Hindu Moses: Christian Polemics Against Jewish Ritual and the Secularization of Hindu Law under Colonialism," *History of Religions*, November 2009, Vol.49(2), pp.141-171.

4) 장석만, 「'종교'를 묻는 까닭과 그 질문의 역사: 그들의 물음은 우리에게 어떤 문제를 던지는가?」, 『종교문화비평』 22호, 2012, 15-47쪽; 윤해동 · 이소마에 엮음, 『종교와 식민지 근대』, 책과함께, 2013, 63-92쪽.

5) Jang Sukman, "The Historical Formation of the Religious-Secular Dichotomy in Modern Korea," Marion Eggert and Lucian Holscher (eds.), 2013, pp. 257-279.

참고문헌

1. 자료

『가톨릭연구』
『가톨릭조선』
『가톨릭청년』
『개벽』
《경향신문》
『경향잡지』
《그리스도신문》
『기독신보』
『대한매일신보』
『대한크리스도인회보』
《동아일보》
『서울교구연보(I, II)』, 한국 교회사연구소, 1984/1987
『성서조선』
『시조』
『신계단』
『신학세계』
『신학월보』
『신학지남』
『일성록』
『청년』
『활천』
《황성신문》

게일, 『루터개교긔략』, 광학서포, 1908.
곽안련 편, 『조선예수교장로회헌법』, 조선예수교서회, 1938.
곽안련, 『장로교회사전휘집』, 북장로교회선교회, 1935.
金谷庄鎬, 『조선기독교회소사』, 조선기독교회전도부, 1942.
기독교조선감리회, 『기독교조선감리회 교리와 장정』, 기독교조선감리회총리원, 1935.
김상태 편역, 『윤치호 일기 1916-1943』, 역사비평사, 2001.
김승태 · 박혜진(공편), 『내한선교사 총람, 1884-1984』, 한국기독교역사연구소, 1994.
김아렉수(金聖學), 『진교변호』, 평양 천주교회, 1934.

드망즈(안세화) 주교, 『신교지기원』, 경성부명치정 천주당, 1923.

마태오 리치, 『천주실의』, 송영배 외 옮김, 서울대학교출판부, 1999.

민아오스딩[민덕효] 감준, 『예수진교사패』, 천주당, 1911(1907).

박승명, 『종교변론』, 조선야소교서회, 1926.

박정신 역, 『국역 윤치호일기2』, 연세대학교출판부, 2003.

박형룡, 『기독교근대신학난제선평』, 예수교장로회신학교, 1935.

박형룡, 『박형룡박사저작전집: 신학논문 하권』, 한국기독교교육연구원, 1978.

박형룡, 『비교종교학』(박형룡박사저작전집 X), 한국기독교교육연구원, 1978.

반복기, 『과학과 종교』, 조선야소교서회, 1926.

슐라이어마하, 최신한 옮김, 『종교론』, 대한기독교서회, 2002.

이광린 역, 『한국 개신교 수용사』, 일조각, 1989.

이덕주 · 조이제 엮음, 『한국 그리스도인들의 신앙고백』, 한들, 1997.

이만열 편, 『아펜젤러: 한국에 온 첫 선교사』, 연세대학교 출판부, 1985.

이만열 · 옥성득 편역, 『언더우드 자료집(I, II, III, IV, V)』, 연세대학교 출판부, 2006.

정경옥, 『기독교신학개론』, 감리교신학교, 1939.

채필근, 『비교종교론』, 대한기독교서회, 1960.

최병헌, 『성산명경』, 정동황화서재, 1909.

최병헌, 『만종일련』, 조선야소교서회, 1922.

최병헌, 『예수천주양교변론』, 정동예수교회사무소, 1908.

한국기독교역사연구소 엮음, 『조선예수교장로회(상/하권)』, 한국기독교역사연구소, 2000-2002.

한성과, 『성서를 통하여 본 천주교의 오류』, 동양선교회 성결교회출판부, 1940.

한창덕 역, 『동아시아의 종교』, 연세대학교 대학출판문화원, 2012.

한치진, 『기독교인생관』(종교철학대계 상 · 하권), 철학연구사, 1934.

한치진, 『최신철학개론』, 부활사출판부, 1936.

村山智順, 『朝鮮の類似宗敎』, 朝鮮總督府, 1935.

朝鮮總督府, 『朝鮮に於ける宗敎及享祀要覽』, 朝鮮總督府學務局社會課, 1937.

Aleveque, Charles, 『법한자전』, Seoul Press(Hodge & Co.), 1901.

Allen, Horace N., Allen's Diary, 1886.5.9. 『알렌의 일기』, 김원모 역, 단국대출판부, 1991.

Brown, G.T., *Mission to Korea*, The Presbyterian Church of Korea Department of Education, Seoul, 1962.

Chester, S.H., "Church Union in Korea," *The Missionary*, March, 1906.

Clark, C.A., *The Korean Church and the Nevius Methods*, New York, Fleming H. Revell Company, 1930.

Genahr, Ferdinand, 아펜젤러 옮김, 『묘축문답』, 정동배재학당, 1895.

Griffis, William E., *Corea: the Hermit Nation*, New York: Charles Scribner's Sons 1882(1907).

Hocking, William, *Re-thinking Missions; a Laymen's Inquiry after One Hundred Years*. New York, London: Harper & Brothers, 1932.

Hulbert, Homer B., "A Sketch of the Roman Catholic Movement in Korea," *Missionary Review of World*, 13(1890).

Hulbert, Homer B., *The Passing of Korea*, London: Page & company, 1906.

Jones, George H., "Open Korea and Its Methodist Mission," *The Gospel in All Lands*, 18(1893).

Jones, George H., *The Rise of the Church in Korea*, 옥성득 편역, 『한국 교회형성사』, 홍성사, 2013.

Kellog, Samuel H., *The Genesis and Growth of Religion*, New York: Macmillan and Co., 1892.

Korea Field.

Korea Mission Field.

Oak, Sung-Deuk, ed., *Sources of Korean Christianity 1832-1945*, 한국기독교역사연구소, 2004.

Paik, L. George, *The History of Protestant Missions in Korea 1832-1910*, 1929.

Park, Hyung-Nong, Anti-Christian Inferences from Natural Sciences, 1931, 『박형룡박사저작전집(XV)』(학위논문편), 한국기독교교육연구원, 1978.

Radhakrishnan, *East and West in Religion*, 1933.

Schaff, Philip, *The Creeds of Christendom, with a History and Critical notes. (3 vols.)*, Harper & Brothers, 1878-1890.

Sociétédes Missions Étrangères de Paris, *Catholicisme en Corée: son origine et ses progrès*, 파리외방전교회, 『조선 천주교 그 기원과 발전』, 김승욱 옮김, 살림, 2015.

Spencer, Herbert, "The Study of Religion," *The Popular Science Monthly 3-17(1873)*,

Thouless, Robert H., *An Introduction to The Psychology of Religion*, Cambridge University Press, second edition, 1923.

Underwood, H.G., *The Religions of Eastern Asia*(New York: Macmillan, 1910)

Underwood, H.G., *The Call of Korea: Political- Social- Religious*, NY: Fleming H. Revell Company, 1908.

Vinton, C.C., "Obstacles to Missionary Success in Korea," *Missionary Review of World*, 11(1894).

Wasson, Alfred W., *Church Growth in Korea*, Rumford Press, 1934.

2. 연구논저 목록

강돈구, 『종교이론과 한국종교』, 박문사, 2011.

강명숙, 『일제강점기 한국기독교인들의 사회경제사상』, 한국학술정보, 2008.

강원돈, 「일제하 사회주의 운동과 한국 기독교」, 『한국 기독교와 사회주의』, 김흥수 편, 한국기독교역사연구소, 1992.

고건호, 「한말 신종교의 문명론: 동학·천도교를 중심으로」, 서울대학교 박사학위논문, 2002.

권진관, 「1920-30년대 급진주의 시대에 있어서의 민중과 교회」, 『한국 기독교와 사회주의』, 김흥수 편, 한국기독교역사연구소, 1992.

기독교한국침례회총회 역사편찬위원회, 『한국 침례교회사』, 침례회출판사, 1990.

길희성, 『길은 달라도 같은 산을 오른다: 닫힌 종교에서 열린 종교로, 종교다원주의의 도전』, 한겨레출판사, 2013.

김경재, 『이름 없는 하느님』, 삼인, 2015.

김광식, 「여운형의 생애와 사상형성」, 『몽양 여운형의 정치사상에 관한 연구』, 연세대 석사논문, 1984.

김권정, 「1920-30년대 유재기의 농촌운동과 기독교사회사상」, 『한국민족운동사연구』 60호, 2009.

김권정, 「1920-30년대 기독교인들의 사회주의 인식」, 『한국기독교와 역사』 5호, 1996.

김권정, 「일제하 사회주의자들의 반기독교운동에 관한 연구」, 『숭실사학』 10집, 1997.

김기대, 「일제하 개신교 종파운동 연구」, 한국학중앙연구원 박사학위논문, 1997.

김병태, 「명말청초 '전례논쟁'의 선교사적 이해」, 『한국기독교와 역사』 28호, 2008.

김상태, 「1920-30년대 동우회·흥업구락부 연구」, 『한국사론』 28호, 1992.

김순석, 『한국 근현대불교사의 재발견』, 경인문화사, 2014.

김승태, 「일제하 사회주의와 기독교의 상호인식」, 『통일이후 신학 연구(2)』, 신앙과지성사, 2009.

김승혜, 「한국 가톨릭과 개신교의 2백년·1백년의 시점에 서서」, 『신학사상』 44집, 1984.

김인수, 「초기 한국 교회 선교사들의 에큐메니칼 정신과 활동에 관한 고찰」, 『장신논단』 8호, 1992.

김인수, 「초대 선교사 언더우드의 에큐메니칼 정신과 사역」, 『교회, 민족, 역사: 솔내 민경배박사 고희기념논문집』, 한들출판사, 2004.

김종서, 『서양인의 한국종교 연구』, 서울대학교출판부, 2006.

김진형, 「기독교 사회주의자 김준성」, 『새누리신문』, 1991.8.3.

김철웅, 「조선초 祀典의 체계화 과정」, 『문화사학』, 2003.

김흥수 편, 『한국 기독교와 사회주의』, 한국기독교역사연구소, 1992.

김흥수, 「19세기말 20세기초 서양선교사들의 한국종교 이해」, 『한국기독교와 역사』 19호, 2003.

김흥수, 「김창준의 생애와 신학」, 『신학사상』 72집, 1991.

김흥수, 「호레이스 G. 언더우드의 한국 종교 연구」, 『한국기독교와 역사』 25호, 2006.

노재훈, 「공중보건학의 선구자 김창세 박사」, 『연세의사학』, 1(1), 1997.

노치준, 「일제하 한국 YMCA의 기독교 사회주의 사상 연구」, 『한국 기독교와 사회주의』, 김흥수 편, 한국기독교역사연구소, 1992.

류대영, 「국내 발간 영문 잡지를 통해서 본 서구인의 한국종교 이해, 1890-1940」, 『한국기독교와 역사』 26호, 2007.

류대영, 「기독교와 사회주의 관련 연구: 현황과 과제」, 『한국 근현대사와 기독교』, 푸른역사, 2009.

류대영, 「초기 한국 교회에서 'evangelical' 의미와 현대적 해석의 문제」, 『한국기독교와 역사』, 11호, 2001, 117-144쪽.

류대영, 『개화기 조선과 미국 선교사: 제국주의 침략, 개화자강, 그리고 미국선교사』, 한국기독교역사연구소, 2004.

류대영, 「[이 책을 말한다] 성취론적 관점에서 본 한국 전통종교와 초기 한국 교회- G.H. 존스의 『한국 교회형성사- 한국 개신교의 여명, 그 첫 이야기』」, 『기독교사상』, 2014.1.

류성민, 「근대 이후 한국 사회변동과 개신교 학교의 '종교교육': 종교의 자유와 정교분리 문제를 중심으로」, 『원불교사상과 종교문화』 51호, 2012.

민경배, 『한국기독교사회운동사』, 대한기독교출판사, 1987.

박명수, 『근대 복음주의의 주요 흐름』, 대한기독교서회, 1998.

박명수, 『이명직과 한국 성결교회』, 서울신학대학교출판부 · 현대기독교역사연구소, 2008.

박찬식, 『한국 근대 천주교회와 향촌사회: '교안' 연구』, 한국 교회사연구소, 2007.

방원일, 「초기 개신교 선교사의 한국종교 이해」, 서울대학교 박사학위논문, 2011.

방원일, 「호러스 그랜트 언더우드의 비교종교학: 『동아시아의 종교』 중심으로」, 『종교문화연구』 26호, 2016.

변선환, 「한국 개신교의 토착화: 과거 · 현재 · 미래」, 『교회사연구』 7호, 한국 교회사연구소, 1990.

변진홍, 「1930년대 한국가톨릭교회의 공산주의 인식」, 『한국 기독교와 사회주의』, 김흥수 편, 한국기독교역사연구소, 1992.

변창욱, 「초기 내한 장로교 · 감리교 선교사간(間) 초교파 협력의 이중적 성격: 연합과 협력 vs. 경쟁과 갈등」, 『선교와 신학』 14호, 2004.

사와마사히코, 「한국 교회의 공산주의에 대한 태도의 역사적 연구」, 『한국 기독교와

　　사회주의』, 김흥수 편, 한국기독교역사연구소, 1992.

서광선,『한국 기독교 정치신학의 전개』, 이화여자대학교출판부, 1996.

서울신학대학교 성결교회역사연구소,『한국성결교회 100년사』, 기독교대한성결교회
　　출판부, 2007.

서정민,『이동휘와 기독교: 한국 사회주의와 기독교 관계 연구』, 연세대학교출판부, 2007.

서정민,「김교신의 생명 이해」,『한국기독교와 역사』 20호, 2005.

서정민,「선교사와 '토착화 신학자'들의 한국종교 연구과정: 목표와 범위를 중심으로」,
　　『한국 교회사학회지』 19호, 2006.

세계교회협의회, 김동선 옮김,『통전적 선교를 위한 신학과 실천』, 대한기독교서회, 2007.

송현강,「미국 남장로교 한국선교부의 목포 스테이션 설치와 운영(1898-1940)」,『종교연
　　구』 53호. 2008.

송현주,「조계종 전통의 창조와 혼종적 근대성: 서구 근대불교와의 비교를 중심으로」,
　　『종교문화비평』 30호, 2016.

신광철,『천주교와 개신교: 만남과 갈등의 역사』, 한국기독교역사연구소, 1998.

신광철,「일정강점기 한국 개신교의 천주교관:『성서(聖書)를 통하여 본 천주교(天主敎)
　　의 오류(誤謬)』의 사례」,『종교문화연구』 1호, 1999.

신광철,「탁사 최병헌의 비교종교론적 기독교변증론:『성산명경』을 중심으로」,『한국기
　　독교와 역사』 7호, 1997.

신광철,「탁사 최병헌의 한국신학 연구: 만종일련 사상을 중심으로」,『한국종교사연구』,
　　12집, 2004.

신수일,『한국 교회 에큐메니칼 운동사』, 쿰란출판사, 2008.

신재식,『예수와 다윈의 동행: 그리스도교와 진화론의 공존을 모색한다』, 사이언스북스,
　　2013.

신재식 · 김윤성 · 장대익,『종교전쟁』, 사이언스북스, 2009.

안성호,「19세기 중반 중국어 대표자역본 번역에서 발생한 '용어논쟁'이 초기 한글성서번
　　역에 미친 영향(1843-1911)」,『한국기독교와 역사』, 30호, 2009.

양낙흥,『한국장로교회사: 형성과 분열 과정 · 화해와 일치의 모색』, 생명의 말씀사, 2008.

연규홍,「제2의 해방운동을 이끈 민중신학자 최문식 목사」,『살림』, 1991, 2월호.

오경환,「개항기 천주교와 개신교의 관계」,『가톨릭대학신학부논문집』 9집, 1983.

오영섭,「1930년대 전반 홍천의 십자가당 사건과 기독교 사회주의」,『한국민족운동사연
　　구』 33호, 2002.

옥성득,「초기 한국 교회의 단군신화 이해」, 이만열,『한국기독교와 민족통일운동』, 한국
　　기독교역사연구소, 2001, 295-317쪽.

옥성득,「초기 한국 교회의 일부다처제 논쟁」,『한국기독교와 역사』 12호, 2002.

옥성득,「초기 한글성경 번역에 나타난 주요 논쟁연구(1887-1939)」, 장로회신학대학

대학원 신학석사 학위논문, 1993.

옥성득,「한국 장로교의 초기 선교정책(1884-1903): 19세기 "토착교회론"의 한국 수용 배경과 발전 배경에 관한 재검토」,『한국기독교와 역사』제9호, 1998.

유동식,『한국감리교회의 역사 1884-1992(I,II)』, 기독교대한감리회, 1994.

유동식,「한국기독교(1885-1985)의 타종교 이해」,『연세논총』21집, 1985.

윤경로,「몽양 여운형과 기독교」,『통일이후 신학 연구(4)』, 신앙과지성사, 2012.

윤경로,「서구의 '정체론적' 한국상: 오리엔탈리스트적인 인식을 중심으로」,『한국근현대 사연구』24호, 2003.

윤경로,「한국 개신교와 천주교의 역사적 관계」,『한국 근대사의 기독교사적 이해』, 역민 사, 1992.

윤승용,「한국 근대종교의 성립과 전개」,『사회와 역사』52호, 한국사회사학회, 1997.

윤해동 · 이소마에 엮음,『종교와 식민지 근대』, 책과함께, 2013.

이덕주,『기독교 사회주의 산책』, 홍성사, 2011.

이덕주,『스크랜턴: 어머니와 아들의 조선 선교 이야기』, 공옥출판사, 2014.

이덕주,「경천애린: '기독교 사회주의' 관점에서 본 이호빈의 삶과 신학」,『통일이후 신학 연구(2)』,신앙과지성사, 2009.

이덕주,「존스(G.H. Jones)의 한국 역사와 토착종교 이해」,『신학과 세계』60호, 2007.

이덕주,「초기 한국 기독교의 타종교 이해(1)」,『세계의 신학』33호, 1996.

이덕주,「초기 한국 기독교의 타종교 이해(2)」,『세계의 신학』34호, 1997.

이덕주,「초기 한글성서 번역에 관한 연구」, 그리스도와 겨레문화연구회 편,『한글성서 와 겨레문화』, 기독교문사, 1985.

이덕주 · 서영석 · 김흥수,『한국감리교회 역사』, KMC, 2017.

이덕주,『한국 토착교회 형성사 연구: 한국적 기독교의 뿌리를 찾아서』, 한국기독교역사 연구소, 2000.

이만열,「한국 교회의 성장과 그 요인」,『한국기독교와 민족통일운동』, 한국기독교역사 연구소, 2001.

이만열,『한국기독교문화운동사』, 대한기독교출판사, 1987.

이만열,『한국기독교의료사』, 아카넷, 2003.

이성규,「19세기말 20세기초의 한국과 일본의 진화론 수용」,『한국과학사학회지』14호, 1992.

이성삼,『한국 감리교사: 조선감리회(개척기)』, 기독교대한감리회 본부교육국, 1975 (1988).

이원순,「천주교와 개신교의 신앙도입의 비교사론」,『사목』91호, 1984.

이유나,「현대 한국 그리스도교의 정통-이단 담론 연구」,『종교와 문화』26호, 2014.

이장우,「조선천주교회의 성립」,『한국 천주교회사1』, 교회사연구소, 2009.

이정배,「마태오 릿치와 탁사 최병헌의 보유론(補儒論)적 기독교 이해의 차이와 한계」, 『신학사상』122호, 2003.

이진구,「근대 한국 개신교와 불교의 상호인식: 개신교 오리엔탈리즘과 불교 옥시덴탈리즘」,『종교문화연구』2호, 2000.

이진구,「종교와 과학의 관계에 대한 한국 개신교의 이해: 일제 강점기를 중심으로」, 『한국기독교와 역사』22호, 2005.

이진구,「한국 개신교 지형의 형성과 교파정체성: 장로교 · 감리교 · 성결교를 중심으로」, 『종교문화비평』22호, 2012.

이진구,「한국 개신교와 선교 제국주의」,『무례한 복음』, 김경재 · 김창락 · 김진호 외, 웅진싱크빅, 2007.

이진구,「한국 근대 개신교에 나타난 자타인식의 구조 :「만종일련」과「종교변론」을 중심으로」,『종교문화비평』11호, 2007.

이진구,「한국 근대 개신교 지식인의 종교이식: 하치진의『종교철학대계』를 중심으로」, 『종교와 역사』, 서울대학교 종교문제연구소, 서울대학교출판부, 2006.

이찬수,『유일신론의 종말, 이제는 범재신론이다』, 동연, 2014, 35-41쪽

이필영,「초기 기독교 선교사의 민간신앙 연구」,『서양인의 한국문화 이해와 그 영향』, 한남대학교출판부, 1989.

이행훈,「최병헌의 '종교'개념 수용과 유교 인식: 만종일련을 중심으로」,『한국철학논집』 46집, 2015.

이화여대 한국문화연구원,『근대계몽기 지식 개념의 수용과 그 변용』, 소명출판, 2004.

장규식,『일제하 한국 기독교민족주의 연구』, 혜안, 2001.

장규식,「1920-30년대 YMCA 농촌사업의 전개와 그 성격」,『한국기독교와 역사』4호, 1995.

장규식,「1920년대 개조론의 확산과 기독교 사회주의의 수용 · 정착」,『역사문제연구』 21호, 2009.

장규식,「신간회운동기 '기독주의' 사회운동론의 대두와 기독신우회」,『한국근현대사연구』16호, 2001.

장동민,『박형룡의 신학 연구』, 한국기독교역사연구소, 1998.

장동하,『개항기 한국 사회와 천주교회』, 가톨릭출판사, 2005.

장석만,「19세기말 20세기초 한중일 삼국의 정교분리 담론」,『역사와 현실』4호, 1990.

장석만,「세속-종교의 이분법 형성과 근대적 분류체계의 문제」, 김상환 · 박영선 엮음, 『분류와 합류』, 이학사.

장석만,「'종교'를 묻는 까닭과 그 질문의 역사: 그들의 물음은 우리에게 어떤 문제를 던지는가?」,『종교문화비평』22호, 2012.

장창진,「일제하 민족문제 논쟁과 반종교운동: 1920년대 사회주의자들의 반기독교운동을 중심으로」, 서울대학교 석사학위 논문, 1994.

전인수, 『1920-30년대 조선적 기독교 운동 연구』, 연세대학교 박사학위논문, 2011.

전택부, 『한국 에큐메니칼 운동사』, 한국기독교교회협의회, 1979

정양모, 「한국 가톨릭과 개신교의 대립과 대화」, 『안병무박사고희기념논문집: 예수, 민중, 민족』, 한국신학연구소, 1992.

정진홍, 「다원사회 속에서의 그리스도교: 종교의 생존원리와 관련하여」, 『정직한 인식과 열린 상상력』, 청년사, 2010.

정진홍, 「종교간의 대화: 대화 이외의 대안 모색」, 『정직한 인식과 열린 상상력』, 청년사, 2010.

조광, 「형제 사이의 서글픈 이야기: 예수진교사패」, 『경향잡지』 1511호, 1994. 2, 56쪽.

조규태, 『천도교의 문화운동론과 문화운동』, 국학자료원, 2006.

조기주, 『동학의 원류』, 천도교중앙총부출판부, 1979.

조현범, 『문명과 야만: 타자의 시선으로 본 19세기 조선』, 책세상, 2002.

조현범, 『조선의 선교사, 선교사의 조선』, 한국 교회사연구소, 2008.

조현범, 「선교사와 오리엔탈리즘」, 『종교문화비평』 7호, 2005.

진기영, 「1910년 에딘버러 대회 선교신학의 재발견」, 『선교신학』 24호, 2010

채현석, 「이대위의 생애와 활동」, 『한국 기독교와 사회주의』, 김흥수 편, 한국기독교역사연구소, 1992.

최기영, 「1930-40년대 미주 기독교인의 민족운동과 사회주의: 이경선을 중심으로」, 『한국기독교와 역사』 20호, 2004.

최기영, 「개화기 경향신문의 논설 분석」, 『한국천주교회 창립이백주년 기념 한국 교회사 논문집』, 한국 교회사연구소, 1984.

최기영, 『한국근대 계몽사상 연구』, 일조각, 2003.

최석우, 「한국 천주교와 개신교의 대화」, 『신학사상』 39집, 1982.

파리외방전교회, 『조선 천주교, 그 기원과 발전』, 2015.

한국 교회백주년준비위원회 사료분과위원회 편, 『대한예수교장로회백년사』, 대한예수교장로회총회, 1984.

한국기독교역사학회 편, 『한국 기독교의 역사 I(개정판)』, 기독교문사, 2011.

한국기독교역사학회 편, 『한국기독교의 역사 II(개정판)』, 기독교문사, 2012.

한국기독교역사학회 편, 『한국기독교의 역사 III』, 한국기독교역사연구소, 2009.

한국종교연구회, 『한국종교문화사 강의』, 청년사, 1998.

한규무, 「1920-30년대 대구기독교청년회의 동향과 대구노동자협의회 사건」, 『한국기독교와 역사』 29호, 2008.

한규무, 「1920년대 한국 개신교계의 천주교 인식: 「조선예수교장로회사기」와 「기독신보」를 중심으로」, 『교회사연구』 34호, 2010.

한규무, 「그리스도인 맑스주의자 이동휘」, 『살림』, 1990, 2-3월호.

한규무,「초기 한국장로교회의 결혼문제 인식 1890-1940」,『한국기독교와 역사』10호, 1999.
한인철,『종교다원주의의 유형』, 한국기독교연구소, 2000.
허긴,『한국 침례교회사』, 침례신학대학교출판부, 2000.
홍현설,「선교정책과 교파주의」,『기독교사상』, 1965.4.
황호덕·이상현,『개념과 역사, 근대 한국의 이중어사전 1』, 박문사, 2012,
황홍렬,「WCC 개종전도 금지 논란과 그 대안으로서의 '공동의 증언'」,『기독교사상』, 2013.9.

가쓰라지마 노부히로 저, 김정근 외 역,『동아시아 자타인식의 사상사』, 논형, 2009.
磯前順一,『近代日本の宗敎談論とその系譜: 宗敎·國家·神道』, 제점숙 옮김,『근대일본의 종교담론과 계보: 종교·국가·신도』, 제점숙 옮김, 논형, 2016.
도히 아키오 지음, 김수진 옮김,『일본 기독교사』, 기독교문사, 1991
월터 캡스, 김종서 외 옮김,『현대 종교학 담론』, 까치, 1999, 129-138쪽
윌리엄 페이든, 이진구 옮김,『비교의 시선으로 바라 본 종교의 세계』, 청년사, 2004.
죠지 마르스덴 지음, 홍치모 옮김,『미국의 근본주의와 복음주의 이해』, 성광문화사, 1992.
카를 만하임, 임석진 옮김,『이데올로기와 유토피아』, 김영사, 2012.
캔트웰 스미스,『종교의 의미와 목적』, 분도출판사, 1991.
테드 피터스 엮음, 김흡영 외 역,『과학과 종교: 새로운 공명』, 동연, 2002.
한스 큉,『가톨릭교회』, 배국원 옮김, 을유문화사, 2003.
楊森富 編著,『中國基督敎史』, 臺灣商務印書館, 1968.

Asad, Talal *Genealogies of Religion: Discipline and Reasons of Power in Christianity and Islam*, Baltimore: Johns Hopkins University Press, 1993
Baker, Don, "The Religious Revolution in Modern Korean History: From Ethics to Theology and from Ritual Hegemony to Religious Freedom, *Review of Korean Studies*, 2009, 9/3: pp. 249-76.
Baumann, Gerd, "Grammars of Identity/Alterity: A Structural Approach", Gerd Baumann and Andre Gingrich, ed, *Grammars of Identity/Alterity: A Structural Approach,* New York and Oxford: Berghahn Books, 2004.
Chiovaro, Francesco and Gérard Bessière, *Urbi et Orbi: Deux mille ans de papauté*, 『교황의 역사』, 김주경 옮김, 시공사, 1998.
Collinson, Patrick, *The Reformation*, 2004, 이종인 옮김,『종교개혁』, 을유문화사, 2005.
Davies, Daniel M. *The Life and Thought of Henry Gerhard Appenzeller(1858-1902):*

Missionary to Korea, New York: The Edwin Mellen Press, 1988.

Fenella Cannell, ed., *The Anthropology of Christianity*, Durham & London, Duke University Press, 2006

Finke, Roger and Rodney Stark, *The Churching of America, 1776-2005*, 2005, 김태식 옮김, 『미국 종교시장에서의 승자와 패자 1776-2005』, 서로사랑, 2009.

González, Justo L., *The Story of Christianity*, 서영일 옮김, 『종교개혁사』, 은성, 1992.

Goossaert, Vincent and David A. Palmer, *The Religious Question in Modern China*, Chicago: University Of Chicago Press, 2011, pp. 74-75

Hackett, Rosalind I. J., *Proselytization Revisited: Rights Talk, Free Markets and Culture Wars*, Equinox Publishing Ltd. 2008.

Hick, John, *God Has Many Names*, 이찬수 옮김, 『하느님은 많은 이름을 가졌다』, 창, 1991.

Hudson, Winthrop S., *Religion in America*, 배덕만 옮김, 『미국의 종교』, 성광문화사, 2008,

Jang, Sukman, "The Historical Formation of the Religious-Secular Dichotomy in Modern Korea," Marion Eggert and Lucian Holscher (eds.), *Religion and Secularity: Transformations and Transfers of Religious Discourses in Europe and Asia*, 2013, pp. 257-279

Jang, Sukman, "Protestantism in the name of modern civilization", *Korea Journal,* Vol.39 No.4(Winter 1999), pp. 187-204.

Josephson, J. Ananda, *The Invention of Religion in Japan, Chicago*: The University of Chicago Press, 2012.

Küng, Hans, *Das Christentum: Wesen und Geschichte*, 1994, 이종한 옮김, 『그리스도교: 본질과 역사』, 분도출판사, 2002.

Lincoln, Bruce, *Theorizing Myth*, 김윤성 · 최화선 · 홍윤희 옮김, 『신화 이론화하기: 서사, 이데올로기, 학문』, 이학사, 2009.

Longfield, Bradley J. *The Presbyterian Controversy: Fundamentalists, Modernists, and Moderates*, New York and Oxford: Oxford University Press. 1990, 이은선 역. 『미국 장로교회 논쟁』, 아가페출판사. 1992.

Marshall, Peter, *The Reformation: A Very Short Introduction*, 이재만 옮김, 『종교개혁』, 교유서가, 2016.

Marty, Martin, "North America," *The Oxford Illustrated History of Christianity*, John McManners ed., Oxford: Oxford University Press, 1992.

Noll, Mark A. *A History of Christianity in the United States and Canada*, Grand Rapids, Michigan: William B. Eerdmans Publishing Company, 1992.

Numbers, Ronald L., *The Creationists: From Scientific Creationism to Intelligent Design*, Cambridge: Harvard University Press, 2006. 신준호 역, 『창조론자들: 과학적 창조론에서 지적 설계론까지』, 새물결플러스, 2016.

Oak, Sung-Deuk, "The Indigenization of Christianity in Korea: North American Missionaries' Attitudes Towards Korean Religions, 1884-1910," Th.D diss. Boston University, 2002.

Oak, Sung-Deuk, *The Making of Korean Christianity: Protestant Encounters with Korean Religions, 1876-1915*, Baylor University Press, 2013.

Pinnock, Clark H. and Alister E. McGrath, *Four Views on Salvation in a Pluralistic World*, Zondervan, 1996

Radan, Peter, "From Dayton to Dover: the legacy of the Scopes Trial," Peter Cane, Carolyn Evans, Zoe Robinson. eds., *Law and Religion in Theoretical and Historical Context*, *Cambridge*: Cambridge University Press. 2008.

Rao, K. L. Seshagiri, *Mahatma Gandhi and comparative religion*, Delhi: Motilal Banarsidass, 1979; 이명권 역, 『간디와 비교종교』, 분도출판사, 2005.

Sharma, Arvind, *Problematizing Religious Freedom*, Dordrecht: Springer, 2011.

Sharpe, Eric J., *Comparative Religion: A History*, 유요한 · 윤원철 옮김, 『종교학의 전개(제2판)』, 시스마프레스, 2017.

Tillich, Paul Johannes, *Theology of Culture*, 남정우 역, 『문화의 신학』, 대한기독교서회, 2002.

Witte, John, Jr. and Richard C. Martin, eds., *Sharing the Book: Religious Perspectives on the Rights and Wrongs of Mission*, 1999.

Yelle, Robert A. "The Hindu Moses: Christian Polemics Against Jewish Ritual and the Secularization of Hindu Law under Colonialism," *History of Religions*, November 2009, Vol.49(2).

찾아보기

한국/근대/종교 총서 02

한국 개신교의 타자인식

등록 1994.7.1 제1-1071
1쇄 발행 2018년 2월 10일

지은이 이진구
펴낸이 박길수
편집인 소경희
편 집 조영준
관 리 위현정
디자인 이주향
펴낸곳 도서출판 모시는사람들
       03147 서울시 종로구 삼일대로 457(경운동 88번지) 수운회관 1207호
전 화 02-735-7173, 02-737-7173 / 팩스 02-730-7173
홈페이지 http://modl.tistory.com/

인 쇄 상지사P&B(031-955-3636)
배 본 문화유통북스(031-937-6100)

값은 뒤표지에 있습니다.
ISBN 979-11-88765-05-8   94200
세트 979-11-86502-63-1   94200

이 도서의 국립중앙도서관 출판예정도서목록(CIP)은 서지정보유통지원시스템 홈
페이지(http://seoji.nl.go.kr)와 국가자료공동목록시스템(http://www.nl.go.kr/
kolisnet)에서 이용하실 수 있습니다.(CIP제어번호: 2018001642)

이 저서는 2011년 대한민국 교육부와 한국학중앙연구원(한국학진흥사업단)의 한국학
총서사업(모던코리아 학술총서)의 지원을 받아 수행된 연구임(AKS-2011-DAE-3101)